I/M 制度体系丛书

汽车排放污染治理维修技术

MAINTENANCE TECHNOLOGY OF AUTOMOBILE EMISSION POLLUTION CONTROL

《汽车排放污染治理维修技术》编写组　编著

交 通 运 输 部 规 划 研 究 院
中 国 环 境 科 学 研 究 院　审定

人民交通出版社股份有限公司

北　京

内容提要

本书根据当前我国汽车排放污染治理形势要求及实施在用汽车排放检验与维护（I/M）制度需要，紧扣我国汽车维修行业实际和特点，针对超标排放车辆主要故障及成因，重点阐述了汽油车发动机、进气系统、燃料供给系统、点火系统、排放控制系统和车载诊断系统等故障的维修工艺及治理措施，同时讲解了柴油车排放超标常用维修方法，并介绍了超标排放车辆维修治理的典型案例。

本书是从事汽车排放检验与维修行业管理工作技术人员的必备读本，是汽车排放检验和维修人员提高技术、业务素质的"良师益友"，也可作为各级交通运输、生态环境等部门治理在用汽车排放污染的培训教材和参考书籍。

图书在版编目（CIP）数据

汽车排放污染治理维修技术 /《汽车排放污染治理维修技术》编写组编著. — 北京：人民交通出版社股份有限公司, 2021.6

ISBN 978-7-114-17252-6

Ⅰ. ①汽… Ⅱ. ①汽… Ⅲ. ①汽车—排气系统—维修 Ⅳ. ① U464.134

中国版本图书馆 CIP 数据核字（2021）第 073813 号

Qiche Paifang Wuran Zhili Weixiu Jishu

书　名：	汽车排放污染治理维修技术
著作者：	《汽车排放污染治理维修技术》编写组
责任编辑：	刘　博　屈闻聪
责任校对：	孙国靖　卢　弦
责任印制：	张　凯
出版发行：	人民交通出版社股份有限公司
地　　址：	（100011）北京市朝阳区安定门外外馆斜街 3 号
网　　址：	http://www.ccpcl.com.cn
销售电话：	（010）59757973
总 经 销：	人民交通出版社股份有限公司发行部
经　　销：	各地新华书店
印　　刷：	中国电影出版社印刷厂
开　　本：	720×960　1/16
印　　张：	17.75
字　　数：	311 千
版　　次：	2021 年 6 月　第 1 版
印　　次：	2021 年 6 月　第 1 次印刷
书　　号：	ISBN 978-7-114-17252-6
定　　价：	80.00 元

（有印刷、装订质量问题的图书由本公司负责调换）

丛书审定组

主　审：周　伟

副主审：高　博　崔明明　徐洪磊　丁　焰

成　员：吴　烨　葛蕴珊　周　炜　陈海峰　刘　嘉　马盼来
　　　　李　波　田永生　黄新宇　褚自立　傅全忠

丛书编写组

主　编：李　刚

副主编：曹　磊　龚巍巍

成　员：渠　桦　刘　杰　尹　航　张宪国　钱　进　严雪月
　　　　韦　一　崔修元　王　欣　慈勤蓬　王　兰　王人洁
　　　　崔晓倩　梁　燕　王军方　赵海光

本书编写组

李　刚　崔修元　龚巍巍　渠　桦　曹　磊　慈勤蓬　陈启章

　　我国已昂首迈入中国特色社会主义新时代，正处于开启全面建设社会主义现代化国家新征程、向第二个百年奋斗目标进军的历史时期。人民群众在物质文化生活水平显著提高的同时，对生态环境质量也有着更高的需要，如何有效控制与治理我国在用汽车的排放污染，已成为推动我国交通可持续发展、考验交通运输与生态环境治理能力和治理体系现代化的重要课题。

　　党的十八大以来，中央要求把生态文明建设纳入中国特色社会主义事业"五位一体"总体布局。2018 年，中共中央、国务院作出重要决策部署，要求坚决打赢蓝天保卫战；2019 年 9 月，中共中央、国务院印发《交通强国建设纲要》，要求坚决打好柴油货车污染治理攻坚战，统筹车、油、路治理，有效防治公路运输大气污染。2020 年 6 月，生态环境部、交通运输部和国家市场监督管理总局印发《关于建立实施汽车排放检验与维护制度的通知》（环大气〔2020〕31 号），加大制度供给，在全国布置建立实施汽车排放检验与强制维修制度（I/M 制度）工作，标志着我国在用汽车排放污染治理驶入了快车道。

　　20 世纪 80~90 年代，I/M 制度起源于美国，对减少美国加利福尼亚州（简称加州）等汽车排放重点地区的空气污染、改善空气质量发挥了重要作用，使加州空气质量发生了根本性的改变，日本和欧盟诸国实施 I/M 制度后在空气质量改善方面也取得明显成效。I/M 制度良好的经济、社会效益得到了充分体现，显示出旺盛的生命力。20 世纪 90 年代后期，我国已有专家学者开始关注 I/M 制度，研究探索适用于我国的 I/M 制度体系，逐步形成有价值的理论成果，得到国家有关部门的重视，并最终得以推广应用。从目前我国的现实发展情况看，I/M 制度不仅对于治理数量庞大的在用汽车排放污染具有关键作用，也对引导汽车维修行业

汽车排放污染治理维修技术

更加注重提高维修技术、促进维修行业转型升级具有重要意义。

实施 I/M 制度是一项理论性、技术性、政策性都很强的工作，具有很大难度和挑战性，既需要思想认识到位，又需要做好充分技术准备。在我国 I/M 制度即将全面实施之际，交通运输部规划研究院组织交通运输、生态环境行业及中国汽车技术研究中心、北京理工大学等单位专家编写了《I/M 制度体系丛书》，以 I/M 制度体系概论、排放检验技术、排放故障诊断技术、排放故障维修技术、国外经验做法等五个专题分别成册，详细分析介绍 I/M 制度的科学内涵和技术体系，深入研究探讨有关制度建设和技术发展。

《汽车排放污染治理维修技术》是本丛书的第二本书。该书全面介绍了汽油车和柴油车超标排放主要故障及成因，详细讲解了相关维修技术及治理方法，并给出了典型案例分析，可为各级政府部门组织推进 I/M 制度实施、汽车排放检验机构（I 站）和汽车排放污染维修治理机构（M 站）技术培训，提供有益的参考借鉴。

绿水青山就是金山银山，践行生态绿色发展理念、建设美丽中国需要大家共同努力。愿本丛书的出版能够为我国顺利实施 I/M 制度、改善区域空气质量贡献绵薄力量，愿人民群众期盼的蓝天白云常在身边！

本丛书的编写，得到了交通运输部运输服务司、生态环境部大气环境司的悉心指导，得到了交通运输部规划研究院、中国环境科学研究院等诸多单位和专家的大力支持，并由交通运输部规划研究院和中国环境科学研究院共同组织审定，中自环保科技股份有限公司为本书编写提供了帮助，我们在此一并表示衷心的感谢！由于编者水平有限，书中难免有不妥之处，敬请读者批评指正。

丛书编写组
2021 年 4 月

目录

01 第一章 概述 …… 1

第一节　汽车排放污染监督管理加严 …………………… 1
第二节　维修在汽车排放污染治理中的作用 …………… 5
第三节　汽车排放污染维修技术及注意事项 …………… 12
复习题 …………………………………………………… 16

02 第二章 发动机故障引起排放超标的维修 …… 17

第一节　发动机故障引起排放超标维修综述 …………… 17
第二节　发动机机械故障引起排放超标的维修 ………… 26
第三节　冷却润滑系统故障引起排放超标的维修 ……… 31
复习题 …………………………………………………… 39

03 第三章 进气系统故障引起排放超标的维修 …… 40

第一节　进气系统简介 …………………………………… 40
第二节　进气系统的执行器 ……………………………… 45
第三节　进气系统故障引起排放超标的维修 …………… 69
复习题 …………………………………………………… 75

汽车排放污染治理维修技术

04 第四章
♻ 燃料供给系统故障引起排放超标的维修　　76

第一节　燃料供给系统概述　··　76
第二节　缸内喷射燃料供给系统　······································　78
第三节　缸外喷射燃料供给系统　······································　90
第四节　燃料供给系统引起的排放超标故障维修　··················　99
复习题　···　105

05 第五章
♻ 点火系统故障引起排放超标的维修　　106

第一节　点火系统概况　···　106
第二节　点火系统的传感器　··　108
第三节　点火系统的执行器　··　117
第四节　发动机点火系统影响排放故障的维修　·····················　130
复习题　···　136

06 第六章
♻ 发动机排放控制系统的维修　　138

第一节　发动机排放污染物的来源与危害　··························　138
第二节　发动机尾气排放系统控制部件及维修　·····················　140
第三节　排放控制子系统及维修　······································　157
复习题　···　172

07 第七章
♻ 车载诊断系统（OBD）的维修　　174

第一节　车载诊断系统（OBD-Ⅱ）介绍　····························　174
第二节　OBD-Ⅱ诊断故障码　··　185

第三节　OBD-Ⅱ系统的监测……………………………………………192

第四节　车载诊断系统OBD-Ⅱ实务……………………………………201

复习题……………………………………………………………………206

08 第八章 柴油发动机排放污染治理维修技术　207

第一节　柴油发动机机内净化装置及维修………………………………207

第二节　柴油发动机污染物后处理装置及维修…………………………217

第三节　柴油机污染后处理系统的维修…………………………………231

复习题……………………………………………………………………239

09 第九章 维修治理案例分析　240

第一节　PCV排放系统故障维修…………………………………………240

第二节　EGR排放系统故障维修…………………………………………242

第三节　与氧传感器相关的故障维修……………………………………244

第四节　EVAP排放系统故障维修…………………………………………247

第五节　AIR控制系统故障维修…………………………………………250

第六节　TWC三元催化转化器故障维修…………………………………251

第七节　尾气排放故障维修………………………………………………252

第八节　发动机各系统引起排放超标故障维修…………………………255

第九节　柴油车后处理维修案例分析……………………………………267

复习题……………………………………………………………………273

本书涉及英文缩略语……………………………………………………………274

第一章 概 述

近年来，汽车排放污染已成为许多大中城市的首要大气污染源，且分担率呈上升趋势。党中央国务院高度重视并积极推进在用汽车排放污染治理，出台了系列政策措施。2020年6月，生态环境部、交通运输部、国家市场监督管理总局联合印发《关于建立实施汽车排放检验与维护制度的通知》（环大气〔2020〕31号），要求各地加快建立实施汽车排放检验与维护制度，治理在用汽车排放污染。各级政府也高度重视并逐步加强在用汽车排放污染治理，持续加大维修治理投入，在用汽车排放检验和维修工作逐渐深入发展。本章主要介绍了我国汽车排放污染监督管理加严的历程和要求，阐述汽车排放污染超标原因及汽车维护修理功能作用，明确诊断与维修关系以及常见的误区和短板，并讲述了汽车排放污染维修技术及注意事项，包括维修技术、辨析方法和基本知识等。

第一节 汽车排放污染监督管理加严

一、依法依规推进汽车排放污染维修治理

我国已建立了新生产机动车环保型核准、环保一致性监管、在用机动车环保检验、环保合格标志核发和"黄标车"加速淘汰等一系列环境管理制度，相关法律法规、标准体系不断完善，机动车污染防治体系基本形成。2018年10月26日起施行的《中华人民共和国大气污染防治法》（2018修正）要求机动车船、非道路移动机械不得超标准排放大气污染物。应当按照国家或者地方的有关规定，由机动车排放检验机构定期对在用机动车进行排放检验。经检验合格的在用机动车，方可上道路行驶。维修单位应当按照防治大气污染的要求和国家有关技术规范对

在用机动车进行维修,使其达到规定的排放标准。交通运输、生态环境主管部门应当依法加强监督管理。禁止机动车所有人以临时更换机动车污染控制装置等弄虚作假的方式通过机动车排放检验,禁止机动车维修单位提供该类维修服务。禁止破坏机动车车载排放诊断系统。在用机动车排放大气污染物超过标准的,应当进行维修;经维修或者采用污染控制技术后,大气污染物排放仍不符合国家在用机动车排放标准的,应当强制报废。

随着我国汽车保有量的快速增长,道路条件不断改善,对车辆安全性要求越来越高,同时对汽车排放要求日趋严格,2016年,交通运输部根据我国车辆技术的发展和在用汽车尾气排放控制要求,对实施多年的《汽车维护、检测、诊断技术规范》(GB/T 18344—2001)进行了修订。在汽车二级维护前检测项目及技术要求中规定了尾气排放诊断内容,并规定排气污染物指标须满足有关国家标准,经检测,在二级维护附加作业项目中,规定尾气排放不合格时应附加检修点火系统和燃料供给系统、检查三元催化转化器、检查EGR阀等作业项目。二级维护基本作业中规定了燃油蒸发控制系统、曲轴箱通风系统、三元催化转化器、电子控制系统等作为必须进行的维护项目,并规定了技术要求,该标准把在用汽车检测维护与排放控制有机结合起来,为控制在用汽车尾气污染提供了技术依据。

2020年初发布的《北京市机动车和非道路移动机械排放污染防治条例》《天津市机动车和非道路移动机械排放污染防治条例》和《河北省机动车和非道路移动机械排放污染防治条例》均要求,加强在用汽车排放检验,并要求超标排放车辆进行维修治理。

二、保卫蓝天要求加大汽车排放污染维修治理

随着机动车保有量的逐年提升,我国的机动车污染治理形势十分严峻,需要加大力度控制污染物排放,保障空气质量长效改善。由于体制、机制和意识问题,我国大气环境污染依然严重,成为打好污染防治攻坚战的重点环节,任务十分艰巨。研究表明,机动车排放对我国城市大气污染的分担率高达20%~60%。北京市生态环境主管部门发布的数据表明,机动车排放的CO、HC和NO_x分别占到这几类大气污染物排放总量的86%、32%和56%,而PM2.5来源中机动车占本地排放源的31.1%,高于燃煤和工业排放的分担率。天津市、广州市和石家庄市生态环境主管部门发布的大气污染源解析结果显示,PM2.5来源中机动车分别占三市本地排放源的20%、19.3%和15%。目前,在用汽车特别是柴油货车排放已

第一章 概 述

成为大气污染治理的重点和焦点之一。

2018年6月，国务院印发的《关于印发打赢蓝天保卫战三年行动计划的通知》（国发〔2018〕22号）要求，经过3年努力，大幅减少主要大气污染物排放总量，协同减少温室气体排放，进一步明显降低细颗粒物（PM2.5）浓度，明显减少重污染天数，明显改善环境空气质量，明显增强人民的蓝天幸福感，并明确指出强化移动源污染防治。2018年12月，经国务院同意，生态环境部、交通运输部等11部委联合印发的《关于印发〈柴油货车污染治理攻坚战行动计划〉的通知》（环大气〔2018〕179号）要求，坚持统筹"油、路、车"治理，以京津冀及周边地区、长三角地区、汾渭平原相关省（市）以及内蒙古自治区中西部等区域为重点，以货物运输结构调整为导向，以柴油和车用尿素质量达标保障为支撑，以柴油车（机）达标排放为主线，建立健全严格的机动车全防全控环境监管制度，大力实施清洁柴油车、清洁柴油机、清洁运输、清洁油品行动，全链条治理柴油车（机）超标排放，明显降低污染物排放总量，促进区域空气质量明显改善。《关于印发〈柴油货车污染治理攻坚战行动计划〉的通知》明确提出，要在全国建立完善机动车排放检验与维修制度（I/M制度）。2020年6月，生态环境部、交通运输部、国家市场监督管理总局联合印发《关于建立实施汽车排放检验与维护制度的通知》（环大气〔2020〕31号），要求各地加快建立实施汽车排放检验与维护制度，防治在用汽车排放污染。各地生态环境、交通运输等部门建立排放检验和维修治理信息共享机制。排放检验机构（I站）应出具排放检验结果书面报告，不合格车辆应到具有资质的维修单位（M站）进行维修治理。经M站维修治理合格并上传信息后，再到I站予以复检，经检验合格方可出具合格报告。I站和M站数据应实时上传至当地生态环境和交通运输部门，实现数据共享和闭环管理。研究制定汽车排放及维修有关零部件标准，鼓励开展自愿认证，监督抽测发现的超标排放车辆也应按要求及时维修。

三、汽车新技术发展促进高水平汽车排放污染维修治理

汽车维修业是专业性较强的行业，随着汽车技术的不断进步，为车辆提供技术支持和后勤保障的汽车维修行业的技术水平也得到了较快发展，激光、电子等许多先进技术在汽车维修行业中得到广泛引用，解码器、车架自动矫正系统、发动机分析仪、底盘测功机、悬架检测台和尾气分析仪等一大批拥有高技术含量的设备在行业中得到广泛应用。这些年来，并涌现出一批懂原理、会操作、会计算

机操作、懂外语、有实践经验的技术人才和懂技术、会经营的复合型高级管理人员，汽车维修业已从劳动密集型向技术密集型转变。

汽车工业水平是现代工业社会各种先进技术水平的集中体现，汽车工业的迅速发展，促进了各种先进技术的开发和实际应用。传统的人工经验诊断已经不能满足日益高科技化的汽车，以及越来越严格的汽车检测诊断项目和标准的要求，以机械、电子、液压一体化系统诊断为核心的不解体故障检测诊断技术，通过专用仪器设备检测进行定量分析，改写了传统的凭经验判断故障、以机械修理为重点的手工操作历史。

四、我国汽车排放检验与维修制度（I/M制度）的实施

为打赢蓝天保卫战、打好污染防治攻坚战，党中央、国务院及生态环境主管部门针对大气污染防治已开展了多项污染治理工作。机动车污染防治，尤其是在用汽车排放污染治理，是一项艰巨而长远的工作，已成为大气污染防治的重要任务。在我国全面实施I/M制度，已具备了良好的基础条件，拥有较好的可行性。

（1）法律法规明确要求实施I/M制度。《中华人民共和国大气污染防治法》《打赢蓝天保卫战三年行动计划》《柴油货车污染治理攻坚战行动计划》等法律法规及政策文件，均要求全面实施I/M制度，深入推进机动车污染治理。近年来I/M制度试点效果较好的地区均有地方性法规支撑，并在法规中明确实施责任部门与分工。2020年初京津冀三地协同起草的"机动车和非道路移动机械排放污染防治条例"也要求实施I/M制度。《汽车排放污染维修治理站（M站）建站技术条件》和《汽车排放系统性能维护技术规范》两个行业标准也正在制定中。法律法规及标准规范支撑为推行I/M制度奠定了良好的基础条件。

（2）部门协同联动进一步加强。I/M制度是一个涉及部门多、部门联动性要求强的大气污染物治理措施，在推进过程中不仅涉及交通运输、生态环境，还涉及公安、质监等部门，需要各行各业齐抓共管，协同推进。目前，国家交通运输、生态环境等部门对实施I/M制度已达成了较好共识，也初步明确了任务分工。2019年以来，多个省份和城市相继发布了实施I/M制度的政策文件，明确了部门分工，加强了部门联动，已初步形成了部门合力。

（3）欧美等发达国家实施I/M制度具有较好的借鉴启示。欧美等发达国家在治理机动车污染特别是实施I/M制度方面积累了丰富的经验，在法规体系、管理体系、技术体系及保障体系等方面具有较好的经验实践，也取得了较好实效，可

为我国下一步推进实施I/M制度提供较好的借鉴和启示。

（4）实施I/M制度具有较好的社会共识。解决雾霾频发问题是社会公众的共同需求，全社会对汽车排放污染治理高度关注。在这样的大背景下，社会公众对机动车污染防治各项措施的接受度较高，实施I/M制度社会反响较好。与此同时，实施I/M制度会有效规范汽车排放检验与维修治理，也会引导上下游产业的良性发展。随着I/M制度的全面实施，汽车排放检验与维修治理市场将迎来一个全新的发展机遇。

第二节 维修在汽车排放污染治理中的作用

一、汽车排放污染超标原因

车辆排放超标原因复杂，维修治理必须对症下药，专业性强。不论是汽油车或是柴油车，虽然汽车设计生产都有配置符合国家标准的排放控制系统，具有一定的自身尾气净化能力，但是随着行驶里程的增加，尾气排放净化能力会逐渐下降，其主要原因是：

（1）汽车排放控制系统中，某些传感器、执行器故障，出现缺陷、功能失效、连接不当等故障。

（2）某些调整参数改变，如汽缸压力减小、气门间隙变化、点火正时变化或调整不当、火花塞间隙不正常、节气门积炭等。

（3）某些部件磨损或性能劣化，凸轮轴磨损造成的气门间隙的变化，摇臂和液压挺柱的磨损不均匀造成气门间隙变化，燃油泵的磨损，喷油器针阀和量孔的磨损，点火线圈能量的下降等。

（4）与排放控制有关的某些零部件污染或积炭，如废气再循环装置（EGR）、炭罐电磁阀、曲轴箱通风阀（PCV）、燃油蒸发控制系统（EVAP）的堵塞或积炭，二次空气排水泵的磨损，真空管路的变形或堵塞，真空膜片的泄漏等。

（5）发动机电控单元控制排放的输入传感器、输出执行器和发动机控制模块本身的故障等。随着排放法规不断加严，控制排放颗粒物的OBD-Ⅱ系统的衰减，空燃比系统的浓稀变化，汽油机颗粒捕集器（GPF）、柴油机颗粒捕集器（DPF）、选择性还原装置（SCR）等的堵塞。

上述各种原因均会影响发动机的燃烧性能和燃烧质量，使汽车尾气排放恶化，排放中有害污染物往往是成几倍、十几倍甚至几十倍的增加。因此，实施I/M制度，对车辆进行定期排放检测和相关零部件的维护和修理、调整，可将以上所述问题合理解决，使在用车辆恢复到接近或达到新车的排放水平。机动车污染物排放增加是其内在故障的一种表征，必须通过对车辆定期检查、全面清洁、润滑、调整和紧固等多项综合性作业，才能消除其引起排放超标的内在原因，使其恢复和保持正常排放状况。因此，开展对在用车实行检查与维护制度以达到控制其排放的目的，符合环保一致性原则。

汽车的维护与修理是两种不同作业层次和深度的技术措施。由于它们的目的不同，因此执行的条件也不同。汽车维修的主要任务是在汽车达到容许工作极限后，调整和修理出现故障或失去工作能力的机件总成，为恢复汽车良好的技术状况而采取的一种技术措施，是适时维修的技术措施。真正意义上的维修治理工作，不是只要使用少量的尾气分析仪做必要的测试，然后就事论事地对车辆油路参数作简单的调整。实际上只有对汽车整体技术参数，尤其是对发动机的各种技术状况进行全面的检测诊断并进行有效的维护工作，车辆排放性能才能保持在正常的水平。

二、在用汽车维护的功能作用

（一）车辆技术管理基本情况

近年来，由于科学技术的不断进步，机动车检测技术也得到很大提高。通过多年的科学研究和实践证明：机动车故障主要是由于磨损、零件的变形、疲劳、老化蚀损等所造成。因此，制定在用车维护周期和作业内容时，必须用可靠性理论，根据机动车故障的统计规律，针对不同总成的故障特点，制定出相应的更切合实际的维护制度和维护周期。

按照这样的理论，最佳维护制度是"定期检测、强制维护、视情修理"。检测周期可以根据汽车的故障率来确定，也可以按现在的二级维护里程进行检测，根据检测的结果，视情况决定是否需要修理。其优点是：可以充分延长汽车的使用寿命，减少大拆大卸中零件的不必要损伤，减少大量的维修工时，节约维修费用，还可以增加汽车的运行时间，提高设备利用率，为运输生产提高经济效益做出贡献。同时，对原汽车维修制度的指导原则进行了重大改革，即把"定期维护、计划修理"改为"定期检测、强制维护、视情修理"。

第一章 概 述

从"定期维护、计划修理"到"定期检测、强制维护、视情修理",这在我国汽车技术管理上是一次大的转折和飞跃,随着汽车维护制度的建立和完善,为适应新的汽车维护工艺规范,全国汽车维修行业展开了技术练兵,从汽车维修行业的管理者,到汽车维修的组织者和每个岗位的操作人员,都经受了一次全新的考验和锻炼,从观念上到实际工作中,加深了对新的汽车维修制度的认识。

总的来说,维修是指维护和修理的泛称。维护是为维持汽车完好技术状况或工作能力而进行的作业。修理是指恢复汽车完好技术状况或工作能力和寿命而进行的作业。汽车维修包括汽车维护和汽车修理两种类别,维护作业主要包括维护和检验两个环节,而修理作业则包括诊断、修理和检验3个环节。这是因为,定期维护的车辆通常是没有故障的车辆,而视情修理的车辆都是带有故障的车辆。维护的车辆一般不需要经过诊断的环节,只需根据行驶里程就可以确定要实施的维护项目。而修理的车辆通常都必须经过诊断的环节,才能够确定要修理的项目。

(二)汽车维护分级与要求

汽车维护的目的在于保持车辆经常处于良好的技术状况,及时发现和消除故障隐患,保证道路交通安全,降低车辆的运行消耗,减少车辆对环境的污染,是车辆技术管理的重要组成部分和基本要求。汽车维护主要有日常维护、一级维护和二级维护。

1.汽车日常维护

汽车日常维护是指以清洁、补给和安全性能检视为中心内容的维护作业,由驾驶员负责执行的车辆维护作用。日常维护的目的是保证车辆各部清洁和润滑,各总成、部件工作正常,尤其是要掌握车辆安全部件的技术状况,保证其工作可靠性。日常维护是发挥车辆效率、减少行车事故、节约维修费用、降低能耗和延长车辆使用寿命的重要环节。日常维护具体包括:①车容整洁;②工作介质充足;③密封良好,水、电、油、气无泄漏;④制动可靠,转向灵敏,灯光喇叭等工作正常。

2.汽车一级维护

汽车一级维护是指除日常维护作业外,以润滑、紧固为作业中心内容,并检查有关制动、操纵等系统中安全部件的维护作业。在汽车使用过程中,随着行驶里程的增加,有些零部件可能会出现松脱,润滑部位出现缺油和漏油等不良现象,影响汽车的操纵安全性,因此,定期对汽车进行一级维护是必要的。一级维护的中心内容是在日常维护的基础上增加了润滑、紧固和安全部件检查的要求，并明确指出汽车一级维护的执行应由维修企业负责，即应进厂维护。汽车一级维护是一项运行性维护作业，即在汽车日常使用过程中的一次以确保车辆正常运行状况为目的的作业，以清洁、润滑、紧固为主要内容，并检查制动、操纵等安全部件。

3.汽车二级维护

汽车二级维护是指除一级维护外，以检查、调整制动系统、转向操纵系统、悬架等安全部件，并拆检轮胎，进行轮胎换位，检查调整发动机工作状况和汽车排放相关系统等为主的维护作业，由维修企业负责执行的车辆维护作业。二级维护是现行汽车维护作用中的最高一级，要求在维护前进行不解体检测诊断，确定附加作业项目，并强调对安全部件检查、调整的要求，强调了二级维护"检查调整发动机工况和排气污染控制装置"的要求。二级维护的原则是全面实施汽车维护作业、对汽车技术性能定期检测、对有关部件视情修理，二级维护是随着汽车技术的发展和汽车检测维修技术发展，以及在大气环境污染治理方面日益强化的要求，也是在提高汽车维护技术水平方面的充分体现。汽车二级维护是以消除隐患为目的的车辆性能恢复性作业，尤其是恢复车辆达标的排放性能，保持安全性能和环保性能。汽车二级维护工作应重点做好二级维护检测诊断、二级维护作业过程检验和二级维护竣工出厂检验。

（三）汽车维护作用

1.恢复车辆性能，延长车辆使用寿命

汽车在使用一段时间后，各个摩擦副会有磨损，润滑油（脂）及其他工作介质会变质、失效或滴漏，零件表面会积存污垢，连接件会松弛，金属零件会发生锈蚀、疲劳或变形，橡胶和塑料等非金属制件会老化或受损伤等，这些都会使汽车技术状况变坏，工作性能降低。适时地进行相应的维护作业，针对那些可以预测到随着时间或使用会变化的零部件进行调整与更换，可使车辆性能恢复到最佳状态，防止小隐患变成大故障，确保车辆的安全性，以及合理的经济性与使用寿命。

2.减少汽车排放污染物

通过定期检测和全面的清洁、润滑、调整、紧固及维护作业，可以有效改善汽车工况和技术条件，有效控制汽车排放污染物，使其恢复和保证正常的排放水平，对于保护环境、节约能源、促进社会的可持续发展具有显著作用。通过汽车维护减少汽车排放污染物，既不改变汽车原有的结构参数和技术装备，也不增加装置和车主的经济负担，易于为广大车主和汽车设计制造部门所接受。

3.保障道路运输安全

实施汽车维护是车辆安全管理的一种有效手段,在保障人民群众人身、财产安全方面作用明显,通过加强车辆技术管理,借助一些设备和工具,对车辆技术性能进行定期检测,有助于及时发现营运车辆制动、转向、灯光等系统中存在的问题,通过及时维护和修理,使车辆的技术状况维持在一个良好的水平,有助于减少乃至杜绝在运输途中发生故障或因此而引发的交通事故,达到确保安全的目的。

三、超标排放车辆修理的功能作用

(1)通过对超标排放车辆进行修理,可大幅降低单车排放强度。任何汽车的发动机本身都具有一定的自身尾气净化能力,随着行驶里程的增加,尾气排放净化能力会逐渐下降,如燃烧室积炭、汽缸气压减小、气门间隙变化、点火正时不准等均会影响发动机燃烧质量,造成汽车尾气排放恶化,而且排放污染物是成倍甚至十几倍的增加。通过对这些超标车辆进行有针对性的维修治理,使这些车辆达到在用汽车排放标准,可有效降低这些车辆的污染物排放量。据统计,美国执行I/M制度以来,汽车的排污总量降低了近50%。

(2)通过对超标排放车辆进行修理,有利于改善在用汽车的技术状况。汽车运行、使用一定里程或时间后,技术状况必然发生变化,出现动力下降、油耗增加、排放增多等情况。要解决这些故障就必须严格遵循车辆使用规律,以科学严谨的态度加强车辆的技术管理,使在用汽车始终处于良好技术状况,保障车辆运行安全和节能减排。对这些超标排放车辆维修,通过分析在用汽车尾气排放数据,并根据排放数据,分析车辆发动机运行状况。科学制定并实施车辆维修方案,在减少排放污染的同时,减少了燃油消耗,进一步改善车辆技术状况,有效预防车辆各种技术问题的发生,具有较好的经济性。

(3)通过对超标排放车辆进行修理,可推动相关技术发展。汽车维修行业的发展与汽车工业发展相辅相成,汽车技术的深入发展,要求汽车维护与检测技术不断进步。针对排放超标车辆维修治理,必然要求检测、维修技术进一步提高,反过来也有助于深入发现汽车制造和设计的缺陷,进一步促进汽车工业水平的不断提高。同时,随着汽车检测维护的智能化、多功能化趋势,尤其是车载诊断系统(OBD系统)、车外诊断智能化的发展也将进一步促进计算机技术、光、机、电一体化等高新技术的应用。

(4)通过对超标排放车辆修理,有助于提高汽车检测维修管理人员和技术人员的水平。通过实施I/M制度，针对超标排放车辆维修治理，将对行业中的检测人员、修理人员、行业管理人员进行相应的培训，参加培训的人员必须对I/M制度有关的政策法规、标准规范、设备使用操作等方面的知识不断学习，这样将会提高管理人员和技术人员的业务素质和技术能力。同时，在检测车辆增加和维修业务量增加的情况下，将使车辆检测和车辆维修企业在管理、技术、质量和服务等各方面都有质的飞跃。

四、超标排放诊断与维修的关系

1.诊断可以提高维修效率

整车制造厂生产和销售的汽车，必须满足国家对汽车污染物排放的控制要求。但车辆在长期的使用过程中，对污染物排放起控制作用的装置会产生不同程度的磨损，它们的损伤规律是不尽相同的。在汽车污染物排放超标治理维修中，面临需要维修的机件磨损有很多。不同的机件受自身材质、性能、安装状态、调试状况、工作环境、维护情况等影响，需要有针对性地进行维护、调试，必要时更换。修复这些排放控制机件，使汽车恢复或接近出厂时的排放控制性能，可以有效地降低汽车污染物排放量。

从维修的角度，为了恢复汽车对污染物排放的控制，对造成排放控制失效的相关机件进行修复，首先就需要区分哪些机件的控制性能失效了，也就是故障点。在维修过程中，有些机件的拆装检测和维修是相当花费工时的，甚至可能在拆装过程中造成不必要的额外损伤。在汽车污染物排放超标治理作业中，科学有效地诊断故障，可以缩小故障范围，快速、准确定位故障原因。减少不必要的发动机解体检测，避免盲目的维修拆装耗费工时，大大提高维修效率。

2.诊断可以降低维修成本

在汽车污染物排放超标治理作业中，维修效率的提高，就是通过降低工时成本来降低维修成本。对汽车排放控制失效的机件进行维修，涉及机件本身维护、调试，甚至更换。通过对汽车排放超标故障机件故障原因的准确诊断，判断机件排放控制失效的根本原因是安装状态、调试状况造成的，可以通过维护、调试恢复机件性能，降低换件成本。对机件磨损是否是导致排放超标的诊断，可避免过度维修，降低换件成本，同时也避免了在拆装过程中造成不必要的额外损伤的风险成本。

3.诊断可以保证维修质量

从前文可知，导致汽车污染物排放控制机件失效的原因有很多，除了机件自身原因和安装调试的因素外，机件的工作环境也是不可忽视的原因。汽车发动机在工作时，产生的高温高压，对各个控制机件影响很大，特别是废气排放上游机件的恶化，对处于排气管路下游的机件损伤的影响。在汽车污染物排放超标治理作业中，准确有效的诊断，不仅是诊断哪些机件控制失效，还需要分析该机件为啥失效，排除导致其失效的故障因素，这样才能有效地保证维修质量和维修效果。

以某汽油车维修案例为例，三元催化转化器的载体烧蚀，导致三元催化转化器失效，污染物排放超标。更换三元催化转化器虽然可以短期解决污染物排放超标现象，但是，如果导致三元催化转化器烧蚀的原因不排除，新更换的三元催化转化器在1~2月内还会发生同样的烧蚀现象，车辆在下个检测周期的使用中，污染物排放一直都是超标的。达不到排放治理的目的。而通过诊断，确定是发动机其中一个喷油器滴漏，燃烧不完全的混合气直接从发动机排出，附着在三元催化转化器的载体上，导致三元催化转化器载体烧蚀损坏而失效。所以要保证维修质量和维修效果，必须彻底和准确的诊断出，故障机件和导致故障的原因。

五、常见的误区和短板

尽量国家早就制定有相关维修业开业条件和作业标准的法规标准，但一直都是偏重安全的技术要求导向，而缺少与车辆新技术应用相适应的环保性作业技术要求，尤其是缺失对在用车辆排放全过程应用和维护的具体监控和引导措施与要求。比如在车辆周期维护和维护环节，由于目前缺失对车辆周期维护排放状态的强制性检查和在线记录，缺失对维护过程中的三元催化转化器净化效能的技术手段检测和三元催化转化器更换件的编码技术要求，使得在用车在日常应用和维护环节就存在了很多不规范维护所造成的带病运行的情况。

有人错误地认为对于车辆排放控制的检查和维修，只要使用少量的尾气分析仪去做必要的测试，然后就事论事地对车辆油电路参数作简单的调整，就会奏效，但实际情况完全不是这样。只有对汽车的整车技术参数，尤其是发动机的各种技术状况和技术参数进行全面的检测诊断和有效的维修，车辆排放才能保持在正常的状态下。针对排放超标车辆的维修，必须要由严格的规章制度作保证，必须要具备适用的车辆状态监控和故障诊断仪器设备，有经过培训熟练掌握承检承修车辆工艺的技术人员，建立起一整套可行的质量保证体系，针对具体车型的维修工艺规范对其各项技术装备进行认真的技术维护和故障排除。

我国维修行业从业人员的总体素质和技术水平较低，致使汽车维修质量得不到保障。维修技术与飞速发展的汽车技术存在较大差距，加之整个行业的从业人员文化素质、技术素质均偏低，造成新技术的推广和普及困难，影响了传统的经验维修方式向新的诊断为主的维修方式的顺利过渡，维修质量得不到保证；同时使用假冒伪劣汽车配件等问题依然存在，使社会上普遍存在用户修车不放心，怕受骗挨宰的现象，行业在社会上的诚信度还不够高。汽车高新技术的普及，要求维修业的技术水平必须提高。比如市场销售的轿车一旦电喷系统出现故障，没有解码器就根本无法判断故障所在，更谈不上正确的维修。我国汽车维修设备的技术水平越来越受到重视，但是从总体来看，相对于国外现有的汽车维修水平，我国目前生产的汽车检测诊断及维修设备技术水平的主要差距有：产品可靠性差，寿命短，性能不够稳定，故障多；自动化水平低，有些设备至今还采用手工操作，操作费力；品种不全，更新慢，技术含量低，附加价值率低。

另外，I站和M站作业人员还没有经过系统、规范的上岗技术培训和认证，技术水平和责任意识还不高，将会影响I/M制度的有序实施和I/M制度运行的公允性。在I站领域，当前的现状是几乎所有的检测作业人员都没有经过规范的上岗技术培训，能够上岗操作作业，基本是依靠设备供应商的临时指导。对于他们的作业责任意识，完全是人在做天在看的听天由命，缺失必要的业务技能考核和责任监督机制的制约，利益驱动的胡作非为便有了可乘的缝隙。在已经试行的M站领域，现状也不容乐观。M站作业人员缺失对车辆排放故障产生原因的了解和掌握，缺失对车辆基本工作运行和排放影响因素的系统培训和学习，在面对2000多种在用车型的排放异常和排放首检不合格车辆时，系统性的维修技能缺失便显现出来，头疼医脚、受利益驱动的及急功近利的胡乱维修的便应运而生、大行其道，这些成为目前I/M制度实施和推进的最重要问题。老百姓宁可在黄牛党那里花300元临时换个三元催化转化器应付检验，也不愿在维修企业那里被忽悠着花上1000~2000元胡乱治理一番。所以说，加强对I站和M站作业人员的技能培训和管理是当务之急，是推行I/M制度的重点工作。

第三节　汽车排放污染维修技术及注意事项

一、汽车排放故障及其维修的技术实质

新出厂的合格汽车经过一段时间使用后，汽车的某些系统功能缺失或者某

些部件损坏而引起尾气排放超标。这些部件基本上都是与发动机技术状况有关，包括线路、管路部分、电子控制系统、发动机供气系统、燃料供给系统、点火系统、燃烧环境和机外尾气处理设备等。因此，在进行尾气治理时，要对这些系统和部件进行检查，使其功能恢复到或接近于汽车出厂时的要求。

I/M制度不是要求在用汽车强制安装尾气净化器和进行发动机改造，而是使车辆保持原厂制造的技术指标，监督检查车上原有的污染控制装置和系统的正常工作，充分发挥车辆的自身净化能力。通过检查，识别出由于系统故障导致排放超标的车辆，确定故障的原因和位置，有针对性地进行维护、修理，使车辆不仅排放达标，而且整车能保持良好的技术状况，是目前国际公认的在用车排放治理最有效的方法。通过对汽车进行全面系统的检查和维护，从根本上保证发动机良好的工作状况，不仅可以降低尾气中有害气体的排放，而且为机外净化装置提供良好的使用环境。同时，通过定期检查还可以发现各种故障隐患，包括检查各种排放控制装置的完好情况，由此保证在用车使用期间内保持刚出厂时的尾气排放水平。

超标车辆维修治理的实质是根据诊断结果，查清车辆故障点或部位，依照原厂技术标准或维修标准进行调整、维护，或者更换零部件，直到排放合格。

二、汽车排放污染维修技术方法辨析

传统的汽车维修技术是以机械修理为核心的维修技术，因为那时的汽车车型更新周期相当长，技术变化慢，一种结构装置往往十几年甚至几十年都没有改变。因此，传统的汽车维修往往是从故障症状入手，经过经验积累确定了常见的故障原因，然后直接查看可能的故障点，确认损坏的零部件，再经过修复调整或更换该零部件后，即可排除故障。传统的汽车维修所用的仪器设备比较少，主要采取"听、摸、闻、看"的人工经验判断方式，它是一个以工作积累为基础的经验判断体系。随着汽车新技术、新结构的大量出现，特别是计算机控制技术在汽车上的广泛应用，出现了汽车动力系统"机、电、热"一体化的趋势，汽车传动、制动、转向及悬架系统"机、电、液"一体化的趋势，汽车电气及通信系统、"机、电、光"一体化的趋势。这些发生在汽车上的技术变革使得以机械修理工艺为核心的传统汽车维修技术不得不向以机电一体化综合诊断技术为核心的现代汽车维修技术转变。传统汽车维修技术队伍中"师傅与徒弟"的格局，正在被现代汽车维修技术队伍中的"医生与护士"所取代。"七分诊断、三分修理"不仅是现代汽车维修的技术特征所在，而且还是汽车医生（汽车维修工程师）和

汽车排放污染治理维修技术

汽车护士（汽车修理工）的职责分工。汽车计算机控制技术的出现是汽车新技术中最重要的变革，它不仅给汽车控制技术带来了根本性的变化，同时也改变了汽车维修的方式。传统的汽车维修采用的是从症状入手，通过检查检测查找故障点的分析方法，这个方法具有明显的人对车的单方向推进特征。现代汽车计算机控制系统中由于加入了自诊断功能，使得现代的汽车维修可以直接从自诊断结果入手，通过检查检测查找出故障点，这样的方法具有了人车互动双向对话的特征。这就使得今天的汽车维修技术有了症状分析和自诊断分析两个入手点，这正是现代汽车维修技术的基础和出发点。汽车技术在安全性、环保性和经济性法规推动下越来越多地采用了高新技术，这也就给汽车维修工作提出了越来越高的要求，故障机理的复杂性分析、诊断手段的多样性运用、诊断参数的精确性测试、分析判断的准确性把握等重要方法和关键技术都已成为汽车维修技术发展所必须追逐的目标。汽车维修技术正处在从传统的经验体系向现代的科学体系发展的过程之中，不仅要完善和发展汽车维修技术、研制开发新型高效的汽车诊断维修设备，还要形成和建立具有实际应用价值的汽车诊断维修理论体系、研究运用创新实用的汽车维修方法。

汽车排放污染维修技术是一门新的课程，它与常规的汽车维修有很多相同之处，但又不完全一样。常规的汽车维修讲究的是"七分诊断，三分维修"，汽车排放污染维修技术也同样遵循这个规则。汽车排放污染物超标，仅仅是车辆使用性能不稳定或恶化的一种表征，其内在原因是多方面的，诸如燃料品质不佳，车辆超负荷运行，发动机冷却系统工作不正常，汽车底盘各项参数调整不当而导致运行阻力过大，发动机的燃料供给系统、点火系统和配气机构、曲柄连杆机构等各项技术指标调整不当、发生变化或零件损坏，燃料供给系统密封不良，曲轴箱通风装置不良，废气再循环装置失灵，发动机某些部位的积炭，以及驾驶人员操作不当等均会引起汽车排放污染物的增加。从汽车使用的磨损理论和可靠性理论可知，在用车辆的技术状况和排放性能是随着运行里程的增加而变差的，即使是电喷发动机加三元催化转化器的车辆，投入运行后，其技术指标也在不断地变化，在行驶满走合期就需要对其做必要的校验、调整，这是由机电产品固有的特性所决定。对排放超标的汽车，必须要由有经验的技术人员按作业规范认真对其进行检测、诊断，判明故障点，在消除相应故障的同时，有针对性地对汽车故障的相关部位认真进行维修作业，才能使汽车恢复正常的工作状态，减少和消除因故障或参数变化造成的排放超标。

三、开展维修治理应具备的基本知识

美国历来重视职业人才素质和技术能力提升。ASE（National Institute for Automotive Service Excellence），美国汽车维修优秀技师学会，是一家成立于1972年的非营利机构，主要职能是通过认证汽车售后专业人才来提高汽车维修和服务质量。ASE在美国教育、汽车维修和汽车制造行业专家的共同支持下，经过多年的努力，建立了一套科学完善的模块化汽车售后服务人才认证体系，包括认证标准、考题、教材等。ASE认证分为以下几个大组（相当于我国职业分类中的"细类"，即"职业"）：汽车维修、中/重型货车维修、货车装备维修、校车维修、事故车维修、新能源汽车维修、零件专员、汽车服务顾问、碰撞估损等，各个组别中分别设有多种证书，如汽车维修组中设有发动机机械、发动机性能、电子电气等8种证书，证书总共有50多种。学员只要通过一项考试，即可获得一张证书；如获得一个组别中的所有证书（如汽车维修组别中的8种证书），即可获得高级技师证书，为了促进证书持有人不断学习新技术，确保其维修水平不落伍，ASE将证书有效期设定为5年，5年后必须重新认证，否则证书自动失效。在美国，汽车维修人员一旦获得ASE证书，即意味着步入了汽车修理界的精英行列，将在汽车售后服务行业获得良好的就业和职业发展机会，因为ASE证书不仅得到了汽车售后服务行业雇主的认可，同时也得到了汽车制造企业和消费者的认可。目前，美国有30多万人持有有效的ASE证书。ASE认证为保障美国汽车售后行业的发展和人才供给作出了较大贡献，客观上也保障了美国在用汽车的安全和环保，为促进就业和国民经济发展作出了贡献。

随着高科技对汽车维修行业的逐步渗透，传统的汽车维修观念必须随之改变，由机械修理为主稍带一些简单电路检修的传统方式已经不能适应现实需求，新时代的维修技师必须依靠电子设备和信息数据进行诊断及维修。也就是说，目前摆在国内各汽车维修企业眼前的问题，就是技术设备更新和升级以及由此产生的对高素质人才的需求。这无疑会将许多没有能力完成技术升级的维修企业淘汰出局。随着汽车技术的不断进步，汽车相关法规和标准的发布、修订，加之汽车排放超标原因复杂，汽车维修行业必须建立有效的、针对性的培训体系。通过专项技术培训，提高汽车维修行业管理人员、技术人员业务水平，使接受培训的人员成为汽车检测维修行业质量保证的主力军，成为汽车污染物排放治理的骨干力量。

对于实施I/M制度来说，美国汽车维修管理局负责和监督人员培训，发放培训合格后的执照。I站和M站无权给雇员发执照或证书。培训围绕汽车排放，主要内容有：I/M制度法规、检测仪表、设备的校准、操作及维护；公共关系以及与检测相关的安全知识。检测员必须通过书面和实际操作考试。合格后获得证书和执照，执照和证书有效期为2年，检测员若要重新拥有执照必须再参加培训和考试。在我国，M站从业人员除应符合《机动车维修企业开业条件》（GB/T 16739—2014）外，还必须通过汽车排放污染维修治理专项技术培训，掌握以下知识：

（1）了解汽车发动机燃烧及尾气生长机理，能够对一些常见尾气超标车辆进行初步的分析判断；

（2）掌握M站所有的设备及工具的使用方法，并能够利用设备及工具检测出车辆尾气超标的原因并治理；

（3）了解M站的整体组成及业务流程，能够开展对外业务工作。

复习题

1.《关于建立实施汽车排放检验与维护制度的通知》（环大气〔2020〕31号）是由哪些部委联合印发的？

2. I/M制度实施涉及哪些部门？

3. 汽车维护主要包括哪些类别？

4. 汽车排放诊断和维修有什么关系？

5. 开展汽车排放污染维修治理需要具备哪些基本知识？

第二章　发动机故障引起排放超标的维修

发动机故障引起排放超标的维修

发动机故障繁多，不是所有的发动机故障都能引起污染物排放量超标，影响排放。超标的常见故障有汽缸和气门的密封性能下降，如汽缸泄压、气门漏气、活塞和气门积炭等，这些将会导致HC和CO排放值升高；发动机过热，汽缸内压力过高，将会导致NO_x排放量过高；发动机缺火，会造成HC、O_2排放量偏高。因此，在维修治理排放污染物超标时，切记不要盲目地更换零部件。当机械部件间隙过大时，如活塞和汽缸壁的圆度和圆柱度超限，需要对发动机进行大修来解决排放值超标故障。

第一节　发动机故障引起排放超标维修综述

一、发动机故障检测、诊断、维修之间的关系

发动机故障检测是指确定汽车技术状况或技术人员工作能力的检查和测量，检测的目的是发现故障的症状；汽车诊断是确定汽车技术状况，查明故障部位及原因的过程；发动机故障检测、诊断、维修相辅相成，是排放超标治理中：发现问题、提出解决方案直至通过维修治理完成的过程。汽车维修是对汽车进行的维护和修理。

排放污染治理维修中的故障症状是通过四气体分析仪和五气体分析仪检测的。四气体分析能够检测：HC、CO、CO_2和O_2；五气体分析仪除能够检测四气体分析仪的四种气体外还能够检测氮氧化物NO_x。危害气体的故障症状就是测试值超过国家规定的标准。

故障诊断包含了"诊"和"断"两个环节，故障诊断的过程就是由诊断技

术人员从汽车的故障现象出发，熟练应用各种检测设备对汽车进行全面综合的检测，完成第一个"诊"的环节，而后结合对汽车原理与结构的认识理解，对测试的结果进行综合分析后对故障部位和原因作出确切的判断，完成第二个"断"的环节而构成的。汽车故障诊断中第一个"诊"的环节应该比汽车检测的内容更深入一些，它不是一个单纯的"检测"过程，而是一个综合的"测试"过程，测试包括了"参数检测和性能试验"两个部分。因为汽车检测的目的是判断被测汽车是否符合安全环保检测或综合性能检测的规定，检测参数超标为不合格，未超标为合格，它只有通过和不通过两个结果。而汽车诊断的目的是判断汽车的故障部位和原因，检测参数必须作出定量分析，而后通过性能试验才能为找到故障部位、查明故障原因提供充分的依据。所以，汽车诊断应该包括技术检测、性能试验和结果分析三个部分。技术检测的主要任务是通过测试仪器和设备对汽车进行诊断参数的测量。性能试验的主要任务是对被检测系统进行功能性动态试验，通过改变系统的状态进行对比试验分析，旨在发现系统故障与诊断参数之间的联系。结果分析的目的是对诊断最终结果作出客观的评价，也就是对故障生成的原因机理与故障现象特征之间的必然联系，以及故障现象与诊断参数之间的内在联系作出理论分析。

通常到汽车检测场检测的车辆不一定是有故障现象的车辆，汽车检测的结果有两个，即通过或不通过。而到汽车诊断中心或修理厂诊断的车辆一般都是有故障的车辆，汽车诊断的目的只有一个，就是找到故障点和查明故障原因。在我国汽车检测已经发展成为一个独立的行业，汽车检测分为安全环保检测和综合性能检测，安全环保检测是在不解体的情况下对机动车进行的有关安全性能及涉及环境保护方面的项目进行的检查和测量，主要包括制动性能检测、转向轮侧滑检测、车速表校核、前照灯检测及汽车排放与噪声的检测。安全环保检测主要依据GB 18285—2018（汽油车）和GB 3847—2018（柴油车）针对所有上路行驶的机动车定期实施强制检测。安全环保检测的主管部门是公安交管和生态环境部门。综合性能检测是在不解体的情况下对营运车辆进行的有关综合性能项目进行的检查和测试，主要在安全环保检测项目的基础上增加了发动机功率检测、底盘输出功率检测、燃油消耗量检测、滑行距离与时间检测、转向角与车轮定位检测、悬架性能检测等项目。

汽车维修包括汽车维护和汽车修理，维护作业主要包括维护和检验两个环节，而修理作业则包括诊断、修理和检验三个环节。这是因为定期维护的车辆通常是定期进行预防性作业没有故障的车辆，而视情修理的车辆都是带有故障需通

第二章　发动机故障引起排放超标的维修

过维修作业使其恢复性能的车辆。维护的车辆一般不需要经过诊断环节，只需根据行驶里程就可以确定要实施的维护项目。而修理的车辆通常必须经过诊断的环节，才能够确定要修理的项目。所以，汽车故障诊断是汽车维修工作中维护、修理、检验、诊断四个环节技术水准最高一个环节，它即要求诊断人员有较高的理论水平，又必须具备丰富的实践经验、分析思路的"清晰"，能够熟练操作使用诊断设备。汽车故障诊断技术的研发与应用将会成为现代汽车维修技术的重要组成部分，同时还将是现代汽车维修技术的主要发展方向。

　　排放污染治理的维修与常规维修既有相同之处，同时也存在不同点。不同之处在于，能够造成排放污染的系统或装置及部件并不是车辆上所有系统，它只是发动机的部分系统：发动机机械和发动机性能、燃料供给系统、点火系统、进排气系统、排放控制系统和输入输出系统（包括OBD系统）。排放污染超标也并不是都会产生故障现象，如NO_x超标，不会对发动机怠速和动力性产生明显的影响，从现象看，没有故障现象，它只是会对环境造成污染，所以有时排放污染物超标车辆是"没有"故障现象的。因此，这就给诊断维修、检测带来麻烦，这就要求维修技术人员必须深入学习，掌握更多的理论知识才能治理好排放污染。排放污染治理维修与常规维修的相同之处是，排放污染治理维修也有维护和修理两种类别。通过对车辆进行定期排放检测和相关零部件的维护、调整，将会提前合理解决隐患，使车辆恢复到接近或达到新车的排放水平。维护是保持发动机不发生或延长发生排放污染超标现象的作业。排放污染治理维修就是对能够产生污染物的各个系统：发动机机械系统、燃料供给系统、点火系统、排放控制系统和排放控制装置、曲轴箱强制通风装置（PCV）、废气再循环装置（EGR）、二次空气喷射装置（AIR）、燃油蒸发排放（EVAP）装置、三元催化转化装置（TWC）等进行检测、诊断、修理的作业。

　　当前，汽车技术发展迅猛，排放限值不断提升，个性化设计加强。因此，要求我们在对排放污染治理维修作业时，一定要紧密结合实际，利用所学理论原理，结合自己积累经验，加以灵活掌握和运用，在整个维修实践过程中才能举一反三，事半功倍。

二、发动机汽缸故障测试

（一）汽缸测试的作用

　　在准备诊断与维修发动机机械部件故障之前，必须检查发动机力学性能的完好性。为检验发动机力学性能的完整性，必须进行真空试验测试、比较发动机汽缸压缩压力试验，同时，还需要用压力表对发动机进行起动后怠速和运转时的压缩压力测试、汽缸泄漏测试。发动机真空测试可以确定汽缸密封件是否存在问题，以及发动机进、排气系统是否有问题。比较压缩压力试验有利于帮助维修人员检查出哪个汽缸有问题。用压力表可以测出怠速或运转时压缩压力，这样可以帮助查找出汽缸密封问题和进、排气系统故障。汽缸泄漏测试或漏气率测试，能够找到汽缸密封故障的确切原因，如是进气门还是排气门问题，或者是汽缸窜气、汽缸垫损坏等。

  一台发动机若排气门烧蚀而造成汽缸压缩压力低，因为燃烧不完全导致废气中有多余的氧存在，会表现出连续稀薄的排气状况。这种状况的出现可以用尾气分析仪测出HC和CO排放标准值。排气门泄漏或烧蚀虽然不会影响空气流动，但却会因燃烧室密封不好导致燃烧不完全。若进气门泄漏也会降低汽缸压缩压力，同时也会导致燃烧不完全，且还会影响进气量。

  压缩压力过低或真空泄漏将会导致燃烧不完全，使没有参与燃烧的氧经过燃烧室进入排气管。这样，造成氧传感器信号低，影响HC和CO排放增加。凸轮轴凸轮磨损会降低气门升程和持续开启时间，分析受到影响的气门是进气门还是排气门，进入汽缸的进气流量或排出废气流量会受到不同影响。凸轮轴的磨损在各个汽缸之间往往是不均匀的，这会造成发动机转速不稳和各个汽缸压缩压力出现压力不等的现象。

  正时齿形带或正时链松动跳齿将会改变气门正时，一般来说会对所有的汽缸产生同样的影响。进气门泄漏、活塞环折断或磨损、汽缸垫漏气这些都会引起汽缸压缩压力降低。根据压缩压力降低的程度和受影响汽缸个数的不同，发动机可能会出现运转不稳和缺火现象。

  综上所述，发动机机械部分的进、排气气门泄漏，汽缸垫的泄漏，活塞、活塞环、汽缸漏气所造成的汽缸密封性能故障以及气门正时、真空泄漏等故障，除了会造成发动机工作不稳、动力下降外，还会使HC和CO排放量增加，导致车辆排放检测不合格。因此，需要进行汽缸压缩压力测试、发动机真空泄漏测试和汽缸漏气率测试。

（二）发动机汽缸真空测试

  真空是指比大气压更低的压力。如果发动机力学性能良好，在进气歧管中将产生很大的真空度。活塞在进气行程中向下运动时，汽缸容积增大，压力下降，产生一定的真空度,从进气歧管中吸入空气。空气通过节气门进入进气歧管,当节气门位置固定时,发动机的转速升高或者是汽缸的密封性改善都会使进气歧管真空度增加;而发动机转速降低或汽缸的工作效率降低以后,进气歧管真空度也会降低。发动机真空泄漏影响排放物HC的增加和氧气读数超过标准值。

1. 起动时发动机真空度测试

在发动机盘车时(即不着车起动),对进气歧管真空度进行测试是一个简单易行的判断活塞环和气门是否密封良好的方法。发动机盘车时,进气歧管真空度应该高于8.53kPa(通常应该是10.13~20.27kPa),如果低于8.53kPa,则可能是由以下原因造成:发动机盘车速度太低、活塞环磨损、气门密封不严、太多的空气旁通经过了节气门,这会导致真空度读数不真实地偏小,可能的原因包括节气门部分开启或者是高性能的凸轮轴进/排气门过度重叠。发动机盘车时的真空度测试,应按照以下步骤进行:

(1)断开点火开关。

(2)把真空表与进气歧管真空源连接起来。

(3)盘车时观察真空表的读数。

2. 怠速真空测试

发动机如果性能良好,怠速时的真空度应该稳定在57.6~71.06kPa,如图2-1所示。

3. 低而稳定的真空度

如果发动机的真空度比正常情况下低而且稳定,最常见的原因包括:点火正时滞后;凸轮正时滞后。

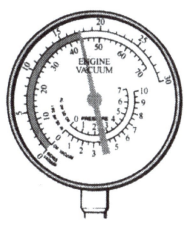

图2-1 正常的真空度值

4. 波动的真空度

如果指针先下降,然后上升到正常位置,而后又下降,之后又回到正常位置,不断反复,这表明发动机的气门发生了卡滞。造成气门卡滞最常见的原因是气门杆缺乏润滑,见表2-1。

(三)汽缸压缩压力测试

发动机的汽缸压力反映了汽缸的密封性,是发动机的动力性能指标之一。活塞或活塞环磨损过度会导致活塞密封不严、气门密封不严、汽缸垫漏气或窜气。汽缸压力不正常将会导致混合气燃烧不良、燃料消耗上升、功率下降、发动机起动困难和汽车动力性能下降，碳氢化合物（HC）排放过高。通过对测试结果的分析，可以准确地判断发动机各个汽缸的工作状态，汽缸压力测试一般分为三种：干式测试、湿式测试、运转测试。

各种情况下测试的真空表读数及原因　　　　　　表2-1

读　数	原　因	读　数	原　因
	稳定，但是偏低的读数表明气门迟开或点火正时延迟		真空表指针在10.00~30.66kPa之间跳动，低于正常值，表明进气系统真空泄漏
	汽缸垫泄漏会使指针在正常范围的上下跳动		指针在正常读数以下3.33~6.80kPa之间振荡，表明混合气可能不合适（太浓或太稀）
	急速时真空表指针急剧跳动，当转速升高时指针变得稳定，这表明气门导管已经磨损		如果指针往正常位置下移3.33~6.80kPa，则是由于气门烧蚀或不能正常落座引起的
	当气门弹簧弹力变弱，急速时真空表读数正常，但当发动机转速增加时，指针会在40.66~81.33kPa之间急剧跳动		在发动机转速稍微高于急速时，指针读数稳定地下降6.80~10.13kPa，表明发动机点火正时延迟

1. 汽缸压力干式测试

干式测试结果分析，压力高于标准值，表明压缩比已改变，原因是燃烧室容

第二章 发动机故障引起排放超标的维修

积小所致，一般是由于积炭造成的。压力低于标准值，表明汽缸有泄漏，其可能原因是气门锥面烧蚀、气门座烧蚀、汽缸垫烧穿、活塞环磨损、气门机构问题、汽缸内壁磨损严重等。各种发动机型号的压缩比，一般缸压要比压缩比低一些。

如在干式测试中压缩压力读数偏低，则进行压缩压力湿式测试，湿式测试有助于确定造成问题的具体部件。

2. 湿式测量

向读数偏低的燃烧室中喷入少许机油，将发动机盘动几圈，然后按照干式汽缸压力测试流程进行操作。压力读数保持在较低位置，则是发动机气门或汽缸垫泄漏。具体是哪一个部件，可进一步通过测试确定。如果相邻汽缸的压力持续较低，原因是汽缸垫损坏或者汽缸盖平面变形。

3. 运行压缩压力测试

每次拆下一个火花塞，并使该缸高压线与搭铁短接；发动机运转2000r/min，按住缸压表释放阀测量。运行压缩压力低的原因：气门弹簧断裂、气门导管磨损、推杆弯曲、凸轮轴磨损。运行压缩压力测试时，缸压变化范围：起动时0.9~1.1MPa；怠速时为0.4~0.6MPa；高怠速（2000r/min）为0.2~0.4MPa。结果判断，最大缸压和最小缸压的差值不得低于平均值的20%，任何一缸不得低于0.7MPa；表针第一次摆动值不得低于结果值的1/2。若低于该值，说明活塞、活塞环与缸筒间漏气。

（四）汽缸漏气率测试

汽缸泄漏测试，可以确定压力泄漏点出现在：进气门、排气门、活塞环还是水套上、相邻汽缸的汽缸垫泄漏。

1. 汽缸泄漏测试程序

（1）使发动机达到正常工作温度。

（2）保证进排气门都处于关闭位置。

（3）连接漏气率表（图2-2）到火花塞承孔上。

（4）测量读取数值。

2. 测试标准值

（1）泄漏小于或等于10%：良好。

（2）泄漏大于10%且小于或等于20%：可以接受。

图2-2 汽缸漏气率表

（3）泄漏大于20%且小于或等于30%：　　有问题。
（4）泄漏大于30%：　　　　　　　　　　问题严重。

3. 泄漏部位判断

（1）听见空气从机油加入口漏出，说明活塞环磨损或断裂。
（2）空气从散热器漏出，说明汽缸垫破坏或汽缸盖裂纹。
（3）空气从发动机的进气口漏出，说明进气门出现了故障。
（4）空气从排气管泄漏出来，说明排气门出现了故障。

如出现明显泄漏，可根据声音判断出泄漏位置，查找故障原因并进行维修。

三、排放超标引起发动机性能故障判断

（一）发动机性能简介

随着科技的发展，电子控制技术已融合到发动机各系统中。今天的发动机除了机械部件外，还配备发动机管理系统：进气系统、燃料供给系统、点火系统、排放系统。现在的发动机由于采用了发动机性能管理系统，发动机的各种性能都得到了很大的提升，降低了燃油消耗，提高了燃油经济；提高了发动机功率，提升了动力性；工作更加平稳，更易操控；减少尾气排放，更加环保。

（1）进气系统：发动机性能管理系统为了监测和控制进气，进气系统使用传感器测量进气流量和温度，甚至能控制进气通道的长短和形状、旁通通道的开闭以及进气门的相位等。

（2）燃料供给系统。发动机性能管理系统为了给发动机提供燃料，燃料供给系统负责把燃油泵送到燃油管道，经过压力调节后提供给喷油器，最后由ECM控制喷油器定时定量地喷射到发动机内。

（3）点火系统。发动机性能管理系统为点燃混合气，点火系统监测曲轴的转角和发动机的各项参数，精准地控制点火部件在相应的曲轴转角时触发点火。

（4）排放系统。发动机性能管理系统为了减少排放，排放系统监测尾气成分和其他排放信息，通过催化转化尾气、控制燃烧温度以及把燃油蒸气引入燃烧等方法全面减少车辆的排放量。并且系统内集成的OBD-Ⅱ时刻监视和诊断发动机的运行和排放情况。

（二）利用尾气检测值维修发动机性能故障

尾气分析仪是用来测量汽车尾气是否符合排放标准的仪器。它还有另外的拓

第二章 发动机故障引起排放超标的维修

展功能,就是利用尾气分析仪的读值,判断发动机的机械故障和发动机性能的故障。具体包括:用尾气分析仪测试读取HC值判断汽缸垫泄漏故障、利用HC值判断燃油泄漏故障、利用尾气值来判断发动机无法着车故障、用尾气值测试PCV系统故障、利用尾气读值判断三元催化转化器转换效能。

1. 利用尾气分析仪测试读取 HC 值判断汽缸垫泄漏故障

发动机汽缸垫泄漏是一种常见的故障现象,在故障出现的初期,是非常不好判断的。在众多诊断方法中,有一种非常适用的也常常被忽视的方法就是不解体诊断,即用尾气分析仪数值比较的方法来判断。发动机工作达到正常工作温度,利用抹布盖住散热器盖,小心打开盖子,避免高压高温水喷出;利用尾气分析仪探头靠近散热器盖处,切勿放入水中;读取尾气分析仪显示的HC值,若有升高表示汽缸垫泄漏,如果需要知道具体是哪个汽缸或哪两个汽缸之间泄漏,还要通过汽缸泄漏专用工具来检查。一旦查出泄漏故障,则需要更换汽缸垫,如图2-3所示。

2. 利用 HC 值判断燃油泄漏故障

通常会有车主到修理厂维修燃油味故障,当燃料蒸发泄漏时,就会闻到刺鼻的燃油味,通过尾气分析仪检测读取HC值,可以判断故障泄漏部位,有利于维修的顺利进行。检测部位分别是:汽油泵通气口处、活性炭罐处、加油口盖处、油管

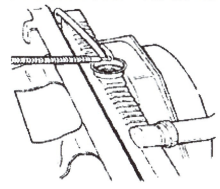

图2-3 尾气分析仪测试发动机故障

接头处、油箱各密封处。利用尾气分析仪测试探头靠近上述各处读取HC值,若升高表示有油气泄漏。一旦查出泄漏点的泄漏部件,应立即对其维修或更换泄漏部件。

3. 利用尾气值判断发动机无法着车故障

在维修发动机无法着车故障时,最难判断的是因为缺油不着车还是缺火不着车,或是电控单元故障不着车。当遇到这种情况时,首先应先检查电控单元熔断丝、喷油嘴熔断丝、油泵继电器熔断丝和安全切断开关、节气门位置传感器、冷却液温度传感器、空气流量传感器控制电路。

当以上各项均正常时,则打起动机15s,利用尾气分析仪观察HC值,若有升高,表示燃料供给系统正常。再进行点火系统检查或其他检查。这样,就会不解体快速检查是否有油,从而加快了维修进度。

4. 利用尾气值判断 PCV 系统故障

起动发动机并使其运转，达到正常工作温度。利用尾气分析仪读取CO和O_2的值，拆开PCV阀管路，靠近气门室盖尽端，并读取CO及O_2的值。此时，CO的值应减少1%或更多，O_2值应提高。用手堵住PCV阀，并读取CO及O_2的值，应恢复正常；如果按照以上程序操作，CO及O_2值均无变动，表示PCV阀阻塞，应对其进行维修或更换，见表2-2。

测试记录表　　　　　　　　　　表2-2

动　作	CO（%）	O_2（%）	动　作	CO（%）	O_2（%）
正常运作	实测值低	实测值低	堵PCV阀	恢复正常	恢复正常
拆PCV阀	减少1%以上	应升高			

5. 利用尾气读值判断三元催化转化器转换效能

检测确认点火系统正常，发动机无泄漏，燃料供给系统也正常，发动机无故障码。拆开氧传感器（HO_2S）插头，如果装有二次空气喷射系统，应关闭此系统。拆开怠速空气控制线束插头，起动发动机，怠速运转，等待约30s后，插入尾气分析仪探头并读取CO、HC、O_2数值并记录。将任何一缸高压线搭铁，使该缸不工作，时间不得超过5min。O_2的读值会升高；在二次空气喷射装置被禁止时CO和HC值是不会升高的。当三元催化转化器失效时，O_2的读值会升高；CO和HC也会升高，见表2-3。

测试记录表　　　　　　　　　　表2-3

三元催化转化器正常	O_2值会升高 CO、HC值降低（有空气喷射） CO、HC值不变（无空气喷射）	将任何一缸高压线搭铁
三元催化转化器不良	O_2值会升高 CO、HC值不变（有空气喷射） CO、HC值升高（无空气喷射）	使该缸不点火状况下测试

第二节　发动机机械故障引起排放超标的维修

一、汽缸压力不足的维修（HC）

汽缸压缩压力不足或真空泄漏导致燃烧不完全，使未参与燃烧的氧气经过燃烧室进入排气管。这样，从氧传感器获得连续稀薄的氧含量读数值，发动机电控

第二章　发动机故障引起排放超标的维修

单元获得一个低电压信号，会导致HC排放增加。

当发动机出现动力不足、起动困难、加速无力、排放超标等现象时，可以对发动机进行不解体检测。使用的工具主要是汽缸压力表和汽缸漏气率表。进行汽缸压缩压力测试之前，蓄电池必须完全充电或接近完全充电，进行测试时，将蓄电池充电器连接至蓄电池上以保持足够的蓄电池电量、关闭发动机、拆下所有火花塞、中断燃油供应、发动机的温度正常、拆掉空气滤清器、节气门全开。

二、曲轴箱机油被稀释的维修（HC）

发动机机油被稀释最常见的原因有三种：一是冷却液进入燃烧室，通过缸壁、活塞环进入油底壳机油中，稀释机油，这种现象的特征是排气管冒白烟；二是喷油器泄漏，即燃油从活塞环和缸壁进入油底壳，稀释机油；三是发动机温度过高，造成机油被稀释。机油被稀释会导致发动机动力性能下降、零部件损坏及HC、CO排放超标。

（一）冷却液进入燃烧室

从排气管排出的大量白烟或冷却液气味表明冷却液可能进入了燃烧室。冷却液液面过低、发动机冷却风扇不工作或节温器故障会导致发动机温度过高故障，从而导致发动机部件损坏。起动转速低于正常时表明冷却液可能进入了燃烧室。检测步骤如下：

（1）拆卸火花塞并检查火花塞上是否浸有冷却液和缸孔内是否存在冷却液。

（2）使用汽缸泄漏测试仪进行检查，在该测试中，从冷却液加注口观察，冷却液中如果出现过量气泡则表明汽缸垫有故障、汽缸盖开裂或汽缸体开裂。

（3）使用汽缸压缩测试仪进行检查。当并列布置在汽缸体上的相邻两汽缸压缩压力过低时，可能表明汽缸垫有故障。

表2-4所示冷却液进入燃烧室的维修。

冷却液进入燃烧室故障判断表　　　　　　　表2-4

故障原因	维修措施
进气歧管开裂或衬垫损坏	检查进气歧管，必要时更换
汽缸盖翘曲	拆卸汽缸盖测量，必要时修理或更换
汽缸垫有故障	更换汽缸垫
汽缸套或汽缸体开裂	检查维修，必要时更换
汽缸盖或汽缸体有砂眼、孔	检查维修，必要时更换汽缸体或汽缸盖

1. 燃油进入曲轴箱的影响

燃油进入曲轴箱使机油被稀释的危害是：减少机油使用寿命，降低发动机的燃油经济性，使发动机的动力和功率下降，影响发动机的可靠性以及可变正时系统的延迟响应或损坏涡轮增压器等。导致燃油进入曲轴箱、稀释机油的罪魁祸首是喷油器滴油或泄漏。泄漏后的燃油会从以下地方进入油底壳内：

（1）活塞和汽缸壁。活塞和缸壁间隙影响汽缸的泄漏量。

（2）活塞环侧壁。活塞环的间隙大小直接影响活塞漏气率的大小。

（3）汽缸套的变形。汽缸套的变形也会影响活塞环和缸壁的间隙，使漏气量变大。

（4）活塞环和衬簧的张力。活塞环和衬簧的张力也会影响汽缸的漏气量，一旦张力消失，就会导致活塞环抱死，出现拉缸现象使漏气量加大。

（5）爆震燃烧。一旦发动机出现爆震燃烧，会造成活塞、活塞环的损坏，使汽缸漏气率加大。

2. 燃油进入曲轴箱的影响

燃油一旦进入机油中，会使机油的黏度降低，将会产生机油压力低甚至无机油压力现象，这时会产生发动机零部件磨损甚至产生机械故障。通常的检测方法是：

（1）发动机机油里会闻到燃油味。

（2）发动机机油黏度明显下降，变稀。

（3）发动机机油液面上升。

发动机机油在正常使用中是逐渐消耗的，如果发现机油液位高于机油尺的上刻线，可能是发生了燃油泄漏情况。燃油泄漏窜入曲轴箱，将会引起机油液面的升高。

3. 燃油进入曲轴箱问题的研判

（1）最直观的判断是通过感官判断——闻。

（2）最简单的测试方法是发动机机油液位检测。通过机油尺刻度可以准确看出机油是否过多。

（3）对机油黏度进行化验，一旦发现机油增多、机油稀释现象一定要找到故障来源，进行有针对性的治理。

（二）机油被稀释的维修

一旦检查出发动机曲轴箱机油被稀释，就应该判断是因防冻液还是汽油泄漏或是发动机高温被稀释的。如果是因防冻液泄漏稀释的,查找泄漏点,进行修焊或更换汽缸盖及汽缸;如果是被汽油稀释的,则确定可能的喷油嘴,进行清洗维修或更换喷油器总成;如果是发动机高温引起的,检查引起发动机高温的原因,进行维修。

三、燃烧室积炭的维修（NO_x）

（一）燃烧室积炭的形成及影响

积炭是指燃料与窜入燃烧室的润滑油在不能完全燃烧时,所产生的胶质经过发动机反复高温的作用下,不断积累形成的硬质胶结炭,即积炭。受电喷发动机控制特点所致,汽缸每次工作的时候都是先喷油再点火,当我们熄灭发动机的一瞬间点火被马上切断,但是这次工作循环所喷出的汽油却无法被燃烧,只能贴附在进气门和燃烧室壁上,汽油很容易挥发,但汽油中的蜡和胶质物却留了下来,长此以往汽油中的蜡和胶质物越积越厚,反复受热变硬就后形成了积炭。如果发动机烧机油,或是加注的汽油质量低劣杂质较多,那么气门积炭就更严重且形成的速度也更快。由于积炭的结构类似海绵,当气门形成积炭以后每次喷入汽缸的燃油就会有一部分被吸附,使得真正进入汽缸的混合气浓度变稀,导致发动机工作不良,出现起动困难、怠速不稳、加速不良、急加速回火、尾气超标、油耗增多等异常现象。如果再严重会造成气门封闭不严,使某缸因没有缸压而彻底不工作,甚至粘连气门使之不复位。此时气门与活塞会产生运动干涉,最终损坏发动机。

燃烧室内积炭会使发动机的压缩比增加形成许多炽热面,引起早燃和爆燃,缩短发动机的使用寿命,使发动机的动力性和经济性都大大降低。同时,也会导致NO_x排放超标。

（二）燃烧室积炭的检测方法

在发动机维修中,对于燃烧室积炭的维修是很简单的,只要把火花塞拆下就可以很清楚地看到积炭的程度了。但是对于气门积炭的检测一向是个难题,一般有三种诊断方法。

1. 解体法

也就是把发动机拆开,检查是否有积炭产生。这样很直观,但是耗时耗力,而且不管什么部件每拆装一次都会或多或少影响其功能,减短其使用寿命。

2. 内窥镜检查

把火花塞或是喷油嘴拆下，用内窥镜来观察燃烧室积炭的程度。这种方法很方便，但是内窥镜的成本非同小可，而且其在维修中的用处不是很广，因此不是所有的维修企业都配备了该设备。

3. 数据流法

用诊断电脑来读取氧传感器反馈电压的变化，以此间接检测积炭的存在。一般来说正常的氧传感器反馈电压都是在0.3~0.7V之间波动，而且应该在10s之内有8次极大值和极小值的交替变化。一旦气门产生了积炭，氧传感器的反馈电压波动会变大，比如由原来的0.3~0.7V变成0.1~0.9V。而且这个电压的中心值会变大，同时变化的频率会减缓。用诊断电脑读取氧传感器反馈电压变化的方法省时省力，但如果车辆本身的控制系统有故障，就不能很准确地作为判断依据，还会误导没有经验人员的故障诊断思路。再有就是这种方法只能针对闭环电喷的汽车使用，因为只有闭环控制的工况下，氧传感器才能正常工作。

（三）燃烧室积炭的维修

1. 免拆清洗

发动机燃烧室积炭清洗是免拆清洗的基础，燃烧室和进气门的清洗，采用当前最先进的专业的清洗设备，将燃烧室内和进气阀体的胶质、沥青质溶解，最终使积炭脱落并分解，再通过高压气将污物从进气门排出，清洗方法安全、科学、彻底。免拆清洗可以有效解决因为积炭产生的故障，如爆燃、怠速不稳、油耗上升、动力下降严重、尾气超标严重等。

发动机免拆清洗与常规清洗维护有很大的区别，免拆清洗是一种综合性快修式维护新方法。在清洗的广度和深度上与常规清洗维护均有不同。常规清洗维护只针对某部位的局部清洗，免拆清洗是对节气门、进气管和燃烧室及节气门项目的清洗。

2. 浸泡式清洗

从深度上讲，由常规清洗维护的免拆清洗转化为部分拆卸后浸泡式清洗，需拆下进气歧管、喷油嘴等部件，对所有燃烧室、进气门进行浸泡，清洗效果更为显著。

3. 解体清理

以上两种清洗方法都不能清洗进气阀或燃烧室积炭时，可以采取解体清理法。这种方法清理效果最好，但费用较高，一般不轻易使用这种方法。

第二章 发动机故障引起排放超标的维修

第三节　冷却润滑系统故障引起排放超标的维修

一、发动机过热的维修（NO_x）

在发动机运行时，发动机温度指示灯点亮并保持点亮，或者温度表显示很热，冷却液从储液罐溢出。这些现象都说明发动机过热了。造成发动机过热现象除主要发生在冷却系统外还有汽缸泄漏、发动机负荷、点火正时、空燃比、变速器、制动系统等。发动机过热会导致动力性下降，NO_x排放超标。

（一）冷却系统的外观检查

检查全部冷却系统软管卡箍是否松动、泄漏和损坏；检查是否有裂纹、磨损、凸出和膨胀；检查是否存在由于靠近排气系统而受热损坏出现硬点；检查由于接触到附件安装支架或其他部件而摩擦发亮的位置。实际表明这些位置是脆弱点，会导致破裂。检查软管是否存在由于接触到发动机机油、动力转向油或变速器油而变软或黏结的区域。

沿着整个软管长度挤压软管，检查是否有发硬或变软区域。并且听挤压时是否有"噼啪"声和"嘎吱"声，这些声音表明加强织物层毁坏或内衬劣化。散热器下部软管经常含有钢制弹簧，以防止软管塌陷，所以不要进行挤压测试。当怀疑软管状况问题时，则拆下软管检查内衬。如果内衬有裂纹或其他裂变，则更换软管。

拆卸有故障的软管时要小心，野蛮扭动和拉扯会损坏暖风散热芯或散热器。如果软管黏结在接头上，割开软管末端，以便于拆卸。安装新的软管时，要保证配合正确，避免扭动或拉伸软管。软管太短可能会在加速过程中发动机换挡时发生故障。

（二）冷却液的检查

冷却系统对结冰、沸腾、pH值、腐蚀以及有些汽车上使用的亚硝酸盐有防护能力。结冰和沸腾防护占据主导地位。通用公司厂家认为50%的水和50%的冷却剂混合液对于防冻和部件保护是最佳的。使用正确的冷却液，不要混入或改换不是为该车设计的冷却液。

pH值是衡量冷却液酸碱度的。随着冷却液的老化,大多数亚洲汽车要求pH值为7~9,而大多数美国和欧洲汽车要求pH值为8~9.5。pH值偏低可能是防冻液劣化或是混合液中水分含量大造成的,因为水比冷却剂的混合液更倾向于酸性。pH值偏高,可能是维护过程中加入过多的防冻剂造成的。

在正常使用的电子点火汽车上,尤其是无分电器点火系统,会造成冷却液带电,使冷却系统内的碎屑黏附在金属零件上,引起散热器阻塞。这种情况只能靠更换防冻液并清洗系统进行修理。

维护重复使用冷却液的冷却系统时,要加入防腐保护,首先是防冻剂。这是很难测试的一个方面,也是存在争论的问题。

最后一个关键的方面是亚硝酸盐。如果亚硝酸盐不均衡,发动机运转时,就会在铸件表面聚集一些小的气泡。这些气泡时间一长就像割刀一样侵入铸件内。柴油燃烧过程中的固有振动会造成冷却系统内出现气泡,引起缸壁泄漏。现在有一些用来测试亚硝酸盐含量的试纸,目前只有几家主机厂有一些亚硝酸盐规范。

在一些汽车上,如果冷却液缺少时,冷却系统会进入空气,在发动机工作过程中会形成气穴。如果这些气穴没有释放掉,会造成发动机过热或缸盖裂纹。有些发动机有一个放气接头,安装在节温器壳体或发动机冷却液水道上,用来释放吸入的空气。松开这个接头,直到清除所有空气。对于没有放气接头的发动机,要找到冷却系统的最高点。如果这点是软管连接处,则松开软管放掉空气。软管没有可以放气的高点,有一些工具可以帮助在汽车起动前将冷却液从底部向上推,排出任何气穴。

(三)冷却系统测试

冷却系统要执行多项功能,因此,需要对其全部功能进行测试。泄漏是冷却系统最常见的故障。因为冷却系统要经历严酷的膨胀和收缩,零部件很容易处于应力状态而出现裂纹或泄漏。诊断的第一步是直观检查冷却系统找到泄漏点。许多未检测到的泄漏可能都是"冷态"泄漏,即只有发动机处于冷态或者仅当发动机冷态运转时才发生泄漏。这些现象大多数出现在软管接头处,卡箍在热机状态卡得很紧,而在冷态时卡得太松。直观检查是否存在泄漏时,不要忘记检查汽车内部是否有暖风散热器芯或与其相连的软管泄漏。如果驾驶室内有甜味或风窗玻璃上有蒸汽,则表明冷却液从暖风散热器芯或其连接的软管泄漏到暖风空调系统。

如果直观检查后没有发现泄漏,则下一步用压力测试仪给冷却系统加压。对冷却系统加压时，不要使压力超过厂家规定的系统最大压力，否则，会造成新的泄漏。测试散热器盖，当系统不能保持住压力时，冷却液位看起来偏低并不是不正常的，因为冷却液被排挤出来或进入回收罐，冷却时会出现真空将这部分冷却液吸入散热器，而此时由于没有真空，因而不能将这部分冷却液吸入冷却系统。这也可能是泄漏造成的，因为冷却液的膨胀量可能会超过回收罐的容纳量。同时，要注意造成系统不能保持住压力的任何泄漏也会造成这种现象。

冷却液泄漏最头疼的是发动机内部泄漏。许多时候冷却液持续损耗是由于汽缸垫泄漏或发动机铸造裂纹造成的。要尽早诊断这类故障，因为这可能会导致其他连带损坏。许多泄漏发生在燃烧室和冷却系统之间。如果没有检查到这些故障，会造成活塞损坏。散热器或暖风散热器芯损坏是常见的，大多数冷却系统工作压力是91~126kPa，起动压力可轻易超过700kPa。不用化很多的时间就可以将新型塑料散热器内的冷却液排出。没有暴露在燃烧压力中的内部泄漏的冷却液会流到曲轴箱内，造成轴承损坏。可以拔出机油尺或拧下机油加注口盖查看是否有乳化物来检查内部泄漏。这类泄漏通常是汽缸垫或V形发动机的进气歧管垫泄漏。如果怀疑燃烧室泄漏而又不明显的情况下，经常借助燃烧室泄漏测试来查找，就是使用遇到渗入冷却系统内部的排气时会变色的有色液体。

冷却系统必须帮助发动机保持恒温。发动机是一个热源，由于其效率低，产生的热量远远多于所做的功。多出的这部分热量被冷却系统带走与环境空气进行热交换。水泵使冷却液流经发动机并在缸体内保持足够的压力，防止在铸件内形成气阻而出现热点。节温器就是限流控制器，在发动机暖机过程中阻止冷却液流入散热器，直到达到预定温度后才开启。根据环境温度和发动机负荷变化，在发动机工作过程中节温器可能开启或关闭。散热器和暖风散热器芯就是空气和水的热交换器。暖风散热器芯为驾驶室提供暖风，而散热器是从发动机除去多余的热量。新型汽车在选择散热器时都很慎重，以便使发动机快速达到工作温度。散热器不能过多地限制空气或冷却液流动，而造成散热效率下降，从而导致有负荷时发动机过热。可以通过测量散热器进出水口温度来测试散热器效率。一个好的经验是进出水口温度下降40℃就说明散热器正常；如果温度下降比这个值明显高或低，则表明散热器可能堵塞。堵塞的形式可能是散热器片上积累了碎屑，或水管内积累了碎屑，使得冷却液流速下降或节流。

（四）发动机过热故障维修

以下任一状况都表示发动机可能过热：

（1）发动机温度表在红色（过热）区域和/或发动机温度指示灯点亮。

（2）在发动机运转时，热的发动机冷却液从冷却液回收储液罐或冷却液压力盖溢出流到地上。

发动机过热故障维修见表2-5。

发动机过热故障维修　　　　　　　　　表2-5

序号	故障	维修方法
1	风扇传动带松弛或打滑	检查或更换
2	在规定温度时电动风扇不运转	检查线束插头，依电路图测量电源和搭铁
3	硅油风扇离合器风扇故障	检查，必要时更换
4	散热器芯间的空气通道受阻或流向散热器的空气受阻	用压缩空气清洗暖风散热器，再用自来水清洗。必要时更换
5	散热器芯内部冷却液通道堵塞	疏通堵塞通道，必要时更换管路
6	散热器软管受挤压或损坏	更换
7	在规定温度内节温器不开启	更换节温器
8	节温器安装不当	重新按规定位置安装
9	汽缸垫泄漏	更换汽缸垫
10	冷却系统外部部件泄漏液面下降	查出泄漏点，维修或更换部件
11	散热器盖泄漏	更换散热器盖
12	水泵发生故障，叶轮松动	拆检，紧固或更换水泵
13	防冻液和水的混合比例不当	更换合适比例的冷却液
14	发动机负荷过大	合理使用变速器各挡位
15	点火正时或点火提前角过迟	检查正时齿形带或链条并正确调整
16	空燃比过稀，发动机真空泄漏	查找泄漏点，维修或更换部件
17	自动变速器过热	检查变速器油液位，升挡情况
18	制动缓慢或驻车制动卡滞	调整制动轮缸或更换卡滞轮缸
19	手动变速器无超速挡	大修变速器
20	散热器导流罩损坏或安装不当	重新安装或更换导流罩

二、节温器故障的维修（CO、HC、NO$_x$）

常规节温器阀只能根据冷却液温度移动。节温器打开的温度范围是固定的，不可调整。电子节温器阀通过冷却液温度以及发动机控制模块电子控制的内置加热器来移动。发动机控制模块通过提供连接至节温器加热器控制电路的脉宽调制

（PWM）以控制加热器。在冷却系统中，达到理想的发动机冷却液温度可以使车辆降低油耗并在城市道路减少尾气排放。

（一）传统节温器

传统节温器只能通过冷却液温度确定是否调节发动机温度。这种调节方式可分为：

（1）节温器关闭，冷却液仅在发动机内循环，冷却循环回路封闭。

（2）节温器完全开启，全部冷却液流经冷却液散热器，从而利用最大冷却能力。

（3）节温器部分开启，节温器中的蜡制元件在周围冷却液温度的作用下会部分熔化或完全熔化，从而使部分冷却液从冷却液散热器流过，另一部分冷却液从散热器旁的一个"短路旁通"流过。这样可以避免在冷却液温度很低时继续冷却，并确保在温度很高时提供最大冷却能力。

（二）电子节温器

电子节温器固定在冷却液泵壳体上。冷却液温度影响：燃油消耗、功率、混合气形成质量、有害物质的排放、部件的机械负荷。这些参数的优化允许在不同的转速和负荷状况下采用非固定的温度值。此优化需要一个符合相应运行点的温度范围。通过电子节温器可接近最佳温度。通过发动机控制系统进行计算的输入端参数为：发动机转速、负荷、行驶速度、进气温度、冷却液温度。

根据上述输入参数发动机控制系统针对每个运行点计算最佳冷却液温度。可通过有针对性地加热电子节温器中的蜡元件以及根据需求控制电动风扇来影响冷却液温度。在满负荷时可通过较低的冷却液温度改善汽缸的进气程度。此外通过降低发动机温度来降低爆燃危险。因此可对功率和转矩施加正面影响，如图2-4所示。

在电子节温器的蜡元件中安装了一个加热电阻。发动机控制系统给加热电阻供电。于是蜡元件膨胀，并克服一个弹簧片的弹簧压力关闭汽缸盖入口。弹簧片的任务是：在蜡元件冷却时将电子节温器压回

图2-4 宝马电子节温器
1-电子节温器；2-芯插头连接；3-冷却剂温度传感器；4-冷却液泵

静止位置。发动机冷机时,冷却循环通过汽缸盖入口经电子节温器到冷却液泵的回流口。

(三)节温器故障检测

(1)开启温度检测,使用乙二醇的节温器测试程序,用钩子将节温器挂在33%的乙二醇溶液中,检查节温器的工作情况。执行以下测试,检查节温器阀是否能正常打开:

① 将节温器完全浸没在乙二醇溶液中。溶液温度应该比节温器阀上指示的温度高。

② 彻底搅动溶液。在这些条件下,节温器阀应该打开。

(2)节温器关闭检测,执行以下测试,检查节温器阀是否能正常关闭:

① 将节温器完全浸没在乙二醇溶液中。溶液温度应该比节温器阀上指示的温度低。

② 彻底搅动溶液。在这些条件下,节温器阀应该完全关闭,如图2-5所示。

③ 检查节温器的全开行程是否符合标准。将水逐渐加热到沸腾,检查阀门最大开度,如果阀门的开度不符合规定,则更换节温器,如图2-6所示。

图2-5 节温器开启温度测试示意图

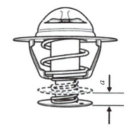

图2-6 检查节温器全开行程是否符合标准

(四)节温器的维修

经过检测,一旦发现节温器出现故障,必须总成更换,不得对节温器进行维修,以免影响其精度。在更换节温器之前,还要将节温器从车辆上拆下,确保弹簧在节温器完全关闭时是紧固的。如果弹簧不紧,则更换节温器;切勿将节温器或温度计置于壳底,可能导致温度测量不准确,使用燃烧器对底壳加热,使用温度计来测量加热溶液的温度,检查节温器开始打开时的温度、完全打开时和完全关闭时的温度。与维修手册对照,如果不能在规定温度下打开或关闭,更换节温器。

三、发动机机油消耗故障的维修（HC）

润滑系统的基本任务就是将清洁、具有一定压力及温度适宜的机油不断供给运动零件的摩擦表面，使发动机能够正常工作，如果机油压力不足，则无法确保机油正常输送到各部件的摩擦表面中，造成发动机咬死或损坏。润滑系统常见的能够影响排放的故障就是烧机油。发动机一旦出现烧机油现象，将会对HC排放有轻微的影响，对颗粒物TM的影响最大。

（一）发动机机油消耗的原因

在发动机运行时有一些机油消耗是正常的，机油消耗因以下因素而改变：
（1）活塞环槽磨损、活塞环磨损、刮伤、断裂或损坏。
（2）刮油环受阻塞、活塞环安装不正确。
（3）汽缸壁磨损或刮伤。
（4）曲轴箱通风阻塞导致曲轴箱中的压力过高。
（5）曲轴及曲轴密封垫的磨损、外部泄漏。
（6）阀导管或阀杆磨损，阀杆密封垫磨损、损坏或缺失。
（7）机油导管之间的内部泄漏以及泄漏到燃烧室。

发动机在较高转速下长时间连续行驶会造成发动机温度较高，机油会稀释，消耗会增加。在较高转速下重度转弯会造成机油冲到汽缸体的侧边和汽缸壁上，从而造成机油消耗增加；在市区交通状况下驾驶汽车时，如果发动机可能要长时间运转但是却只行驶较短的距离，这并不一定会增加机油消耗，但是机油消耗和行驶距离的比例却可能会令人误解。

如果机油过于稀薄，机油就含有较大量的挥发性分子。稀薄的机油难以在较高的温度下在汽缸壁上保持充分的油膜，这就会造成发动机磨损增加并使机油消耗增加；通常较大的发动机比较小的发动机所消耗的机油量大；动力较大的发动机比动力较小的所消耗的机油量大。

当机油被飞溅到汽缸壁上并且通过曲轴箱通风喷射出来，加注的油位不得超过量油尺上的最高标记。

空气滤芯堵塞或损坏会造成空气滤芯过滤效果不良，汽缸会进入大量风沙加速汽缸间隙磨损。

（二）发动机机油消耗的检查

如果车主或驾驶员指出汽车的机油消耗异常，就必须先进行以下检查，然后

再进行针对性维修:

(1) 询问车主其驾驶状况如何。

(2) 检查是否漏油。

(3) 检查曲轴箱通气口是否阻塞。

(4) 检查确定发动机中的机油尺正确。检查确定机油尺推到最底。

(5) 测量机油液面高度时汽车必须停放在平地上,发动机应在正常的运转温度下运转30min,然后必须让发动机停放15min后才记下油位高度。

(三) 发动机机油消耗的测试

在机油消耗量测试前,首先要检查发动机是否漏油。如气门室盖、油底壳、涡轮增压器等。如果有漏油处,先将漏油故障排除,再进行机油消耗量测试:

(1) 让发动机怠速运转5min,机油温度不得低于90℃。

(2) 松开机油滤清器盖,让发动机机油从机油滤清器流回油底壳。

(3) 拧开油底壳放油螺塞,让发动机机油滴干15min。

(4) 在举升机上转动发动机曲轴一圈。

(5) 再让发动机机油滴干15min。

让车辆行驶1000km以上,行驶里程越多,测试越精确。按前面所述方法,将机油放到一个容器内,测量机油的质量,根据机油的密度计算机油的容积,计算方法如图2-7所示。例如:在里程数44800km时加注的机油量的体积为4000cm^3,在里程数45900km时排出的机油质量为2700g。机油消耗:加注的机油量(cm^3) – 排出的机油量(g) / 机油密度。机油密度:0.86g/cm^3。则机油消耗为:4000–2700/0.86=4000–3139.53=860.47(cm^3)。

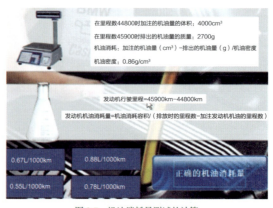

图 2-7 机油消耗量测试的计算

发动机行驶里程=45900km-44800km=1100km

$$发动机机油消耗量 = \frac{机油消耗容积}{排放时的里程数 - 加注发动机机油的里程数}$$

发动机机油消耗量=860.47 cm³/1100km=0.78L/1000km

计算得出的机油消耗量后与标准值进行比较。有些车辆要求每1000km不能超过1.5L。如图2-8所示。其他车系每1000km不能超过0.7L。如果超差，再进行相关的维修。

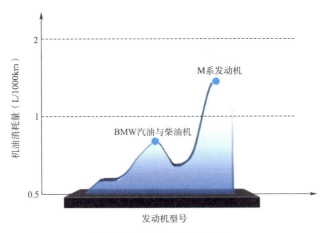

图 2-8　发动机机油消耗量标准图

1.常见控制发动机尾气污染的装置有哪些？

2.发动机哪些系统能够影响排放污染物超标？

3.发动机汽缸压缩压力测试包括哪些内容？

4.尾气分析仪除测量发动机尾气外，还能测量哪些发动机故障？

5.发动机机油能够被什么稀释？被稀释的发动机机油会产生哪种污染物？

6.国家标准GB 18285—2018和GB 3847—2018，分别对应哪种燃油方式的车辆？

第三章

进气系统故障引起排放超标的维修

进气系统最常见的故障就是漏气。电控发动机车的加速踏板和化油器车的加速踏板类似，但不同的是电控发动机车辆的加速踏板驱动的是节气门。因此，进气系统密封性十分重要。一旦造成进气泄漏，就会造成空气和燃油的比例失调，进而影响发动机的稳定性和动力性，以及排放污染物HC、CO排放量过高；进气系统的主要传感器空气流量传感器（MAF）和进气歧管绝对压力传感器（MAP）及进气温度传感器（IAT）都是控制喷油的传感器。如果这些传感器发生故障，将会造成混合气的变化，导致CO或HC排放超标。因此，在维修进气系统引起排放超标故障时，首先应该检测真空泄漏和传感器性能。

第一节 进气系统简介

发动机燃烧过程需要有空气参与才能实现工作，这些空气通过活塞在进气行程期间产生的真空吸入到发动机内。空气和燃油混合并一起被送入燃烧室，控制空气的流量和空气燃油的混合比就是进气系统的作用。进气系统能够实现：提供发动机工作所需的空气；过滤空气以保护发动机，降低磨损；测量进气温度和密度，使发动机更有效的燃烧，降低碳氢化合物（HC）和一氧化碳（CO）的排放；与曲轴箱强制通风系统（PCV）配合，以燃烧发动机曲轴箱中的窜气。

一、进气系统的传感器（MAF）

发动机进气系统的基本任务是将适量的空气引入燃烧室以形成可燃混合气。

第三章　进气系统故障引起排放超标的维修

对于现代电控发动机，进气系统可依靠先进的传感器和执行器来精准地计量并控制进气量，以提升发动机的节油、减排等性能。进气系统中主要传感器包括：空气流量传感器、进气歧管绝对压力传感器、增压压力传感器、进气温度传感器、节气门位置传感器、可变凸轮轴位置传感器等。执行器主要有：VVT电磁阀、节气门电动机、可变凸轮执行器等。

二、进气系统的传感器作用和结构原理

（一）空气流量传感器

空气流量传感器，英文缩写为MAF，一般安装在空气滤芯与节气门之间的进气管道上。MAF可直接监测进入发动机的空气量并转换成电信号输入发动机控制模块，是确定喷油量的基本信号。

1.MAF 结构原理

现代的发动机广泛采用一种热膜式空气流量传感器，其核心元件是一个带有发热电阻的"热膜"。空气流动时，带走热膜的热量而导致降温，为了保证热膜的温度恒定，空气流量传感器内部的电子电路会增加电流以补偿温度，这种电流的变化最终被空气流量传感器转化为变化的频率信号输入到ECM，用以反馈流经的空气质量，如图3-1所示。

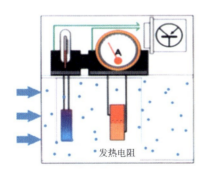
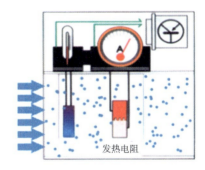

图 3-1　空气流量传感器内部结构图

空气流量传感器（MAF）通常集成在一个"多功能气象站"传感器中，此种传感器主要有8线式和4线式两种，其中的MAF信号都是通过一根专线输入ECM。8线多功能气象站传感器内部还集成有进气温度、湿度和大气压力传感器，均通过信号专线输入ECM。4线多功能气象站传感器也能够监测进气温度、

湿度和大气压力，除MAF信号外，均通过LIN网络输入ECM，如图3-2所示。

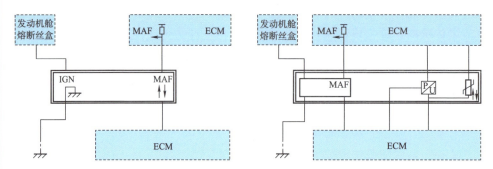

图3-2 4或8线空气流量传感器线路示意图

2.MAF检测维修

（1）空气流量传感器常见故障。空气流量传感器出现故障时，发动机控制系统因无法正确检测进气质量从而影响喷油控制，可能会出现的现象有：油耗加大、加速不良、起动困难、怠速抖动、排放不良等。

（2）系统检查。首先确认整个系统的完整性，是否发生气流阻塞、真空泄漏、结冰积雪等；同时，检查传感器是否存在以下情况：传感器外观有伤、插头松动或安装不当、传感器元件被污染、传感器元件被异物遮挡。

（3）数据流检测。正常MAF数据的一般规律是：发动机转速增加时，数值相应增大；在给定的转速下，数值则相对稳定。检测时还可以与相同且正常的车辆进行数据对比，若数据异常，需进一步检查MAF及信号线路。

（4）万用表测试。断开空气流量传感器连接器，点火开关ON（发动机不运行），使用万用表直流电压挡在连接器的MAF信号端子上应能测得4.8~5.2V的电压。如果测量值高于或低于此范围，则信号线路或ECM可能有故障，进一步检查时应首先排除线路故障。

图3-3 信号发生器 J-38522

（5）专用工具检测。信号发生器（图3-3）专用工具可模拟MAF信号并主动发送到ECM，能够直观、快速地判断MAF、MAF信号线路或ECM是否存在故障。该专用工具主要操作步骤如下：关闭点火开关，断开MAF，连接专用工具，将工具电源连接到车内点烟器；红色引线连接至空气流量信号电路端子；黑色引线连接至可靠的车身搭铁。将信号开关设置为5V、将频率开关幅值设置为5V、将占空比开关设置为NORMAL。发动机怠速时，观察故障诊断仪上的MAF参数，应为4950~5050Hz。如果参数在要求的范围，则MAF线路和ECM正常，需进一步检查。

（二）进气压力传感器（MAP）

进气压力传感器在涡轮增压发动机上通常有两种类型：进气歧管绝对压力传感器和增压压力传感器，如图3-4所示。

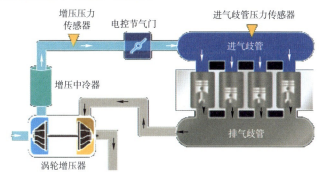

图3-4　压力传感器位置

（1）进气歧管绝对压力传感器，英文缩写为MAP，一般安装在进气歧管上，用于监测歧管中的气体压力变化并转化为电信号输入发动机控制模块，是计算发动机负荷和修正喷油量的参考信号之一。

（2）增压压力传感器一般安装在增压中冷器和节气门之间的进气管上，其内部通常还集成有进气温度传感器。用于向发动机控制模块提供进气增压后的压力和温度信息，是控制涡轮增压压力和增压气体冷却的重要参考信号。

现代发动机广泛采用了膜片式的进气歧管压力和增压压力传感器，其核心元件是一个布置有多个压敏电阻可感受气压变化的"膜片"。传感器最终将气压变化转化成0.2~4.8V的电压信号，输入到ECM，电路示意如图3-5所示。

在未装配MAF的发动机上，进气量的测量则主要基于进气歧管压力传感器（MAP），但它并非完全独立工作，通常还需要参考进气温度信息和节气门开度信息。

（1）进气温度。是MAP通过监测进气歧管的压力来估算进气流量时，这仅能反映气体体积大小，此时还需要根据进气温度来测量进气的密度，从而准确计算出进气质量。

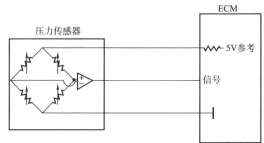

图 3-5　进气压力传感器内部电路示意图

（2）节气门开度。在其他参数相同的情况下，MAP和节气门开度有如下关系：节气门开度不变时，MAP值越高则实际进气量越小；MAP值不变时，节气门开度越大则进气量越大。进气歧管压力传感器的信号对喷油修正和废气再循环EGR反馈也有一定的影响。

（三）进气温度传感器（IAT）

进气温度传感器，英文缩写为IAT。监测进气温度并转换为电信号，输入发动机控制模块。因发动机管理系统的差异，IAT在发动机上的安装位置和作用也有不同。在以MAP为主监测进气量的发动机上，在空气滤清器后方的进气道上通常装配有一个独立的IAT，ECM由此可更加准确地计算出进气质量；在以MAF为主监测进气量的发动机上，IAT分别集成与MAF和增压压力传感器内部，ECM由此可对比增压前、后的进气温度，更好地控制进气增压与冷却；部分发动机在进气歧管绝对压力传感器内部也会集成IAT。

1. IAT 结构原理

进气温度传感器的探测部位通常是一个负温度系数的热敏电阻。进气温度高时，电阻较小，ECM接收到低的电压信号；进气温度低时，电阻变大，ECM接收到高的电压信号。该传感器的电路示意如图3-6所示。

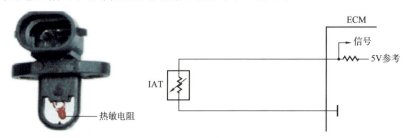

图 3-6　进气温度传感器内部电路图

2. IAT 检测维修

（1）常见故障。当IAT出现故障时，发动机管理系统往往会为其设置一个替代值或参考其他温度传感器读数。但车辆仍然会出现的故障现象有：缺乏动力，特别是在高温环境下；空调压缩机不工作，某些车型以IAT判断环境温度，环境温度小于5℃，压缩机不工作。

（2）系统检测。执行IAT系统检测时，需要关注的是：传感器及连接器是否安装到位置；传感器表面是否有明显的损伤；传感器探测部位是否被污染或堵塞。

（3）数据流检测。关闭点火开关8h或更长时间后，使用诊断仪观察机器温度，发动机冷却液温度传感器和环境温度传感器等车辆上的温度传感器数据，它们相差应在10℃以内，若数据异常，需要进一步检测IAT及信号线路。

（4）万用表检测。断开IAT或短接IAT的连接器，然后使用诊断仪读取IAT数据，可以辅助判断IAT信号线路是否存在故障。注意：短接IAT连接器时，应使用一个3A的熔断丝。

IAT是一种热敏电阻，可使用万用表电阻挡测量不同温度下IAT的电阻值，以确定其是否正常。不同发动机IAT阻值和温度的对应关系可能存在差异，具体需要参考对应的维修手册信息。

第二节 进气系统的执行器

一、电控节气门系统

电控节气门系统，英文缩写为ETC（有时又称TAC），是进气系统中非常重要的子控制系统，它是由电控节气门总成、加速踏板位置传感器等部件组成。

电控节气门总成通常安装在进气歧管的空气入口处，是控制发动机进气量的关键部件，加速踏板位置传感器则用于采集驾驶员对动力的需求意图。

相比传统的机械拉索式节气门，电控节气门阀板的开启不再受限于加速踏板的机械控制，因此可实现更多的控制功能，主要有：常规控制、怠速控制、巡航控制和牵引力控制。

（1）常规控制。ECM接收来自加速踏板位置传感器、曲轴位置传感器等参数的输入信息，根据内置的程序及标定参数，控制节气门开度。

（2）怠速控制。电控节气门系统取消了传统的怠速控制阀，ECM通过节气门开度以精确控制发动机怠速，并可根据工况进行自动修正。

（3）巡航控制。对于配置自动巡航的车型，ECM根据巡航控制开关输入信号并结合车速等，通过控制节气门开度实现对车辆巡航速度的控制。

（4）牵引力控制。对于配置牵引力控制的车型，当监测到驱动轮在因加速发生打滑时，系统通过减小节气门的开度以降低发动机功率。

（一）电控节气门组成部件

除发动机控制模块外，电控节气门系统还包括以下部件：节流阀体、节气门电动机、节气门位置传感器、加速踏板位置传感器。

1. 节流阀体

节流阀体是一个机械装置，包括：节气门阀板、节气门转轴、减速齿轮和复位弹簧等部件。通过节流阀体中节气门的翻转动作来控制发动机的进气量，从而实现发动机转速和输出功率的控制。

2. 节气门电动机

节气门电动机是一种两线式直流伺服电动机，它通过响应发动机控制模块输出的占空比（PWM）控制信号来驱动减速齿轮及节气门转轴，实现对节气门开度的调节，如图3-7所示。

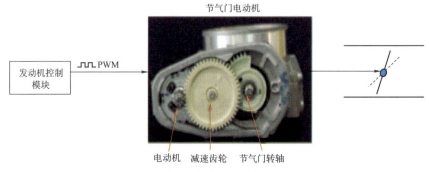

图3-7 节气门内部结构图

3. 节气门位置传感器（TPS）

节气门位置传感器英文缩写为TPS，用于向发动机控制模块反馈节气门阀板的位置信息。此信息为发动机喷油、点火及自动变速器换挡控制等提供重要参考。例如，应用在上汽通用发动机上的节气门位置传感器主要有三种类型：电位计式TPS、非接触电感耦合式TPS、非接触霍尔式TPS，如图3-8所示。

a) 电位计式TPS

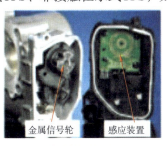
b) 非接触电感耦合式TPS

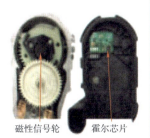
c) 非接触霍尔式TPS

图3-8　节气门位置传感器的三种类型

1）电位计式TPS

电位计相当于滑变电阻，节气门转轴带动滑动触片在两组碳膜电刷上同步滑动，以反馈节气门的开度。

2）非接触电感耦合式TPS

节气门转轴带动金属的信号轮转动，与感应装置之间产生电感耦合效应，以监测节气门开度。

3）非接触霍尔式TPS

节气门转轴带动磁性信号轮转动产生变化的磁场信号，霍尔芯片基于此磁场变化来监测节气门开度。

上述的传感器部件均集成封装于节气门总成内，不可拆卸测试或维修。

4. 加速踏板位置传感器

加速踏板位置传感器的英文缩写为APP，安装于加速踏板总成内，用于向发动机控制模块反馈驾驶员对动力的需求。APP常见的类型有：电位计式和霍尔式两种。其中电位计式APP应用较为广泛，其结构与电位计式TPS类似，如图3-9所示。注意：加速踏板位置传感器各部件均集成封装于加速踏板总成内，不可拆卸测试或维修。

图3-9　加速踏板位置传感器内部结构

（二）电位计式 TPS 电路特点

电位计式TPS可向ECM同时反馈两个节气门开度电压信号，5V参考和低参考共用，所以电位计式TPS通常有四个端子。随着节气门从关闭到全开，TPS1信号电压变化范围是0.7~4.3V。TPS2信号电压变化范围是4.3~0.7V。TPS1和TPS2

信号互为相反变化,它们的电压值约为5V,如图3-10所示。

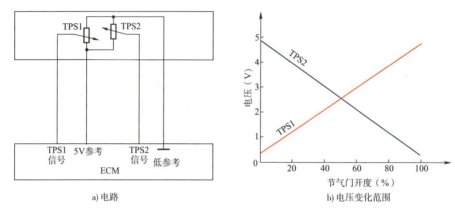

图 3-10　节气门位置传感器电路特点

1. 非接触电感耦合式 TPS 电路特点

非接触电感耦合式TPS通常有 3 个端子,在信号端子上是以串行数据方式向ECM同时发送两个节气门开度信息,ECM再将收到的串行数据信号解码成两个不同的电压参数,可在诊断仪上显示,电压参数范围与电位计式TPS类似。该传感器的信号波形如图3-11所示。它是基于特殊协议来表达某种信息的电信号,并非普通的占空比。

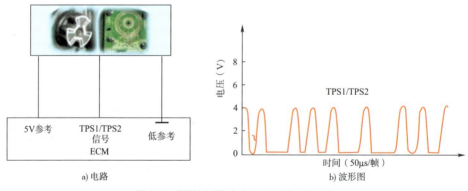

图 3-11　非接触电感耦合式 TPS 电路信号波形图

2. 非接触霍尔式 TPS 电路特点

非接触霍尔式TPS通常有 4 个端子,两个信号端子也采用串行数据方式分别向ECM发送节气门开度信息,ECM再解码成两个不同的电压显示在诊断仪上,电压参数的范围与电位计式TPS类似。该传感器两个信号的波形(同一时段内)

如图3-12所示，是一种通信电信号。

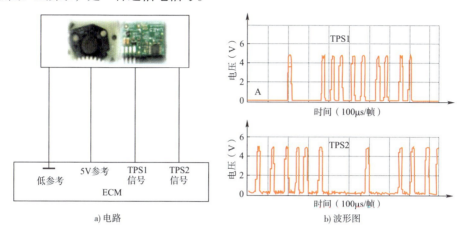

图 3-12　非接触霍尔式 TPS 电路信号波形图

3. 电位计式 APP 电路特点

加速踏板位置传感器内部的两个电位计向ECM反馈两个不同的电压信号，它们的电源和搭铁不共用，所以传感器共有6个端子。随着加速踏板从初始位置移动到最大行程，APP1信号电压的变化范围是0.6~4.4V，APP2信号电压的变化范围是0.3~2.2V，APP1和APP2信号电压约为两倍关系，如图3-13所示。

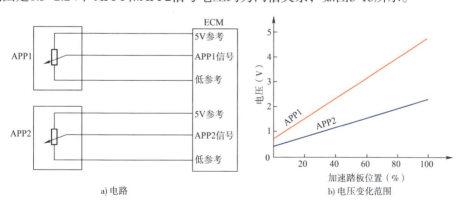

图 3-13　加速踏板位置传感器电路特点

（三）电控节气门系统控制原理

电控节气门系统的控制原理：ECM根据加速踏板位置、发动机冷却液温度、制动踏板位置等传感器及其他系统输入的各种信息，控制节气门电动机的转动或保持,并根据两个节气门位置传感器反馈信号与目标值对比,实现更加精确的节气门开度控制,如图3-14所示。驾驶员并非节气门开度唯一的控制者,发动机管理系统会综合发动机运行和驾驶工况进行智能控制。

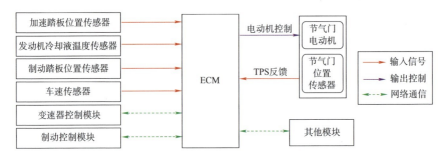

图 3-14 电控节气门控制原理图

(四) 电控节气门系统检测维修

故障现象: 电控节气门系统出现故障时,发动机故障灯可能点亮,驾驶员信息中心还可能显示"发动机动力降低"。从驾驶角度可能感受到发动机运行不稳定、动力下降、无法起动或变速器升挡慢、换挡顿挫等现象。

电控节气门是一个机电一体的部件,执行系统检查可关注如下事项:节气门体及相连的进气管道是否安装牢靠;节气门体(尤其是带TPS传感器的一侧)是否变形、破裂;节气门体上的电器连接是否连接牢靠,是否腐蚀、破裂;节气门阀板是否脏污、积炭、变形。

1. 数据流检测

通过诊断仪观察不同开度下节气门位置传感器1和2的数据值,这两组数据值的和应保持在4.8~5.2V范围内。若数据偏差较大,需要检查TPS传感器及信号线路。

2. 特殊功能驱动

使用诊断仪控制功能驱动节气门并观察节气门位置数据,若数据与控制指令偏差较大,需要进一步检查节气门体力学性能、节气门电动机及控制线路。

3. 万用表测试

节气门电动机是一个两线直流电动机,使用万用表电阻挡测试电动机绕组,正常情况下应能符合以下特点:两个电动机控制端子之间电阻值为2~3Ω;两个电动机控制端子与电动机壳体之间电阻值均为无穷大。

第三章　进气系统故障引起排放超标的维修

电位计式的TPS和APP内各自有两个电位计，在维修时可以单独对每个电位计进行电阻和信号电压检测。例如，使用万用表电压挡测量时，正常的传感器读数应有如下特点：APP1与APP2信号电压约为二倍关系；TPS1与TPS2之和约为5V。

4. 节气门清洗

发动机控制模块需要读入通过节气门体的空气流量，以确保怠速运转平稳，节气门内积炭结焦会造成节气门处的流量变化，达到一定程度则影响怠速运行。及时清洁节气门积炭有助于节气门恢复到正常工作性能。

5. 怠速读入

在更换ECM、电控节气门或清洗电控节气门后，通常需要执行怠速读入程序以使ECM快速学习新的节气门怠速位置。在执行怠速读入程序前，必须满足维修手册要求的前提条件，执行时使用诊断设备并按规定要求进行操作。

二、可变气门正时系统（VVT）

可变气门正时系统，英文缩写为VVT，VVT是一种电控液压运行装置，它通过控制发动机机油所产生的液力来驱动执行器，从而改变凸轮轴相对于曲轴的角度。根据生产厂家的不同，有些发动机仅进气凸轮轴装备VVT，而有些发动机进排气凸轮轴均装备有VVT。VVT的优点是，通过控制进气门和排气门的气门重叠角来增强发动机性能，采用该系统的主要优点包括：降低尾气排放、增大输出转矩、提高经济性能、提高怠速稳定性能。

（一）VVT的组成部件

除发动机控制模块外，可变气门正时系统还包括以下部件：凸轮轴位置传感器、凸轮轴位置执行器电磁阀、凸轮轴位置执行器、正时链条（或正时齿形带）。

1. 传感器

凸轮轴位置传感器包含进气侧凸轮轴位置传感器和排气侧凸轮轴位置传感器，其输出信号不仅被发动机控制模块用于确定点火及喷油正时，同时，还被用于识别进、排气凸轮轴相对于曲轴的实际位置，用于对凸轮轴相位实施精确控制。

2. 电磁阀

凸轮轴位置执行器电磁阀包含电磁线圈和机油控制阀两部分，用于控制发动机机油通道。双VVT发动机使用两个凸轮轴位置执行器电磁阀分别对进、排气凸轮轴实施相应控制。目前，常见发动机上使用的凸轮轴位置执行器电磁阀有两种类型：集成式和分体式。

集成式：电磁线圈和机油控制阀集成仅能整体维修，不可分解。分体式：电磁线圈和机油控制阀分别安装在发动机上，可分别维修，如图3-15所示。

a) 集成式

b) 分体式

图 3-15　VVT 电磁阀的类型

3. 执行器

凸轮轴位置执行器是实现气门正时可变的关键机械部件，由基座、叶片和叶片定位销等部件组成，其中的叶片与凸轮轴直接相连，而基座是由曲轴通过正时链条（或齿形带）来驱动。叶片与基座之间被分隔成不同的腔室并填充有压力机油，在油压驱动下叶片可相对基座发生旋转，从而使凸轮轴相对曲轴发生一定的角度变化，如图3-16所示。

图 3-16　VVT 执行器内部结构

（二）可变气门正时控制

可变气门正时控制相关的输入与输出包括：输入传感器、曲轴位置传感器、凸轮轴位置传感器、发动机负荷、冷却液温度传感器、机油压力传感器；输出执行器有凸轮轴位置执行器和电磁阀。

（1）曲轴位置传感器。可变气门正时系统（VVT）利用曲轴位置传感器获取发动机转速信息，根据不同的发动机转速对凸轮轴位置实施精确控制。

（2）凸轮轴位置传感器。可变气门正时系统（VVT）通过监测凸轮轴位置传感器的输出信号来判断凸轮轴的实际位置。

（3）发动机负荷。系统将根据发动机的不同负荷需求对凸轮轴提前/滞后的角度实施不同的控制。

（4）冷却液温度传感器。可变气门正时系统（VVT）利用冷却液温度传感器监测发动机的工作温度，以便系统在不同的温度条件下都能提供最佳操作性能。

（5）机油压力传感器。机油压力传感器用于监测机油压力，除发动机机油黏度、温度和发动机机油油位以外，发动机机油压力也直接影响凸轮轴执行器的性能。

（6）凸轮轴位置执行器电磁阀。控制模块向每个凸轮轴位置执行器电磁阀发送12V脉宽调制信号，以控制进入凸轮轴执行器通道的发动机机油的流量。

（三）VVT 控制相关策略

可变气门正时系统（VVT）控制策略相关的信息包括：急速行驶范围、中等负荷行驶范围、大负荷、低速和中速行驶范围、大负荷、高速行驶范围。

急速行驶范围内：急速期间（图3-17），凸轮轴位置执行器无变化，气门重叠角最小，防止废气从进气门流出，稳定发动机急速。同时防止过多的混合气流向排气门，以提高燃油经济性。

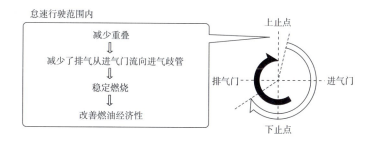

图 3-17　急速工况内气门重叠角

中等负荷行驶范围内：在中等负荷时，增加气门重叠角（图3-18），从而增加了废气再循环量，这样减少了进气歧管内的负压，因而也减小了活塞的泵吸损失并且改善了油耗。另外，由于排气门延迟关闭，活塞下行时废气再次吸入，降低了燃烧室温度，从而减少NO_x的排放，同时由于气体再次燃烧而使HC排放也减少。

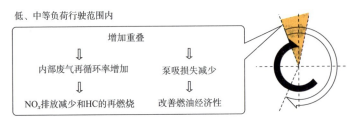

图3-18 低、中速工况气门重叠角度

大负荷、低速和中速行驶范围内：在大负荷、中低速行驶时（图3-19），根据进气需求系统将进气门提前关闭，以增加功率输出和转矩。

图3-19 大负荷、低速和中速工况气门重叠状态

大负荷、高速行驶范围内：在大负荷、高速行驶时（图3-20），系统将根据发动机转速来延迟进气门关闭，以增加功率输出和转矩。

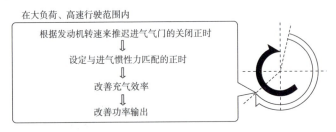

图3-20 大负荷、高速工况气门状态

（四）排气凸轮轴位置执行器油压驱动过程

发动机机油在电磁阀的控制下流经两个不同的通道，一个是凸轮轴正时提前通道，一个是凸轮轴正时延迟通道，以通过液力驱动凸轮轴位置执行器。

初始位置：初始位置时（图3-21），凸轮轴位置执行器电磁阀不工作，凸轮轴位置执行器叶片由定位销锁住，凸轮轴和曲轴的相对位置不会发生任何变化。

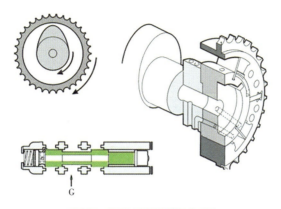

图 3-21　排气凸轮轴执行器初始位置

延迟位置：在电磁阀通电时，油泵的油流G通过阀流到B，再通过油道流向叶片的右侧将排气凸轮轴的位置推到滞后的位置。叶片左侧的油液通过油道流向A，并流回油底壳，如图3-22所示。

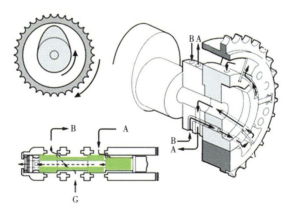

图 3-22　排气凸轮轴执行器延迟位置

保持位置：当需要将凸轮轴保持在某一位置时，电磁阀通过电流的控制将阀保持在如图3-23所示的位置，油泵的油流G被阻断，叶片两侧的油液被封闭在油道中，凸轮轴的位置被保持住。需要注意的是，进气凸轮轴执行器与排气凸轮轴执行器的内部油路是不同的，排气凸轮轴执行器的A油路通向叶片的左侧，进气凸轮轴执行器的A油路通向叶片的右侧。

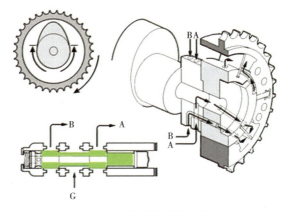

图 3-23　排气凸轮轴执行器保持位置

复位位置：当需要复位时，机油泵输出的油流G通过电磁阀流到A，再通过油道流向叶片的右侧，此时电磁阀的进油通道和排油通道都打开，将排气凸轮轴推回到原始位置。若此时发动机关机，则由复位弹簧将排气凸轮轴推回到原始位置，如图3-24所示。

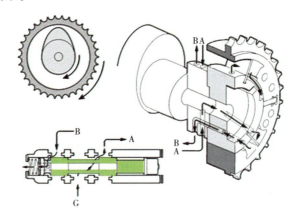

图 3-24　排气凸轮轴执行器复位位置

（五）VVT系统的检测维修

1.凸轮轴位置执行器系统性能的维修

控制模块通过凸轮轴位置传感器监测实际位置并与期望位置进行比较，以判断凸轮轴位置执行器系统的性能。实际位置与期望位置之差如果大于一定角度并持续一定时间以上，则设置相应诊断故障码：DTC P000A——进气凸轮轴位置

第三章　进气系统故障引起排放超标的维修

系统响应过慢；DTC P000B——排气凸轮轴位置系统响应过慢；DTC P0010——进气凸轮轴位置执行器电磁阀控制电路；DTC P0013——排气凸轮轴位置执行器电磁阀控制电路；DTC P2088——进气凸轮轴位置执行器电磁阀控制电路电压过低；DTC P2089——进气凸轮轴位置执行器电磁阀控制电路电压过高；DTC P2090——排气凸轮轴位置执行器电磁阀控制电路电压过低；DTC P2091——排气凸轮轴位置执行器电磁阀控制电路电压过高；DTC P0011——进气凸轮轴位置系统性能；DTC P0014——排气凸轮轴位置系统性能；DTC P0016——曲轴位置—进气凸轮轴位置不合理；DTC P0017——曲轴位置—排气凸轮轴位置不合理。

2.VVT系统电路系统测试

针对故障码DTC P000A、DTC P000B的故障，可使用故障诊断仪观察"凸轮轴位置变化"参数，并指令相应的凸轮轴位置执行器从0°~20°，然后再回到0°，参数读数偏差如果大于2°以上，须进行电路系统测试。测试操作流程：

（1）点火开关置于OFF位置，断开相应凸轮轴位置执行器电磁阀上的线束连接器。

（2）点火开关置于ON位置，确认点火电路端子A和搭铁之间的测试灯点亮。

（3）在控制电路端子B和搭铁之间连接数字万用表，切换到二极管测试挡位，测试电压应高于2V。

（4）用故障诊断仪指令凸轮轴位置执行器电磁阀通电和断电，数字万用表读数应从断电时高于2V，转换到通电时低于1V。

（5）拆下凸轮轴位置执行器电磁阀并检查凸轮轴位置执行器电磁阀及其安装部位是否存在异常。

（6）点火开关置于OFF位置，用正常工作的凸轮轴位置执行器电磁阀替换相应的凸轮轴位置执行器电磁阀。

（7）发动机怠速运行，使用故障诊断仪观察"凸轮轴位置变化"参数，并指令相应凸轮轴位置执行器从0°~20°，然后再回到0°，参数读数偏差应小于2°。

（8）如果所有测试正常，则进一步检查或更换凸轮轴位置执行器电磁阀，如图3-25所示。

三、涡轮增压系统

（一）涡轮增压系统简介

涡轮增压系统利用发动机废气的剩余能量来压缩进入汽缸的空气，提高汽缸的充气效率，从而达到提升发动机功率的目的。

图3-25　凸轮轴位置执行器电磁阀检测

（二）涡轮增压系统部件

涡轮增压系统由以下主要部件组成：ECM、进气旁通电磁阀、废气旁通电磁阀、真空储能器、中冷器、增压压力传感器、涡轮增压器总成。

1.ECM

ECM为涡轮增压系统的控制模块（图3-26），它根据发动机转速、节气门位置、进气温度、进气压力等参数来控制进气及废气旁通电磁阀，以实现涡轮增压系统的控制。

2.进气旁通电磁阀

ECM通过进气旁通电磁阀控制进气旁通阀打开的时间，如图3-27所示。

图3-26　涡轮增压器控制模块　　　　图3-27　进气旁通电磁阀

3.废气旁通电磁阀

ECM通过废气旁通电磁阀控制废气旁通阀的开启时间和开度，如图3-28所示。

4.真空储能器

真空储能器用于储存真空，为进气旁通阀开启提供所需的真空源，如图3-29

第三章　进气系统故障引起排放超标的维修

所示。

图 3-28　废气旁通电磁阀　　　　　图 3-29　真空储能器

5. 中冷器

中冷器又称中间冷却器，涡轮增压系统利用中冷器来降低进气温度，从而提高发动机的进气效率。常用的中冷器有两种：风冷式、水冷式。

1）风冷式中冷器

风冷式中冷器可以使发动机进气温度最大降低100℃左右。目前，大多数发动机均采用此类型的中冷器，中冷器一般布置于车辆前部。利用流经的外部空气对增压后的高温进气进行冷却，其结构类似于散热器，如图3-30所示。

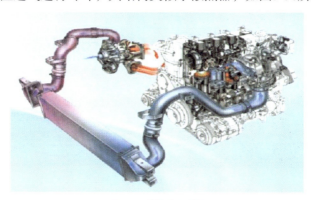

图 3-30　风冷式中冷器

2）水冷式中冷器

水冷式中冷器可以提供比风冷式中冷器更好的冷却效果，一般用于高性能车或赛车上，普通车辆没有装备水冷式中冷器，如图3-31所示。

6. 增压压力传感器

增压压力传感器位于中冷器和节气门体之间的高压进气道上，传感器将信号输入到ECM，以反馈发动机增压压力的状态，如图3-32所示。

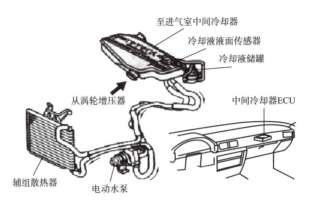

图 3-31 水冷式中冷器

7. 涡轮增压器总成

涡轮增压器总成是涡轮增压系统的核心部件。增压器和发动机的进/排气歧管相连接，如图3-33所示。涡轮增压器总成由以下部件组成：涡轮壳体、泵轮壳体、涡轮、泵轮、进气旁通阀、废气旁通阀。

图 3-32 增压压力传感器

图 3-33 废气涡轮增压器结构

涡轮在高温高压废气的推动下高速运转，带动同轴的泵轮高速转动，泵轮将进气加压后，经中冷器最终输送到进气歧管，以提高发动机的进气效率。当前，有很多厂家采用双涡流通道设计，如图3-34所示。发动机的1、4缸使用一条单独的排气通道，2、3缸使用另一条单独的排气通道，两组通道各自单独作用到涡轮上，以避免出现各缸之间的废气压力干扰，提高低速时的涡轮增压响应性，减少涡轮迟滞。

第三章 进气系统故障引起排放超标的维修

图 3-34 双涡轮通道涡轮增压器

（1）涡轮壳体：涡轮壳体（图3-35）一般采用铸铁材质，以承受高温高压的废气。涡轮壳体用于引导废气至涡轮叶片，从而驱动涡轮旋转。

（2）泵轮壳体：泵轮壳体一般采用铝合金材质。空气通过泵轮壳体后被增压为高温高压的气体，如图3-36所示。

图 3-35 涡轮增压器壳体

图 3-36 涡轮增压器泵轮壳体

（3）涡轮：高温高压的废气冲击叶片的外边缘，从而带动泵轮旋转，废气从涡轮的中心排出。涡轮利用转轴实现与泵轮之间的刚性连接，将动力传递给泵轮。需要注意的是，由于转轴的转速较高，其采用浮动轴承实现径向支承，如图3-37所示。

（4）泵轮：在转轴的驱动下，泵轮高速旋转，泵轮叶片中心的空气在离心力的作用下，高速甩出实现增压，并将增压后的空气

图 3-37 涡轮增压器涡轮

61

送入进气管道以提高发动机的充气效率,如图3-38所示。

(5)进气旁通阀:进气旁通阀由弹簧、膜片等部件组成。其通过真空的方式来控制进气侧增压旁通管路的通断,如图3-39所示。

图3-38 涡轮增压器泵轮

图3-39 涡轮增压器进气旁通阀

(6)废气旁通阀:废气旁通阀总成由膜片阀、连杆及阀门组成,膜片阀在压力的作用下,克服弹簧力通过连杆带动阀门动作,如图3-40所示。

废气旁通阀关闭　　　　　　　　　废气旁通阀打开
图3-40 涡轮增压器废气旁通阀

(7)涡轮增压器注意事项。由于涡轮增压器转轴利用浮动轴承实现径向支承,涡轮增压器受机油油质的影响较大,同时机油也将受到增压器的高温影响。因此在日常使用时应注意:一定要使用推荐的发动机机油;机油和机油滤清器应当定期更换;在起动时,高速空转或突然加速会导致轴承损坏;在发动机高负荷运转后,关闭发动机之前,务必使发动机怠速运转数分钟。

第三章 进气系统故障引起排放超标的维修

（三）VVT系统控制

涡轮增压控制系统主要由以下两大控制部分组成：进气旁通控制和废气旁通控制。

1. 进气旁通控制

进气旁通阀控制是控制进气旁通管路高压侧和低压侧的通断，从而有效地降低再次加速时的迟滞效应，同时能够延长增压器的使用寿命。车辆正常高速行驶时，进气旁通阀关闭，增压后的进气送入进气歧管，进气歧管保持高压状态，如图3-41所示。

车辆突然减速时，进气旁通阀打开，空气通过泵轮壳体内的旁通通道形成内部循环，此时泵轮将继续维持高速旋转，同时减小了进气对泵轮及转轴的冲击，如图3-42所示。

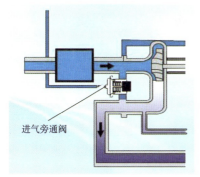

图 3-41 涡轮增压器进气旁通控制

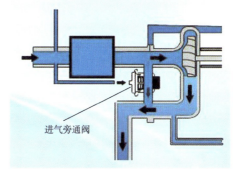

图 3-42 涡轮增压器突然减速控制

当车辆重新加速时，进气旁通阀关闭，此时由于泵轮维持高速的旋转状态，从而有效改善了重新加速时的迟滞效应，如图3-43所示。

2. 废气旁通阀控制

废气旁通控制是指通过改变旁通阀门的开度，来控制涡轮的转速，从而控制进气增压的压力。旁通阀门关闭时，发动机废气全部作用到涡轮叶片上，涡轮高速运转，以实现较高的进气压力；旁通阀门打开时，仅有发动机的部分废气通过涡轮，部分废气通过旁通阀泄放，涡轮和泵轮的转速随之下降。系统可通过此方式降低增

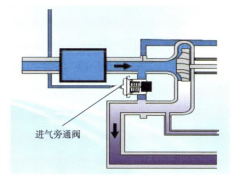

图 3-43 涡轮增压器重新加速控制

压压力，同时也用于防止因增压压力过高而导致发动机损坏的现象发生。

急速状态下，发动机控制模块以占空比0%指令控制废气旁通电磁阀，但由于增压压力较低，膜片阀中的复位弹簧保持旁通阀门处于关闭状态。此时废气全部通过涡轮叶片，从而提高涡轮的快速响应性，如图3-44所示。

发动机低速时，ECM根据发动机的工况，控制废气旁通电磁阀的控制指令。如果在发动机低速时请求节气门全开，则发动机控制模块将以占空比100%指令控制废气旁通电磁阀，此时旁通阀门处于关闭状态，废气全部通过涡轮叶片，因而降低涡轮增压迟滞效应，如图3-45所示。

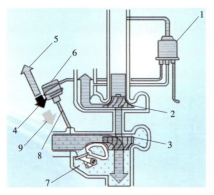

图3-44 涡轮增压器急速状态控制
1- 废气旁通电磁阀；2- 泵轮；3- 涡轮；4- 废气压力；5- 弹簧张力；6- 膜片阀；7- 旁通阀门；8- 连杆；9- 调节压力

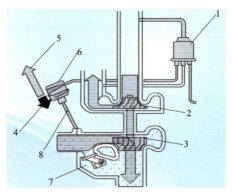

图3-45 涡轮增压器发动机低速控制
1- 废气旁通电磁阀；2- 泵轮；3- 涡轮；4- 废气压力；5- 弹簧张力；6- 膜片阀；7- 旁通阀门；8- 连杆

在发动机中等负荷且高转速时，发动机控制模块将控制废气旁通电磁阀占空比为65%~80%，此时旁通阀门部分打开，部分废气经旁通阀门泄放，歧管压力可能高至225~240kPa，如图3-46所示。

当设置特定故障诊断码时，ECM控制占空比为0%，旁通阀门的状态取决于废气压力，如图3-47所示。

（四）涡轮增压系统的工作过程

涡轮增压系统的工作过程包括：急速，正常运行，急加速，急减速后再次加速。急速：急速时废气旁通阀处于关闭位置，废气完全流经涡轮。正常运行：正常运行时废气旁通阀在ECM的控制下，其位置不断变化，以适应发动机的动力需求，同时达到保护发动机的作用。急减速：急减速时进气旁通阀在ECM的控制下，处于打开位置，以减小泵轮的冲击，同时保持泵轮的高速旋转。急减速后再次加速：急减速后再次加速时进气旁通阀在ECM的控制下关闭，泵轮的高速旋转可以有效地避免涡轮迟滞效应。

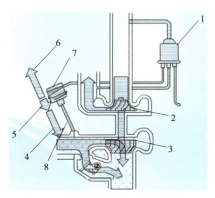

图3-46 涡轮增压器中等发动机负荷控制

1-废气旁通电磁阀；2-泵轮；3-涡轮；4-调节压力；5-废气压力；6-弹簧张力；7-膜片阀；8-连杆

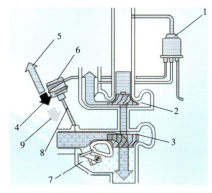

图3-47 涡轮增压器设置特定故障诊断代码控制

1-废气旁通电磁阀；2-泵轮；3-涡轮；4-废气压力；5-弹簧张力；6-膜片阀；7旁通阀门；8-连杆；9-调节压力

（五）涡轮增压系统诊断

涡轮增压系统的故障诊断与自然吸气的发动机有所不同。以下从常见故障分析及检测方法两个方面讲述涡轮增压发动机的系统诊断特点。由于涡轮增压发动机PCV系统的特殊性，很多情况下涡轮增压系统的泄漏及噪声是与PCV系统紧密相关的。下面列举了涡轮增压系统的常见故障。

1. 涡轮增压器"呜呜"声

涡轮增压器发出"呜呜"声，在已知状态良好的情况下，有时是正常的，有时则需要检查增压器轴承是否磨损，见表3-1。

涡轮增压器"呜呜"声检测维修　　　　　　　表3-1

故障	操作
	有时发出"呜呜"声是正常的。与已知状态良好的车辆比较
涡轮增压器轴承磨损	目视检查泵轮是否有与壳体接触的痕迹。检查涡轮增压器轴承是否磨损或损坏。检查轴向间隙是否导致泵轮与壳体接触

2. 涡轮增压器"嘶嘶"声

涡轮增压器发出"嘶嘶"声，分别检查排气系统和进气系统是否泄漏或堵塞，见表3-2。

涡轮增压器"嘶嘶"声检测维修　　　　表3-2

故障	操作
排气系统泄漏或堵塞	检查排气系统是否泄漏或堵塞
进气系统泄漏或堵塞	检查进气系统是否泄漏或堵塞

3. 涡轮增压器振动

涡轮增压器振动时，需检查机油油质同时判断供油管是否堵塞或损坏，见表3-3。

涡轮增压器振动检测维修　　　　表3-3

故障	操作
油质不达标	更换规定型号的发动机机油
供油不足	检查机油供油软管是否堵塞或损坏

4. 涡轮密封件漏油

当发现涡轮密封件处漏油时，需要检查涡轮增压器机油回油管、曲轴箱通风系统等，见表3-4。

涡轮增压器密封件漏油检测维修　　　　表3-4

故障	操作
排油不畅	检查涡轮增压器的机油回油管是否堵塞
曲轴箱通风系统堵塞	检查曲轴箱通风系统是否堵塞

5. 泵轮密封件漏油

当发现泵轮密封件处漏油时，需要检查进气系统、排气系统、机油回油管和曲轴箱通风系统，见表3-5。

涡轮增压器泵轮密封件检测维修　　　　表3-5

故障	操作
进气系统堵塞	检查空气滤清器滤芯是否堵塞或进气系统阻塞
排气系统阻塞	检查排气系统是否阻塞
排气系统泄漏	检查排气歧管是否泄漏
排油不畅	检查机油回油管是否堵塞
曲轴箱通风系统堵塞	检查曲轴箱通风系统是否堵塞

第三章　进气系统故障引起排放超标的维修

（六）涡轮增压系统常见的检测方法

涡轮增压系统常见的检测方法有外观检测、仪器检测、压力驱动检测等。下面列出了该系统常见的外观检测方法。

（1）维修管件时，为了防止任何类型的漏气，卡箍的紧固规格和正确定位至关重要，且必须严格遵守。可使用喷雾瓶中的肥皂水查明任何漏气故障，如图3-48所示。

图 3-48　涡轮增压器外观管件

（2）检测涡轮增压系统控制电磁阀及相关传感器的电器连接状况，如图3-49所示。

（3）涡轮增压器总成的外观检测是十分必要的，特别是膜片阀及连杆的检查，如图3-50所示。

图 3-49　涡轮增压器电磁阀　　　　　图 3-50　涡轮增压器膜片阀及连杆

（七）利用诊断仪对涡轮增压系统进行检测

下面列出了利用诊断仪对涡轮增压系统进行检测的方法。

（1）故障码。故障码是系统诊断的重要参考依据。查阅维修手册可获取更多关于故障码的操作步骤及说明。

67

（2）数据流。读取相关传感器的参数，并进行对比和分析，是非常重要的。以DTC P0238为例，我们需要将"进气歧管绝对压力传感器（MAP Sensor）"参数与"增压压力传感器（Boost Pressure Sensor）"参数进行比较。在1挡、2挡节气门全开时，读数彼此相差应在20kPa之内。

（3）输出控制。利用诊断仪直接驱动电磁阀从而确认执行器及相关线路是否存在故障。例如：使用诊断仪的输出控制功能来控制涡轮增压器废气旁通电磁阀的占空比。发动机处于中高速运转且占空比在20%~90%之间变化时，应该可以听到一系列"咔嗒"声。

（八）利用压力驱动的检测涡轮增压器

下面列出了系统利用压力驱动的检测方法检测涡轮增压器。

（1）可利用真空枪检测进气旁通阀的工作状态，释放真空时，可听到进气旁通阀动作的声音。若没有声音反馈，则进气旁通阀可能存在卡滞或泄漏故障，需拆卸阀体做进一步的检查，如图3-51所示。

（2）可利用压缩空气对废气旁通阀的工作状态进行检测。正常状态时，应能够看到阀杆移动，若阀杆无法移动，则需更换废气旁通膜片阀及连杆总成，如图3-52所示。

图3-51 用手持真空泵检测进气旁通阀　　　图3-52 用压缩空气检测废气旁通阀

（九）涡轮增压器维修的注意事项

下面列出了涡轮增压器在维修时的注意事项。

（1）在空气滤清器或空气滤清器壳体已被拆下时，为防止异物吸入，不要起动发动机，如图3-53所示。

（2）涡轮增压器损坏而必须更换时，首先需进行下列检查：发动机机油、连接涡轮增压器的油管。

（3）拆卸涡轮增压器时，要堵住进排气口和机油端口，防止脏物或异物进

第三章　进气系统故障引起排放超标的维修

入系统。拆装涡轮增压器总成时，不要跌落、碰击，不要抓容易变形的零件，如连杆。更换涡轮增压器时，检查油管中的油泥或积炭，必要时，进行清洗或更换。

图 3-53　维修涡轮增压器应该注意的问题

（4）更换涡轮增压器时，在进油口内加入机油，同时用手轻轻转动泵轮，以润滑轴承，如图3-54所示。

图 3-54　维修或更换涡轮增压器时预润滑旋转部件

（5）大修或更换发动机后，在切断燃油供给的情况下，转动发动机30s，以润滑相关部位。然后怠速运转发动机60s。

第三节　进气系统故障引起排放超标的维修

一、真空泄漏的维修

汽油发动机在工作中，其进气歧管会产生真空度。如果该数值较高且真空表指针表现也较稳定，则说明发动机工作平稳、有力、加速性良好。进气歧管真空度的大小及其稳定性与汽车的排气量、压缩比、发动机转速、节气门开度、进气系统密封性、点火系统性能、可燃混合气的品质（空燃比的大小）等有着密切关系。真空度的动态变化与发动机的综合性能密切相关。如果汽车发动机各系统均工作正常，一般在怠速状态下运转时，真空表指针应稳定在57~76kPa之间。

（一）发动机的真空测试

真空测试：真空度是指比大气压更低的压力。如果发动机的力学性能良好，在进气歧管中产生很大的真空度。活塞在进气行程中向下运动时，汽缸容积增大，压力降低，产生一定的真空度，从进气歧管吸入真空。空气通过节气门进入进气歧管，当节气门固定时，发动机的转速升高或者汽缸的密封性能改善都会使进气歧管真空度增加；而发动机转速降低或汽缸的工作效率降低以后，进气歧管真空度也会降低。

（二）起动时发动机真空度测试

在发动机盘车时，对进气歧管真空度进行测试是一个简单易行的判断活塞环和气门是否密封良好的方法（要得到精确的测试结果，应该使发动机热起来，且节气门处于关闭状态）。

发动机盘车时的真空度测试应按照以下步骤进行：

步骤1：断开点火系统。

步骤2：把真空表与进气歧管真空源连接起来。

步骤3：盘车时观察真空表的读数。

发动机盘车时的真空度应该高于8.5kPa（通常应该是10~20kPa），如果低于8.5kPa，则可能是由以下原因造成的：发动机盘车速度太低、活塞环磨损、气门密封不严、太多的空气旁通经过了节气门，这会导致真空度读数不真实地变小，可能的原因包括节气门部分开启或进排气门重叠角过大。

（三）怠速真空测试

发动机如果性能良好，怠速时的真空度应该稳定在57.6~71kPa之间，低而稳定的真空度。如果发动机的真空度比正常情况下低而且稳定，最常见的原因：点火正时滞后；凸轮正时滞后（检查正时链是否过松或正时齿形带安装是否正确）。

如果指针先下降，然后上升到正常位置，然后又下降，之后又回到正常位置，不断反复，这表明发动机供气系统运动件有卡滞。造成气门卡滞最常见的原

第三章 进气系统故障引起排放超标的维修

因是气门杆缺乏润滑;如果真空表读数在某一点(数值)上下波动,通常的原因是气门烧蚀或气门弹簧弹力过小。如果波动速度很慢且稳定,则可能是由于混合气成分不均匀引起的。

(四)急加速时真空度的测试

在发动机急加速时进行测试,也可显示活塞漏气的程度。急加速时,真空表的读数应突然下降;急减速时,真空表指针将在原怠速时的位置向前大幅度跳越。如果在迅速开闭节气门时,真空表指针应在7~85kPa之间灵敏摆动,表明进气歧管真空度对节气门开度的随动性较好,同时,也说明发动机进气系统的密封性工作良好,假如发动机存在故障就会出现与上述数值不同的进气歧管真空度。

(五)通过真空度测试检测排气背压故障

排气背压是正常工作期间在排气系统内积累的压力。排气系统内阻力越大,其压力就越高。在检测排气背压之前,应当首先确认点火正时和配气相位正确、气门间隙正确、进气系统无泄漏和堵塞现象。

排气系统的堵塞主要是由于三元催化转化器和消声器内因结胶、积炭或破碎而造成。由于时通时堵,排气时反压力大,导致排气不彻底、进气不充分、转速不稳、加速无力、空燃比失常、点火调节失控等故障的发生。

若排气管时通时堵,则排气时的反压力增大,会使进气管的真空度降低。用真空表软管连接到进气歧管的检测口,起动发动机,待转速稳定后,观察真空表的读数,怠速时的真空度一般为57~76kPa。然后缓慢加速,使转速达到2000~2500r/min,此时真空表数值应等于或接近怠速时真空数值,让节气门快速回到怠速状态,此时真空读数应先快速增加一个幅度(例如15~20kPa)然后又回落。如果此时真空度数值很低甚至下降为零,说明排气系统有阻流现象。可以拆下排气管再试,若真空度恢复正常,即可确定排气管堵塞。

如果发动机在2500r/min时,真空数值逐渐低于怠速数值或再从2500r/min猛然降到怠速时,真空表读数没有增加,说明排气系统内背压过高,其排气阻力过大。可能是三元催化转化器堵塞、排气管与消声器堵塞。

(六)真空度的故障维修

要想测量发动机的真空度,就需要将真空表连接到节气门后方的进气歧管上。在发动机怠速运转时，真空表上的理想读数是大于或等于54kPa的一个稳定值。真空表的指针的任何运动都表明汽缸内产生的真空度大小在变化。指针波动越大，问题就越严重。如果所有汽缸产生的真空度大小都相同，但是数值很低，那么就说明汽车运行了数千千米之后发动机可能被磨损了。由真空度引起的故障维修见表3-6。

真空度引起的故障维修　　　　　　　　　　　　　　　　　表3-6

故障现象	维修措施			
真空表显示异常	检查初始点火正时	检查配气正时	检查汽缸压力	检查曲轴箱强制通风控制阀
真空表有规律的下跌 -6~-9kPa	检查火花塞，高压线等	检查气门（压力测试）	查出烧坏的活塞	
真空表无规律下降到 -10~-27kPa 时	检查火花塞	查找卡滞的气门	查找卡滞的气门挺杆或液压挺杆	查找严重磨损的凸轮轴
指针缓慢摆动于 -27~-34kPa 之间	检查火花塞（火花塞间隙可能太小）			
如果怠速时真空表指针很快地在 -47~-61kPa 之间	进气门挺杆与导管磨损、配合松旷			
-34~-61kPa 之间来回摆动，并且随着发动机转速的升高摆动加剧	气门弹簧弹力不足			
-38~-61kPa 之间来回摆动	通常为气门漏气，汽缸垫损坏，活塞损坏，缸筒拉伤			
怠速时真空表指针在 -18~-65kPa 之间大幅度摆动	汽缸垫漏气所引起的			
真空度小于 -60kPa	发动机节气门之后的进气歧管或总管漏气，漏气部位多数是进气歧管垫以及与进气歧管相连接的许多导管。例如真空助力器气管等			

二、VVT 故障的维修（NO_x）

（一）VVT 简介

可变气门正时系统（VVT）是一种电控液压运行装置，它通过控制发动机机油所产生的液力来驱动执行器，从而改变凸轮轴相对于曲轴的角度。根据生产厂家的不同，有些发动机仅进气凸轮轴装备VVT，而有些发动机进排气凸轮轴均装备有VVT。VVT的优点是：通过控制进气门和排气门的气门重叠角来增强发动机性能、降低尾气NO_x排放、增大输出转矩、提高经济性能、提高怠速稳定性能。

（二）VVT 的故障维修

1.VVT 的故障码列表

系统监测并可设置执行器和凸轮轴位置传感器相应的故障码，常见的故障码如下：

DTC P000A：进气凸轮轴位置系统响应过慢。

DTC P000B：排气凸轮轴位置系统响应过慢。

DTC P0010：进气凸轮轴位置执行器电磁阀控制电路。

DTC P0013：排气凸轮轴位置执行器电磁阀控制电路。

DTC P2088：进气凸轮轴位置执行器电磁阀控制电路电压过低。

DTC P2089：进气凸轮轴位置执行器电磁阀控制电路电压过高。

DTC P2090：排气凸轮轴位置执行器电磁阀控制电路电压过低。

DTC P2091：排气凸轮轴位置执行器电磁阀控制电路电压过高。

DTC P0011：进气凸轮轴位置系统性能。

DTC P0014：排气凸轮轴位置系统性能。

DTC P0016：曲轴位置—进气凸轮轴位置不合理。

DTC P0017：曲轴位置—排气凸轮轴位置不合理。

2.VVT 典型故障维修

针对DTCP000A、DTCP000B的故障，可使用故障诊断仪观察"凸轮轴位置变化"参数，并指令相应的凸轮轴位置执行器从0°~20°，然后再回到0°，参数读数偏差如果大于2°以上，须进行电路系统测试。详细操作流程如下：

（1）点火开关置于OFF位置，断开相应凸轮轴位置执行器电磁阀上的线束连接器，如图3-55所示。

（2）点火开关置于ON位置，确认点火电路端子A和搭铁之间的测试灯点亮，如图3-56所示。

图 3-55　拆卸凸轮轴位置执行器

图 3-56　测试凸轮轴位置执行器

（3）在控制电路端子B和搭铁之间连接数字万用表，切换到二极管测试挡位，测试电压应高于2V，如图3-57所示。

（4）用故障诊断仪指令凸轮轴位置执行器电磁阀通电和断电，数字万用表读数应从断电时高于2V，转换到通电时低于1V。

（5）拆下凸轮轴位置执行器电磁阀并检查凸轮轴位置执行器电磁阀及其安装部位是否存在异常，如图3-58所示。

图 3-57　万用表测试凸轮轴位置执行器电磁阀

图 3-58　检查凸轮轴位置执行器

（6）点火开关置于OFF位置，用正常工作的凸轮轴位置执行器电磁阀替换相应的凸轮轴位置执行器电磁阀，如图3-59所示。

图 3-59　安装执行器

（7）发动机怠速运行，使用故障诊断仪观察"凸轮轴位置变化"参数，并指令相应凸轮轴位置执行器从0°~20°，然后再回到0°，参数读数偏差应小于2°。

（8）如果所有测试正常，则进一步检查或更换凸轮轴位置执行器电磁阀。

3. 凸轮轴位置执行器的故障维修

控制模块通过凸轮轴位置传感器监测实际位置并与期望位置进行比较，以判断凸轮轴位置执行器系统的性能。实际位置与期望位置之差如果大于一定角度并持续一定时间以上，则设置相应诊断故障码。

4. 凸轮轴位置执行器电磁阀电路故障的维修

控制模块（ECM）将监测凸轮轴位置执行器电磁阀的控制电路，以确定是否开路、短路。如果控制模块检测到凸轮轴位置执行器电磁阀电路上有故障，将设置相应诊断故障码，如图3-60所示。

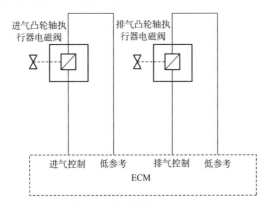

图 3-60　凸轮轴位置执行器电路图

1.进气系统主要包括哪些传感器？哪些执行器？
2.可变气门正时系统（VVT）能够控制哪一个排放污染物？
3.涡轮增压控制系统由哪几部分组成？
4.涡轮增压器系统的中冷器有哪几种？
5.涡轮增压系统常见的检测方法有哪几种？

第四章

燃料供给系统故障引起排放超标的维修

燃料供给系统的故障是混合气过浓或过稀。混合气过浓将会导致CO排放量高；混合气过稀将会造成HC、NO_x排放量过高；燃料供给系统能够造成混合气浓的故障原因有空气滤清器过脏、喷油器故障、燃油压力高于正常值等。知道了这些原因，对于维修燃料供给系统造成的排放超标问题，是非常有帮助的。通过对燃料供给系统故障的维修治理，解决排放超标车辆问题就显得容易多了。

第一节　燃料供给系统概述

汽油是从石油中提炼出来的液态碳氢化合物，是点燃式发动机的燃料，通过燃料供给系统运送到发动机汽缸燃烧做功。汽油性能与发动机的动力、排放、经济、稳定等性能息息相关，所以在了解燃料供给系统前先要了解汽油的各项性能。

热值：汽油的基本成分是碳和氢，其中碳占的体积比约为85%，氢占的体积比约为15%。热值是指1kg燃料完全燃烧后所产生的热量，汽油热值约为44000kJ/kg，热值越高汽油的能量就越高。

抗爆性：汽油最常见的性能指标是抗爆指数，它是用来衡量燃油抵抗发动机爆震燃烧性能的参数，因为有些爆燃会降低发动机功率、损伤发动机并导致发动机过热。抗爆指数通常以辛烷值表示，辛烷值越大抗爆性能越好。较高辛烷值的汽油并不意味着能够使发动机的性能变好，只要使用汽车生产商推荐的汽油标号和符合国家标准的燃油即可。

第四章 燃料供给系统故障引起排放超标的维修

挥发性：汽油的挥发性是指汽油从液态蒸发为气态的性能，这一性能对发动机的运行产生很多影响。挥发性不好会产生的问题包括：沉积物增加；混合气形成不良；低温时发动机起动困难；燃烧不完全，稀释发动机机油，影响正常润滑；混合气不均匀，油耗增加。挥发性过好会产生的问题包括：容易产生气阻，阻碍汽油流动；更易挥发，炭罐负荷容易过载，污染大气；油箱蒸气压力增加。

一、燃料供给系统简介

发动机燃料供给系统用于存储、输送燃油，并将燃油定时定量地提供给各汽缸，以形成均匀的可燃混合气。燃料供给系统与发动机进气、点火、排放等系统协调工作为车辆提供动力的同时，还可以提高燃油经济性和减少排放等。

二、燃料供给系统类型

燃料供给系统的发展经历了从机械到电控、从单点喷射到多点喷射、从同时喷射到顺序喷射等阶段。根据当前技术发展状态，燃料供给系统按照喷射汽油位置的不同，分为缸外喷射和缸内喷射两种类型。

（1）缸外喷射。缸外喷射也称进气道喷射。喷油器将汽油喷到进气歧管或进气门后方。主要特点，燃油压力低，控制简捷，成本低。

（2）缸内喷射。喷油器将汽油直接喷射到汽缸内部。主要特点，燃油压力高，控制精准，成本高（图4-1），颗粒物排放相对高。

a) 缸外喷射 b) 缸内喷射

图 4-1　缸外与缸内燃油喷射系统示意图

三、燃料供给系统基本控制

无论是缸内喷射还是缸外喷射，燃料供给系统向发动机喷射的燃油都是基于空燃比的计算。空燃比是可燃混合气中空气和汽油的质量比，空燃比的大小将直接影响发动机动力、燃油经济性及尾气排放等。在实际运行中有三种类型的混合气：理论空燃比混合气、稀混合气、浓混合气。

（1）理论空燃比混合气。汽油完全燃烧所需要的最少空气与汽油质量比值为14.7∶1，称为理论空燃比。以此为例的气体称为理论空燃比混合气。电控喷射发动机的控制目标是尽可能维持在理论空燃比附近工作。但实际运行中由于工况的需求空燃比也会出现过浓或过稀的状态。

（2）稀混合气。通常将空燃比大于14.7∶1的混合气称为稀混合气。主要由发动机故障造成，如真空泄漏引起进入过多的空气，系统故障导致供油不足时，也会导致混合气过稀。

（3）浓混合气。通常将空燃比小于14.7∶1的混合气称为浓混合气。主要在发动机处于冷起动、急加速和大负荷运行时出现，会主动控制加浓混合气。另外，燃油压力过高、喷油器泄漏及进气等故障也会导致混合气过浓，如图4-2所示。

图 4-2　空燃比示意图

第二节　缸内喷射燃料供给系统

一、缸内喷射燃料供给系统的组成

缸内喷射燃料供给系统将存储在燃油箱内的汽油泵送至发动机，经加压后由喷油器直接将燃油喷射到汽缸内部。缸内喷射也简称"直喷"，英文缩写为"SIDI"或GDI。

由于燃油直接喷射到缸内，所以系统喷射压力必须足够高，需要二次加压。根据燃油压力的不同，整个系统可分为：低压侧和高压侧，如图4-3所示。

1. 低压侧

低压侧用于存储燃油，并向发动机高压侧输送低压燃油，确保发动机有稳定的燃油供给。低压侧主要组成部分有如下部件：燃油箱、低压燃油泵总成、低压管路、滤清器和油管、低压压力传感器、燃油泵控制模块等。

第四章　燃料供给系统故障引起排放超标的维修

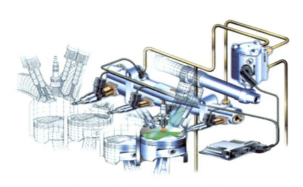

图4-3　缸内喷射燃料供给系统示意图

（1）燃油箱：用于存储燃油，密封汽油蒸气。能够承受一定压力，具有防腐蚀性能；从外形上可以分为整体油箱和马鞍型油箱；马鞍型油箱是因传动轴等因素，将油箱分成两个分离的箱体。

（2）通风软管。用于在加油时让油箱内的气体排出，以便让油箱加满油。早期直接连接大气，当前因排放要求，需要连接炭罐。

（3）加注导管。用于将加油枪注入的燃油引导至燃油箱。通常较为弯曲，如果变形会影响加油；当前加注导管更细，以减少汽油蒸发排放。

（4）加注口盖。用于密封住燃油蒸气，并防止燃油箱内压力过大或形成真空。盖内有两个止回阀，在油箱压力过大或过小时均会与大气相通；部分车辆的油箱没有加注口盖，而是使用双层单向门式设计。

（5）阀件：通风阀为蒸气进入炭罐的通道，保证油箱内气压平衡。油量限位阀为加油时用来控制液面高度，从而控制燃油箱加注量。部分阀件以组合的方式出现，如图4-4所示。

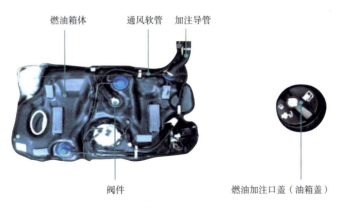

图4-4　低压侧燃油箱部件位置

2. 高压侧

高压侧将低压侧输送来的汽油再次加压提供给喷油器，由喷油器定时定量直接喷射到汽缸内部。高压侧部件材质和承压能力都有较高的要求，主要部件有：高压燃油泵、高压油管、高压油轨、油轨传感器、高压喷油器等，如图4-5所示。

a) 高压燃油泵　　　b) 高压油管　　　c) 高压油轨

图 4-5　高压侧燃油部件

（1）高压燃油泵。将低压侧的燃油加压成高压燃油；通过压力调节电磁阀调节高压侧燃油压力。内部是一个机械柱塞泵，由凸轮轴驱动；集成有一个燃油压力调节电磁阀；电磁阀由发动机控制模块（ECM）通过占空比信号控制，如图4-6所示。

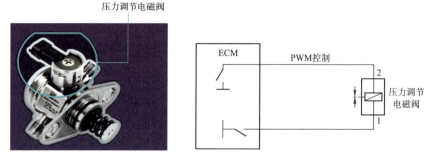

图 4-6　高压燃油泵及其电路图

（2）高压油管。连接高压燃油泵和高压油轨，用于输送高压燃油。使用不锈钢材料制成，能承受非常高的燃油压力。维修时请注意：为确保高压油管安全密封，维修时只要拆卸就要更换高压油管。拆装时需要使用高压燃油管扳手。安装时先手动拧上，最后拧紧到标准力矩，如图4-7所示。

（3）高压油轨。高压油轨与喷油器常一起安装在缸盖侧面，从发动机上拆卸时，必须使用专用工具一起拆下。拆卸时要注意以下事项：将拆卸专用工具或同等工具勾住油轨，并安装在油轨螺栓孔中。同时转动拆卸专用工具两个手柄，缓慢拉出高压油轨及喷油器，如图4-8所示。

（4）油轨传感器。用于监测油轨内燃油的压力及温度，信号输入ECM以监测高压燃油状态以修正喷油。有模拟传感器和数字传感器两种类型，均为三线传感器。早期使用模拟传感器，仅监测燃油压力信号；当前多使用数字传感器，可监测压力和温度信号；数字传感器所有信号经一根串行数据线输入发动机ECM，如图4-9所示。

图 4-7　高压油管位置图

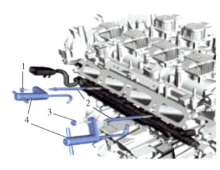

图 4-8　拆卸高压喷油器专用工具

1、3- 螺母；2- 固定螺栓；4- 钩子

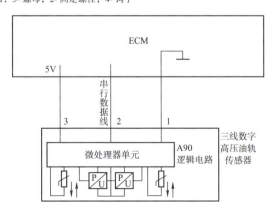

图 4-9　油轨传感器及电路图

（5）高压喷油器。将高压燃油通过喷孔直接喷入燃烧室。每缸一个喷油器。安装在高压油轨下方，插入缸盖至燃烧室上方。上部安装在油轨上，下部安

装在汽缸盖内；头部较为细长，改善了自身的散热效果；内部有电磁线圈、衔铁、针阀及滤网等。

工作原理：高压燃油从顶部进入，当电磁线圈通电时，衔铁驱动针阀开启，燃油从底部的喷孔喷射而出，形成较好的雾化效果，如图4-10所示。

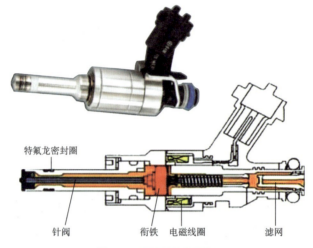

图 4-10　高压喷油器内部结构

二、缸内喷射系统的控制

1. 喷油量控制

发动机燃料供给系统的控制核心是空燃比，对于缸内喷射系统，即根据进气量和工况需要直接喷射定量的汽油进入汽缸，形成一定空燃比的混合气进行燃烧。与喷油器喷射油量相关的因素有低压燃油压力、高压燃油压力、喷油脉宽。其中喷油量主要取决于高压燃油压力和喷油脉宽两大要素，如图4-11所示。

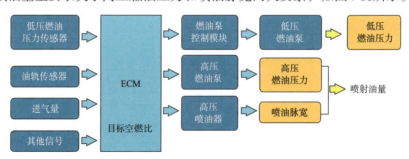

图 4-11　喷油量控制原理图

1）低压燃油压力

控制低压燃油压力的目的是向高压侧提供稳定的燃油供给（约400kPa），正常的供给时，低压燃油压力不影响喷油器的喷油量。燃油泵控制模块经高速网络从发动机ECM获取发动机需求指令，直接控制燃油泵运转泵送燃油。同时通过压力传感器向ECM实时反馈低压燃油压力，以进行闭环控制，从而满足不同工况下对燃油的需求，如图4-12所示。

2）高压燃油压力

控制高压燃油压力的目的是向喷油器提供一定的燃油压力，高压燃油压力直接影响喷油器的喷油量，因此，需要实时反馈油轨传感器信号。

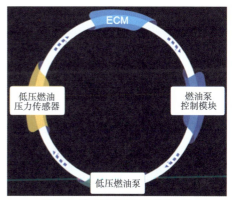

图4-12 低压燃料供给系统控制框图

有的发动机ECM通过占空比（PWM）信号控制压力调节电磁阀内部供油通道的开度，供油通道的开度越大供油压力就越高；根据发动机的转速和负载，ECM可将高压压力控制在2~35MPa之间；同时ECM接收油轨传感器的反馈信号进行修正，以实时精确调节高压侧的燃油压力，如图4-13所示。

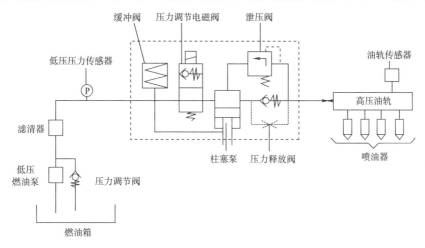

图4-13 高压燃油泵内部结构

3）喷油脉宽

喷油脉宽是指发动机ECM直接控制喷油器线圈的通电时间，以控制喷油器开启喷油。发动机ECM通过喷油脉宽的控制最终控制空燃比。除燃油压力外，

ECM需要进气量和各种工况信号来综合计算期望的喷油量，主要包括：空气流量传感器信号、冷却液温度传感器信号、节气门位置传感器信号、进气歧管绝对压力传感器信号、加速踏板位置传感器信号、大气压力传感器信号、凸轮轴位置传感器信号、氧传感器信号、蓄电池电压信号、车速信号、挡位信号等，如图4-14所示。

图 4-14 喷油脉宽控制示意图

在喷油脉宽相同的情况下，高压燃油压力越高喷油量越多；为了让喷油器喷出期望的喷油量，在根据进气量和工况信号计算的喷油量之后，还需要通过来自油轨传感器的重要信号（压力和温度）做最终修正，以确定喷油脉宽；因为缸内喷射的燃油压力高，所以喷油脉宽相对较短。但在精确的ECM软件和精密的喷油器共同配合下，仍精确地实现了喷油量控制，如图4-15所示。

2. 喷射正时控制

发动机有四个工作行程：进气、压缩、做功、排气，燃油喷射必须与四行程协调同步，每缸喷油器在四行程中的喷射时刻，即为喷射正时。缸内喷射发动机采用多点、顺序方式向缸内喷射汽油。正常工况下，除减速断油、断缸控制等，曲轴每转两圈，喷油器只在进气行程执行一次喷油。

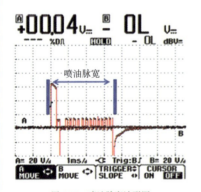

图 4-15 喷油脉宽波形图

部分发动机冷起动时曲轴每转两圈，喷油器执行两次喷油：在进气行程执行第一次喷油，在气流的扰动下，较稀的混合气均匀地分布于燃烧室中；在压缩行程执行第二次喷油，此时改善了发动机的冷起动性能，如图4-16所示。

第四章 燃料供给系统故障引起排放超标的维修

三、缸内喷射系统的检测与维修

（一）燃油喷射系统检测维修

发动机燃料供给系统发生故障将会导致无法起动、起动困难、动力不足、油耗过大或排放超标等故障现象。虽然缸内喷射燃料供给系统是一个整体，但是出现系统故障时，除一起执行低压侧和高压侧的常规维护和初步检查外，通常情况下，先检测低压侧再检测高压侧，主要基于以下原因：燃油供给是从低压侧开始，低压侧是源头；低压侧压力低，相对更加安全可控；可直接测量低压侧燃油压力，使用燃油压力表和适配器。

图4-16 高压喷油器喷油示意图

缸内喷射发动机的高压侧压力非常高，为防止人和车辆损害，无论是拆卸高压侧部件还是低压侧部件前，都必须执行卸去"燃油压力操作"。主要操作步骤如下：

（1）安装诊断仪并将点火开关置于"ON"位置。
（2）使用诊断仪指令燃油泵关闭，从而切断低压燃油泵。
（3）起动车辆并使发动机运转直至停止。发动机将在5~20s内停止。
（4）重复步骤3，使用诊断仪确认压力已降至最低水平。

如果没有诊断仪，可以拆下燃油泵控制模块熔断丝来执行手动泄压，具体请参照维修手册。

（二）燃油喷射系统低压侧检测维修

低压侧常见故障的可能原因有滤清器堵塞、燃油泵磨损、燃油泵控制电路故障、传感器损坏、油管止回阀堵塞或控制模块没有配置等。在执行低压侧系统检测时，根据故障检测的需要可执行以下检测或配置：使用诊断仪检测低压侧、使用专用工具检测燃油压力、配置或重置、油品检测。

1. 使用诊断仪检测低压侧

在确认管路没有泄漏、扭结等外部可见异常后，可以使用诊断仪查看缸内喷射相关故障码（DTC）、数据流或驱动低压燃油泵工作来检测低压侧运行性能和工作状态。其中重要的数据流或驱动项目如图4-17所示。

参数名称	数值	单位
燃油泵启用电路开路测试状态	确定	
燃油压力传感器	3.2	V
燃油泵三相（U-V-W）电路低压测试状态	未运行	
燃油泵电流	0.00	A
燃油油位传感器	1.00	V
所需的燃油压力	525	kPa
燃油压力传感器	477	kPa
燃油箱内的剩余燃油	77.7	%
燃油泵启用指令	关闭	
当前燃油类型	汽油	

图 4-17　诊断仪上的数据流显示

- 汽缸动力平衡
- 燃料供给系统减压
- 燃油喷射器平衡
- 燃油导轨压力
- **燃油压力**
- 燃油压力调节器
- 燃油修正启用
- 燃油泵启用
- 燃油泵转速

图 4-18　诊断仪上的测试项目

根据检测的需要，可以在不同温度、不同车速、不同路况下观察数据流的变化，并与标准值、正常车辆、经验值等对比，以锁定不合理的数据，展开更深入的检测，如图4-18所示。

例如，使用诊断仪可在低压侧执行系统压力检测（表4-1），并根据检测结果确定新的检测方向，更多信息请参照相应的维修手册。

使用诊断仪检测电压侧　　　　　　　　　　表4-1

检测步骤	检测方法	检测结果	检测方向及处理
1	将点火开关置于"on"位置，关闭发动机，使用故障诊断仪指令"燃油泵启用"开启数次。确认故障诊断仪"燃油压力传感器"参数	如果低于345kPa	参见维修手册
		如果低于650kPa	更换G12燃油泵
		如果在 345~650 kPa 范围内	执行下一项检测
2	关闭燃油泵后，确认故障诊断仪"燃油压力传感器"参数降低至600kPa	如果高于600kPa	更换G12燃油泵
		如果低于600kPa	执行下一项检测
3	确认故障诊断仪"燃油压力传感器"参数在 1min 内下降不超过 34kPa	如果高于34kPa	参见维修手册
		如果低于34kPa	执行下一项检测
4	发动机怠速运转，确认故障诊断仪"燃油压力传感器"参数在 300~400kPa 范围内	如果低于300kPa	参见维修手册
		如果高于400kPa	更换G12燃油泵
		如果在 300~400kPa 范围内	参见维修手册
5	当车辆在不同负载下运转时，确认故障诊断仪"燃油压力传感器"和"期望的燃油压力"之间的差值，在300kPa 请求时是否在 45kPa 以内，或在400kPa 请求时是否在 60kPa 以内	如果高于 45/60kPa	参见维修手册
		如果低于 45/60kPa	参见维修手册

第四章 燃料供给系统故障引起排放超标的维修

2. 使用专用工具检测燃油压力

可以使用专用工具检测低压侧燃油压力，以检测相应部件的状态；如果想直接获取燃油压力，非传感器数据，可在低压管路中安装适配器和燃油压力表或同等工具，以测量真实的燃油压力，进而分析部件的性能状态；如果燃油压力因泄漏下降，可在低压管路中安装切断适配器，以对管路进行分区隔离，进而锁定泄漏部件，如图4-19所示。

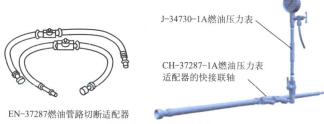

图 4-19　低压侧测试工具

3. 油品检测

标准汽油中混入乙醇，或乙醇汽油中乙醇过量，以及系统被水、杂质污染可能会导致加速迟缓、失速、不能起动或缺火等故障。以下是三种油品检测方法：

（1）从燃油箱底部提取汽油样本，并置于清洁透明的容器内，水平静置2min，观察底部是否出现水层，水比汽油密度大，如图4-20所示。

图 4-20　燃油成分分析仪

（2）使用燃油成分测试仪或刻度为1mL专用量筒可以检测汽油中乙醇的含量，具体方法参见维修手册。

（3）从燃油箱底部抽取约0.5L的汽油，水平静置5min，让颗粒污染物沉淀。颗粒污染物会呈现不同的形状和颜色：砂子通常呈白色或浅棕色的晶体状；橡胶呈黑色的不规则颗粒状，如图4-21所示。

图 4-21　汽油的外观检查

4.配置或重置

由于低压侧采用燃油泵控制模块控制燃油供给，且对控制精度和油品的自我监测也非常严格。因此在相关维修后常需要执行配置学习或重置复位等操作。常见操作见表4-2。

配置或重置步骤　　　　　　　　　　　　　　　　　　　　　　　表4-2

配置或重置	何时执行	如何执行
燃油成分重置	更换ECM或诊断仪数据流中"燃油乙醇容量"与专用工具测得的乙醇比例之差大于17%	使用诊断仪，在ECM—复位功能内完成
燃油泵控制模块配置	更换燃油泵控制模块	使用诊断仪，在ECM—复位功能内完成
燃油泵修正重置	更换低压燃油压力传感器或更换低压燃油泵，更换燃油泵控制模块	使用诊断仪，在ECM—控制功能内完成

（三）燃油喷射系统高压侧检测维修

在确定低压侧燃油供给稳定可靠后，根据需要展开高压侧检测。常见的故障有高压侧燃油压力异常、喷油器喷油不平衡等。与高压侧故障检测相关的信息或检测有：高压侧压力异常的可能原因、使用诊断仪检测高压侧、使用测试灯检测高压燃油泵控制、高压喷油器平衡测试。

（1）高压侧压力异常的可能原因。发动机不同工况时，会有期望的高压燃油压力，如果油轨传感器实际监测到的压力值与期望值相差较大，系统会设置相应的故障码。高压燃油压力值异常的可能原因有凸轮轴故障；高压燃油管、油轨堵塞；喷油器泄漏或堵塞；高压燃油泵中的阀、柱塞或电磁阀故障；高压燃油泵电磁阀控制线路故障，如图4-22所示。

图4-22　高压泵及喷嘴

（2）使用诊断仪检测高压侧。可以使用诊断仪查看数据流，或起动高压燃油泵上压力调节电磁阀来检测高压侧的燃油调节状态；还可以使用诊断仪查看喷油数据，或驱动高压喷油器来检测喷油器响应情况；甚至可以使用诊断仪查看各

第四章 燃料供给系统故障引起排放超标的维修

缸缺火数据，以分析哪缸喷油器最可能存在故障。其中重要的数据项目如图4-23所示。

参数名称	数值	单位
燃油压力调节器控制电路指令	关闭	—
燃油导轨压力调节器指令	0	—
燃油导轨压力传感器	19.5	MPa
所需的燃油导轨压力	0.0	MPa
燃油压力调节器高电平控制电路指令	0	%
燃油导轨温度传感器	42	℃
启动时燃油导轨温度	42	℃
减速燃油切断	不活动	—
喷油器占空比	0.00	ms

图4-23 诊断仪显示的数据流

（3）使用测试灯检测高压侧燃油泵控制。高压燃油泵电磁阀控制线路可能会导致高压侧压力异常，可通过测试灯快速确认线路控制是否基本正常。主要方法如下：关闭点火开关，将发动机熄火；断开高压燃油泵电气连接器；在电气连接器的端子1和端子2之间连接一个测试灯；让发动机怠速至正常工作温度；缓慢地将发动机转速提高到3500r/min，然后回到怠速；确认测试灯点亮且亮度变化，说明正常。如果测试灯不亮，则进行深入的线路检测和部件测试，如图4-24所示。

（4）高压喷油器平衡测试。从理论上说，在相同喷油脉宽和相同燃油压力下发动机上各缸喷油器会喷射系统的燃油量。但如果某缸喷油器发生故障或性能差异，也会导致工作时喷油量偏差过大，最终造成发动机发生故障。通过喷油器平衡测试可以检测所有喷油器喷油的均衡性。喷油器平衡测试有两种方法：

其一是使用诊断仪进行"喷油器平衡测试"，记录各喷油器工作时燃油压力下降值，以分析堵塞或泄漏状态，如图4-25所示。

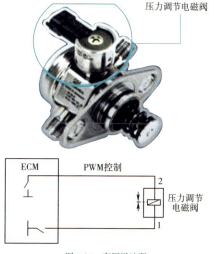

图4-24 高压燃油泵

图 4-25　诊断仪测试特殊功能驱动

其二是使用主动喷油器测试仪组件来执行"喷油器平衡测试",以分析堵塞或泄漏状态,如图4-26所示。

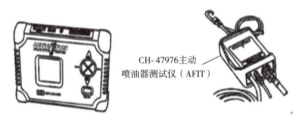

图 4-26　喷油器测试仪

第三节　缸外喷射燃料供给系统

一、缸外喷射燃料供给系统的组成

缸外喷射燃料供给系统用于存储、泵送、喷射汽油,喷射的地点位于进气歧管或节气门的后方,所以系统采用较低的燃油压力,而且整个系统的燃油压力相同。系统主要组成部件有燃油箱、燃油泵总成、燃油管、滤清器、油管、燃油压力传感器(若配备)、燃油泵控制模块(若配备)、油轨、燃油压力调节器、喷油器等,如图4-27所示。

(一)与缸内喷射系统相似部件

缸外喷射与缸内喷射有很多部件的结构、原理基本相似,但由于缸外喷射的燃油供给压力为280~400kPa,且总体控制相对简洁,所以仍有部分细节的差异。

第四章 燃料供给系统故障引起排放超标的维修

主要部件及特点有：①燃油箱：基本相同（图4-28）。②燃油泵总成：结构原理基本相同，仅采用有刷两线电动机，泵出压力相对较低，有些通过继电器控制。③燃油管路、滤清器、油管等：基本相同，均为低压。除采用无回油管管路布置外，有些还采用有回油管管路布置。④燃油压力传感器：基本相同，仅在部分发动机使用。⑤燃油泵控制模块：基本相同，仅在部分发动机上使用。

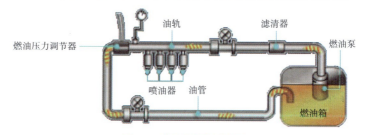

图4-27 燃料供给系统结构图

1. 燃油泵继电器控制

缸外喷射系统的燃油泵仅装配有刷两线电动机，常由ECM通过继电器控制燃油泵起动运转：在打开点火开关时，ECM控制继电器吸合，燃油泵会工作几秒以建立起压力为起动做准备；在起动后会连续运转，且工作时燃油泵的流量固定不变；发动机意外停机后，ECM会断开燃油泵继电器停止供油。

图4-28 马鞍型燃油箱

部分缸外喷射系统的有刷两线燃油泵由燃油泵控制模块实现按需的流量闭环控制，如图4-29所示。

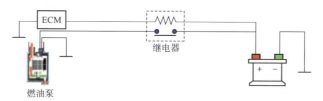

图4-29 继电器控制的油路

2. 管路布置类型

燃料供给系统将燃油送给发动机，根据燃油是否再从发动机流回燃油箱的管路布置特点，可分为有回油管式和无回油管式两种类型。

（1）有回油管式：燃油流到发动机后，经燃油压力调节器让部分燃油再流

91

回燃油箱，仅缸外喷射发动机使用这种管路布置，如图4-30所示。

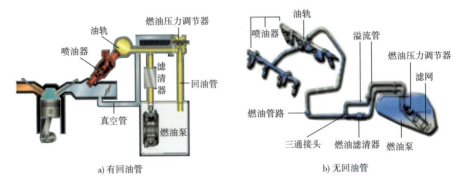

图 4-30　有、无回油管示意图

（2）无回油管式：燃油流到发动机后不再流回燃油箱，这可以大大减少燃油蒸气的产生；缸内喷射和部分缸外喷射发动机使用这种管路布置。

3. 油轨

油轨将汽油均匀地、等压地输送给各缸喷油器。承受压力较小，管壁较薄；油轨上常设计有测试口，利于维修时测试；集成有脉动阻尼器以衰减燃油压力的波动，如图4-31所示。

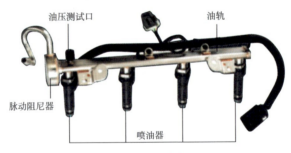

图 4-31　油轨总成

4. 燃油压力调节器

燃油压力调节器将供给到发动机的燃油根据进气歧管的压力，调节部分燃油回流燃油箱，以保持喷油器的燃油压力与进气歧管内的压力差相对稳定不变。燃油压力调节器仅在有回油管的发动机使用，常安装在油轨处；上部连接有真空管，还连接有进油管和回油管。工作原理：系统燃油压力F_3、进气歧管绝对压力F_2和内部弹簧力F_1均施加到膜片阀上，膜片阀在三个力的共同作用下开启或关闭，直接控制回油通道调节燃油压力，如图4-32所示。

第四章 燃料供给系统故障引起排放超标的维修

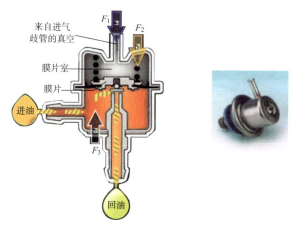

图 4-32 燃油压力调节器示意图

5. 喷油器

喷油器将一定压力的燃油喷到进气歧管内或进气门后方，并形成良好的雾化效果。喷油器安装在油轨上，头部连接油轨，底部插入进气歧管。大部分发动机每个汽缸只有一个喷油器，但也有发动机每个汽缸安装有两个喷油器。喷油器内部主要有滤网、电气连接器、电磁线圈、针阀等；针阀前部的喷孔可以进一步雾化汽油，改善发动机的燃烧效果。为提高雾化效果，喷孔设计成多个细孔，如图4-33所示。

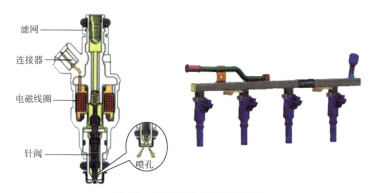

图 4-33 低压喷油器内部结构示意图

（二）喷油器控制

缸外喷射喷油器的搭铁端子由发动机ECM控制内部搭铁，让电磁阀线圈通电形成磁场力，电源有主继电器提供；当磁场力上升到足以克服所有针阀的受力

93

汽车排放污染治理维修技术

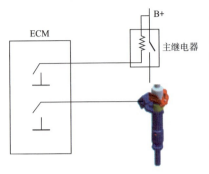

图 4-34 低压喷油器控制结构

时，针阀开始升起，喷油过程开始；当喷油器断电时，复位弹簧的弹力使针阀落座重新密封喷孔，喷油停止，如图4-34所示。

二、缸外喷射系统的控制

缸外喷射燃料供给系统同样根据发动机工况需要喷射定量的汽油，形成一定空燃比的混合气进入汽缸。而喷油器喷油量取决于燃油压力和喷油脉宽两大要素，如图4-35所示。

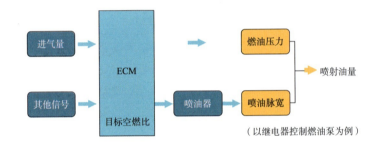

图 4-35 喷油量控制示意图

1. 喷油量控制

（1）有回油管。在有回油管的燃料供给系统，为了得到精确的喷油量，由真空控制的燃油压力调节器，能使系统燃油压力与进气歧管绝对压力的压差保持不变。进气歧管绝对压力越小，回流量越大，系统油压越低，喷油器的喷油压差不变；进气歧管绝对压力越大，回流量越小，系统油压越高，喷油器的喷油压差不变；系统燃油压力保持在250kPa左右变化。

（2）无回油管。在无回油管燃料供给系统其实也有一个安装在燃油泵总成上的燃油压力调节器，由于没有引入发动机真空，仅通过油压自行调节，泵出的燃油经压力调节器后压力稳定在280~400kPa之间的某个状态。

无回油管系统由于油压基本稳定，同时ECM通过MAP监测进气歧管压力来修正喷油时间以保证精确的喷油量。

目前大部分车辆采用无回油管式燃料供给系统，而且部分装配燃油泵控制模块的车辆上，通过占空比控制燃油泵转速，同时，有压力传感器进行反馈，实现电子燃油压力的闭环控制。

第四章　燃料供给系统故障引起排放超标的维修

2. 喷油脉宽控制

同缸内喷射类似，发动机控制模块（ECM）需要进气量和各种工况信号来综合计算期望的喷油量。再根据期望的喷油量得出最终喷油脉宽，即喷油器开启时间。

对于有回油管的系统，由于喷油压差相对稳定，可以直接对应得出喷油脉宽；对于无回油管系统，ECM根据MAP监测到的进气歧管绝对压力，进一步修正获得喷油脉宽。

3. 喷油正时控制

当前缸外喷射发动机均采用多点、顺序方式喷射汽油，曲轴每转两圈每缸按顺序直喷一次油。有些发动机每缸装配的两个喷油器同时喷油，各喷射一半的燃油。喷油正时由ECM通过控制喷油器电磁线圈搭铁的时间点来实现。

一般在排气行程快结束时进行喷油，此时进气门还处于关闭状态，汽油可进一步受热雾化，同时也冷却了节气门。为判定"1"缸进气行程、确定喷油顺序，系统除了使用曲轴位置传感器外，还需要凸轮轴位置传感器。

有些发动机在冷起动时，所有缸喷油器会同时喷油一次，加浓利于起动；急收油门减速时，喷油器可能会停止喷油一段时间，以节能减排。有些断缸控制的发动机也会暂时停止某些缸的喷油器工作，以节能减排，如图4-36所示。

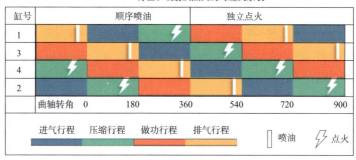

图4-36　喷油正时控制示意图

三、缸外喷射的检测与维修

缸外喷射燃料供给系统发生故障同样会导致无法起动、起动困难、动力不足、油耗过大或排放超标等故障现象，在进行系统维修前先执行系统维护和初步检查。在完成相应的初步检查后，根据需要展开系统检测。常见的系统检测有使用诊断仪分析数据流、使用诊断仪驱动检测、系统压力测试、使用万用表检测燃油泵及线路、使用专用工具检测喷油器、油品检测，如图4-37所示。

图4-37　检测燃料供给系统的专用工具

（一）使用诊断仪分析数据流

使用诊断仪读取ECM内燃料供给系统相关数据流，并与标准值、正常车辆值或经验值进行对比分析，可以判断燃料供给系统的数据流是否正常。其中重要的数据流项目如图4-38所示。

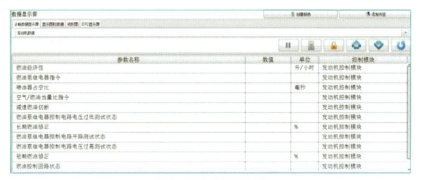

图4-38　诊断仪显示的数据流

（二）使用诊断仪驱动测试

使用诊断仪还可以直接驱动执行器执行相关性能测试，其中重要的驱动测试有：燃油泵继电器和喷油器平衡。

（1）燃油泵继电器：驱动燃油泵工作，以检测继电器、线路和燃油泵等是否正常。也可以建立燃油压力，用于配合压力表检测等。

（2）喷油器平衡：安装适配器及燃油压力表，用诊断仪驱动喷油器接通，以检测各缸喷油器开启后的燃油压力降低差异情况，进而分析喷油器是否泄漏或堵塞等。

（三）使用压力表检测压力

缸外喷射系统燃油压力低且设有油压测试口，更便于进行压力测试。在进行

第四章 燃料供给系统故障引起排放超标的维修

压力测试前,应完成系统部件的目视检查,以确认无明显损坏和泄漏。再安装燃油压力表及适配器执行以下压力检测:

(1)静态油压测试。发动机熄火,打开点火开关,在燃油泵工作时通过燃油压力表观察燃油压力表值,以检测系统压力是否过低。

(2)残压检测。在发动机怠速运转中,读取燃料供给系统油压,然后将发动机熄火,并等待20min后,燃料供给系统油压应保持在140kPa以上(单点喷射系统没有残压)。如果无法保持残压时,再将发动机起动后,建立油压后熄火,然后将回油管夹住后,即能保持正常残压,表示油压调节器泄漏;如果夹住进油管时,才能保持正常残压,则表示汽油泵内泄漏;如果同时夹住进油管及回油管仍无法保持残压,则表示喷油器漏油。

判断哪一缸喷油器泄漏的方法:将发动机加速,并保持在1500r/min以上2~3min,然后熄火,并拆下火花塞观察,如果在陶瓷体表面有一边黑、一边白褐色,则表示该缸喷油嘴漏油。

(3)动态油压检测。在车辆行驶中加速、巡航或转向时,观察燃油压力表值,以检测系统是否在此工况出现意外燃油压力下降,如图4-39所示。

(4)油密测试。是判断喷油器是否滴油的测试,拆下分油管,喷油器保持在上面,当建立燃料供给系统油压保持在供油压力以上(不发动),观看喷油器,在1min内不得有滴油现象。

(5)最大油压。在发动机怠速运转中,将回油管夹住时燃料供给系统的油压应在供油压力2~3倍。

图4-39 燃油压力动态检测

通过以上压力检测发现异常后,需要进一步检查具体管路或部件原因。例如,当系统因泄漏燃油压力下降时,可使用EN37287切断适配器对管路进行分区检测,以确定具体泄漏部件。

(四)使用万用表检测燃油泵及线路

可以使用万用表的电阻挡直接测量有刷两线电动机的电阻值(电阻值一般为1~2Ω),以判断燃油泵内部短路或断路(如碳刷磨损)故障。可以使用万用表的电流挡测量继电器控制的有刷两线电动机运转时的工作电流(工作电流一般为

3.5~5.5A），以确定燃油泵工作情况，电流的大小也能反映管路是否堵塞或泄漏。

1. 燃油泵继电器电路故障分析

燃油泵不动作，除了燃油泵电动机搭铁不良，或是电动机断路泵内部不良外，因其电源供应电路，是由燃油泵继电器执行，因此，应检测燃油泵继电器。燃油泵继电器故障，可分为继电器不动作及动作效果不良两种。

（1）继电器不动作：继电器不执行动作，首先应检测有无电源供应，即继电器线圈有无电源，例如点火开关 OFF 等。其次检测继电器线圈有无断路，再者检查有无转速信号，以及控制继电器线圈的功率三极管。

（2）继电器动作不良：继电器动作不良，分为蓄电池电源转送不良和继电器控制信号不良两部分。如蓄电池电源易熔丝产生阻抗，继电器白金接点积炭、腐蚀；或有杂讯干扰，或是功率三极管的偏压电路不良等。

2. 燃油泵继电器电路检测

1）燃油泵耗电量检测

燃油泵电动机的最大耗电量，通常都在7A以下，其耗电量过大，表示燃油泵电动机有短路或黏滞、阻塞现象，非但输送燃油压力不良，同时增加继电器白金接点的负载，以致继电器损坏。燃油泵耗电量检测：点火开关OFF；拆下燃油泵电动机电源线接头；串联电流表检测；起动发动机，并观察所消耗的电流，最大不得超过7A。记下上述测量方式的电流值后，将点火开关OFF；再以蓄电池电源串联电流表，检测燃油泵电动机电量，也不得超过7A以上的耗电量；若蓄电池电源供电测量的电流，大于继电器转送的电流，表示继电器白金接点已有不良。

2）继电器动作检测

检测燃油泵继电器的动作前，应先确认继电器线圈电阻是否在50~100Ω规定内。若有短路或断路时，则予以更换。检测继电器动作的方法如下：点火开关ON；以电压表测量继电器线圈的电源端，其与搭铁的电压，应与蓄电池电压12V相同；若测试无电压数值，则须检查点火开关或发动机系统电源继电器有无正常供电；再测量继电器线圈控制端，其电压应在12V。起动起动机时，其电压应变为0.2~0.7V，表示发动机ECM的功率三极管已正常动作；若是电压仍维持蓄电池电压，继电器则未动作，应检查转速信号是否正常；确认有无转速信号输入发动机ECM，而燃油泵继电器仍未动作，表示需要检测功率三极管。

（五）使用专用工具检测喷油器

部分缸外喷射的发动机可采用专用工具测试仪及万用表等，对喷油器进行平

第四章　燃料供给系统故障引起排放超标的维修

衡测试、线圈电压和电阻测试。常见的测试如下：

（1）平衡测试。配合燃油压力表，记录测试仪，驱动各缸喷油器。记录接通前后燃油压力值，并分析前后压力降低范围。用于对比判断具体哪缸存在泄漏或堵塞现象。

（2）线圈电压测试。使用万用表电压挡，配合测试仪接通各喷油器时，记录万用表上相应电压值，与标准值对比来判断喷油器是否正常。

（3）线圈电阻测试。使用万用表电阻挡，配合测量并记录各缸喷油器在相应温度下的电阻值，并计算平均值，然后找到与平均值偏差最大的喷油器，故障就出现在这个喷油器上。

（4）喷油嘴电路检测：

①检测喷油嘴的动作时，应使用万用表或示波器、频率微分表测量，千万不可以让喷油嘴的电源端和控制端触碰，以避免造成控制喷油嘴的功率三极管损坏。

②拆下喷油嘴导线之前，应将点火开关 OFF，以免不慎伤及发动机ECM内部的功率三极管。

第四节　燃料供给系统引起的排放超标故障维修

一、混合气过浓/过稀的维修

空气—燃油混合比在12∶1左右的比例是浓混合气；而在17∶1的比例时是稀混合气。空燃比以质量计算，不是以体积计算。重要的是必须按空气的质量配送燃油。所以要用质量计量而不用体积是因为空气密度随温度和大气压力变化。比较两份相同体积的空气时可知，密度大的比密度小的重。因此，为了确定要供给多少燃油必须测量空气质量。

（一）空气—燃油混合气

为保证正常运行，点燃式发动机需要一定的空燃比。理论上完全燃烧的空燃比为14.7∶1，也称为化学当量比，即完全燃烧1kg汽油需要约14.7kg的空气，或用体积比表示为1L燃油完全燃烧需要8500~9500L空气。

空燃比也对排放后处理系统的效率具有决定性的影响。三元催化转化器代表着这一先进技术。为了达到最大的效率需要在理论空燃比工况工作。该三元催化转化器有助于减少有害排放成分达98%以上。某些工况需要对空燃比进行校正，如当发动机在冷态时必须对混合气适当加浓。为使发动机在宽广的运行范围内平稳运转，必须满足下面三个基本要素，也称汽油发动机的三要素：良好的空气—燃油混合气；很高的压缩压力；正确的点火正时及强烈的火花。

汽油被汽化并与空气充分地混合，以便汽油完全燃烧。汽车在各种工况下使用，发动机运转工况改变，也要求空气—燃油混合气随之变化。这种变化常在下列情况下发生：当空气温度从高变低时；行驶从平坦的路面变为陡峭的坡路等发动机重负荷运转工况；发动机在车辆加速时从怠速到高速的转速变化。

（二）混合气的形成系统

燃油喷射系统的功能在于供给尽可能适合发动机相应工况的可燃混合气。喷射系统，特别是电子系统能较好地将混合气成分保持在规定的很窄的限制范围内。这有利于燃油消耗、驾驶性能和功率输出。

1. 外部形成混合气

外部形成混合气是传统汽油发动机采用的标准方式。在进气门前将燃油喷入进气管内。开始喷射时进气门还处于关闭状态。汽油空气混合气一起吸入汽缸，随即进行压缩。此时有充足的时间进行充分混合，从而形成均匀混合气。

2. 内部形成混合气

现代直喷汽油发动机和所有柴油发动机都采用内部形成混合气方式。在此将燃油直接喷入汽缸内。根据具体喷射时刻，燃油和空气在燃烧室内形成均匀混合气；如果时间不够则形成不均匀混合气。

（三）混合气形成的部件

混合气形成部件的主要任务是承担系统所需的混合气制备。在进气管燃油喷射系统中，混合气形成主要由喷油嘴承担，而汽油直接喷射系统中则由高压喷油，有时还有充量运动的挡板承担。

（1）均匀混合气。整个燃烧室内的混合气成分相同。为此需要充足时间使汽油和空气均匀混合。可以通过在进气过程中提前向进气管内喷射燃油实现这一目的。

（2）不均匀混合气。燃烧室内的混合气成分不同（分层进气）。通过在压缩行程中延迟向汽缸直接喷射燃油实现这一目的。但是为了确保准确点火，火花塞区域的混合气混合比必须为λ=1。而边缘区域的混合气较稀。

(四) 过量空气系数λ

采用过量空气系数λ来表示实际的空燃比与理论空燃比（14.7∶1）差异程度。λ为发动机供给空气质量与理论完全燃烧的空气质量之比。λ=1为发动机供给空气质量与化学当量混合气完全燃烧的空气质量相当。λ<1为空气不足，形成浓的混合气。在λ为0.85~0.95时发动机发出最大输出功率。λ>1为在此范围内具有过量空气或称稀混合气。在该过量空气系数时燃油消耗减少，但发动机功率降低。λ能达到的最大值即"稀燃极限"，它主要取决于发动机设计和所采用的混合气制备系统。在稀燃极限时混合气不再能点着，燃烧失火，运转极不平稳。

进气管喷射的点燃式发动机在相同功率、在过量空气为20%~50%（λ=1.2~1.5）的情况下达到最低的燃油消耗率。

图4-40和图4-41为典型的进气管喷射的发动机功率输出、燃油消耗率和污染物形成与过量空气系数的依赖关系。从图中可以看出没有一个理想的过量空气系数能保证所有的要求达到最佳值。对于进气管喷射发动机，已证明λ=0.9~1.1可在"最佳"的功率输出情况下有效地实现"最佳"的燃油消耗。

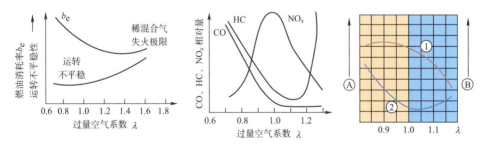

图4-40　过量空气系数与排放污染物的关系
A- 发动机功率；B- 耗油量；1- 发动机功率；2- 耗油量

直接喷射和层状充气的发展具有不同的燃烧条件，使得稀燃极限极大提高。

为了三元催化转化器的运行，发动机在正常的温度工况下准确地保持过量空气系数为1是绝对必要的。为此，必须准确地确定吸入的空气量和准确地计量供给的燃油质量。为了优化目前常用的进气管喷射发动机的燃烧，不仅要有准确地喷射燃油量，而且应达到均匀的可燃混合气。

这就必须达到有效的燃油雾化。如这一前提条件不能满足，大的油滴将沉淀在进气管或燃烧室壁上。这些大的油滴不能完全燃烧，导致碳氢化合物（HC）排放增加。

（五）混合气过浓过稀的危害及维修

1. 混合气过浓的原因及危害

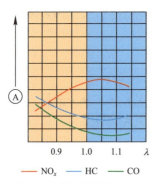

图 4-41 三种有害气体与过量空气系数的关系

A- 污染物排放量；NO_x- 氮氧化物；HC- 碳氢化合物；CO- 一氧化碳

混合气过浓时，由于燃烧不完全，使汽缸中产生大量的一氧化碳和炭颗粒。造成燃烧室、活塞顶、进排气门和火花塞积炭，排气管冒黑烟、排放污染超标。废气中一氧化碳还会在排气管中被高温的废气引燃，产生排气管"放炮"现象。另外，由于这种混合气燃烧速度较低，有效功率也将减少，使摩擦部件的润滑性能得不到可靠保证。

混合气过浓会对发动机的怠速性能产生较大影响，其表现在怠速转速极不稳定，甚至严重时无怠速，直到发动机熄火。这时拆下火花塞会发现电极为黑色，证明此时的混合气即为浓混合气。

2. 混合气过稀的原因及危害

混合气过稀时，燃料的燃烧速度降低，有一部分混合气的燃烧会在活塞向下止点移动时进行。严重时燃烧过程甚至会推迟到下一个循环的进气行程开始以后，使残存在汽缸中的火焰由开着的进气门将进气管腔内的混合气点燃，形成回火。这部分混合气燃烧不但放出的热量中变为机械功的相对减少，而通过汽缸壁传给冷却液或散热片散失的热量却相对增加。因此，过稀的混合气会造成发动机过热，输出功率下降。混合气过稀会使发动机怠速转速偏高，加速收油门时，发动机转速在短时间内难以降到怠速转速。这时拆下火花塞，会发现电极为白色，即表示可燃混合气过稀。

3. 混合气过浓的维修

混合气过浓的维修见表4-3。

混合气过浓的原因及维修方法　　　　表4-3

产生混合气过浓的现象的原因	维 修 方 法
压缩性差	检测发动机压缩性，需要时进行发动机维修
点火系统故障	利用示波器进行诊断，必要时修理或更换元件
燃油泵压力过高	检测燃油泵压力，必要时修理
进气道绝对压力传感器故障	获取诊断故障码，按需要检查更换传感器
发动机冷却液温度传感器故障	检查传感器和连接导线，必要时修理或更换

第四章 燃料供给系统故障引起排放超标的维修

续上表

产生混合气过浓的现象的原因	维 修 方 法
冷却液液面过低	检测冷却液,需要时补偿
进气温度传感器故障	检查传感器及导线连接,需要时修理或更换
点火提前角不标准	检测点火提前角,确认是否动力系统控制组件故障,必要时修理或更换
发动机热时,空气逆流到排气口	检测空气泵系统,根据元件的需要修理或更换
喷油器故障	诊断、检测、清洗或更换喷油器

4. 混合气过稀的维修

混合气过稀的故障原因及修理见表4-4。

混合气过稀的故障原因及修理　　　表4-4

产生混合气过稀的现象的原因	维 修 方 法
燃油泵压力低、燃油滤清器、燃油压力调节器故障	检查燃油泵压力,必要时更换元件
真空泄漏	检查进气真空泄漏,需要时修理
喷油器脏	诊断、检查、清洗或更换喷油器

二、燃油压力调节器故障的维修

燃油压力调节器是一个膜片减压阀。一侧是燃油泵压力,另一侧是歧管压力。燃油压力调节器的功能是将燃油喷油器的供油压力保持在大气压力的3倍,并根据发动机的负荷进行调整。燃油压力调节器连接在燃油分配油道燃油回油侧,可以单独维修,如果燃油压力过低会导致性能恶化,如果压力过高可导致气味过大和设置诊断故障代码,并使发动机动力下降,排放指标。燃油压力调节器分为有回油管和无回油管两种。

(一) 有回油管的燃料供给系统

在有回油管的燃料供给系统,由于进气歧管内真空度是随发动机工况变化而变化,即使喷油信号的持续时间和喷油压力保持不变,工况变化时喷油量也会发生少量的变化,为了得到精确的喷油量,在油轨末端安装一个由真空控制的燃油压力调节器,压力调节器能使系统燃油压力与进气歧管绝对压力的压差保持不变。

1. 有回油管系统的燃油压力调节器内部结构

有回油管系统的燃油压力调节器内部通过一个膜片把真空和燃油隔离开,

103

已调校弹簧的预紧力和从进气歧管引入的压力作用于膜片上部。多余的燃油可通过膜片控制的阀门回流到油箱，回流量越大系统油压越低，回流量越小系统油压越高。

2. 有回油管系统的燃油压力调节器工作原理

如图4-42所示，膜片上有三个作用力：F_1进气歧管绝对压力；F_2弹簧力；F_3系统燃油压力。因为弹簧预紧力经过调校，在工作行程内预紧力几乎不变化，如果F_3大于F_1与F_2的合力时，阀门被顶开，系统油压就会下降，反之，阀门被关闭，系统油压就会升高。所以系统燃油压力与进气歧管绝对压力的压差就保持了恒定。

有回油管的燃料供给系统有一根真空管从进气歧管连接到调节器上，发动机在不同的工况下，引入调节器的真空对系统的燃油压力进行调节。

怠速：怠速时由于进气歧管内真空度较大，膜片上移，阀门开度增加，则流回油箱的燃油更多，系统燃油压力降低。

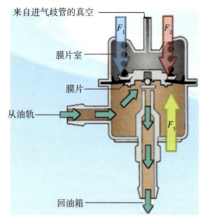

图 4-42　燃油压力调节器工作压力图

大负荷：加速或全负荷时，进气歧管内真空度较低，膜片下移，阀门开度减小，则流回油箱的燃油减少，系统燃油压力增高。

（二）无回油管燃料供给系统的压力调节器

在无回油管燃料供给系统也有一个安装在油箱内部的燃油压力调节器，由于没有引入发动机真空，所以泵出的燃油经压力调节器后压力稳定在380~410kPa。无回油管系统由于油压恒定，ECM通过MAP监测进气歧管压力来修正喷油时间以保证精确的喷油量。

（三）缸内喷射SIDI燃油压力调节电磁阀

燃油压力调节电磁阀集成在高压油泵上，此电磁阀根据ECM的脉宽调制信号将油轨压力控制到需要的范围。若控制电路开路，电磁阀将在弹簧的作用下处于打开状态，系统为低压模式。燃油压力调节电磁阀发生故障时，发动机控制模块会设置相应的故障码。

第四章 燃料供给系统故障引起排放超标的维修

（四）燃料供给系统的压力调节器的故障维修

1. 燃油压力调节器的清洗

在拆卸喷油器和燃油压力调节器之前，先用喷雾式清洗器清洗燃油分配管；从燃油分配管上取下喷油器；用卡环钳从燃油压力调节器的孔内取出卡簧。记住真空管接头在压力调节器上的原来的方向位置，从燃油分配管上取下燃油压力调节器；用干净的抹布清洗所有的零件。注意：不要损坏燃油分配管上的开孔和喷油器的顶端；检查所有喷油器和压力调节器在燃油分配管上的开孔是否有毛刺和损伤。注意：不要把燃油分配管、喷油器和压力调节器浸在任何清洗剂里，否则会损坏和污染这些零件。

2. 燃油压力调节器的故障维修

燃油压力调节器可能的故障有：如果燃油压力调节器从发动机进气歧管获取真空的软管脱落，系统燃油压力会过高。维修方法：更换软管。如果调节器回油阀门卡滞，系统燃油压力会过低或过高；在特殊情况下，如果膜片破裂，燃油可能直接被吸入进气歧管。维修方法：更换膜片或总成。

1. 燃料供给系统按照喷射汽油位置的不同，分为哪几种？
2. 在实际运行中，燃料供给系统的三种混合气各是什么？
3. 燃油喷射系统的控制方式有哪几种？
4. 燃油压力测试分为哪几种？
5. 燃油压力调节器回路堵死，会出现什么现象？

第五章

点火系统故障引起排放超标的维修

点火系统常见的故障是要么点火过早,要么点火过迟。无论点火早还是点火迟都会造成排放污染物HC的排放值过高。造成点火系统故障的原因主要有:不能正常点火,发动机缺火,点火正时不当,点火初级电路故障,如点火线圈、导线;点火次级电路故障,如缸线、火花塞等。点火系统故障是引起HC排放超标的"罪魁祸首"。维修技术人员掌握这些故障原因,对维修治理排放超标车辆将会达到事半功倍的效果。

第一节　点火系统概况

一、点火系统的作用

点火系统的作用是产生足够高的电压,点燃空气和燃油的混合气,使其能够完全燃烧。点火系统是发动机六大系统之一,点火系统的性能不但影响发动机的动力性、经济性和排放性,还是发动机能否正常工作的重要因素。点火系统的三个主要功能:

(1)产生火花。点火系必须能够产生足以点燃空燃混合气的高压电,并维持满足完全燃烧所需要的燃烧时间。

(2)控制点火正时。点火系必须能够随发动机转速和负荷的变化以及特殊工况的需求改变点火时刻。

(3)分配火花。点火系必须在压缩行程的适当时刻向正确的汽缸输送火花,以便开始燃烧过程。

第五章　点火系统故障引起排放超标的维修

二、点火系统的类型

点火系统根据其结构特点主要有以下两种类型：分组式点火系统（CSI）和独立点火系统（CNP/COP）。

分组点火系统（CSI）：CSI是Compression Sense Ignition的英文缩写。CSI式点火系统也称废火点火系统和同时点火系统，主要应用于早期车型中。

独立式点火系统又分为CNP（Coil near Plug）式点火系统和COP（Coil on Plug）式点火系统。CNP式点火系统的点火线圈与火花塞之间采取分离布置，即火花塞和点火线圈仍使用缸线传递能量。主要使用于通用车系中。

COP式点火系统的典型特征是每缸都有一个独立的点火线圈，且点火线圈和火花塞之间取消了缸线。COP式点火系统是目前最常用的点火系统，如图5-1所示。

图 5-1　点火系统的类型

三、点火系统的工作过程

点火系统利用蓄电池的低压电，给初级绕组充电，在初级绕组中通过磁感应原理，将电能转换成磁能。发动机控制模块或点火控制模块根据传感器信号控制点火能量和最佳的点火时间。在次级绕组中又将磁能转换成高压电能，并将高压电通过火花塞引入汽缸，击穿电极间隙，产生的火花引燃汽缸内的混合气，使发动机运转，如图5-2所示。

四、点火系统的组成

参与点火控制的传感器和执行器很多，但主要的传感器和执行器有曲轴位

107

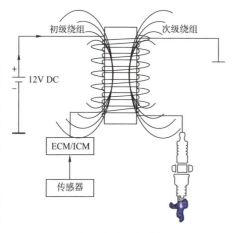

图 5-2 点火线圈的工作原理

置传感器（CKP）、凸轮轴位置传感器（CMP）、爆燃传感器（KS）和其他传感器。主要的执行器有点火线圈和火花塞。在当前车型中，发动机控制模块（ECM）是点火系统的主控模块，发动机控制模块根据传感器输入信号，确定点火能量的大小和最佳的点火时刻，使发动机达到最佳的工作状态。本章将介绍点火系统最重要的传感器和执行器，即曲轴位置传感器、凸轮轴位置传感器、爆燃传感器；点火线圈和火花塞，如图5-3所示。

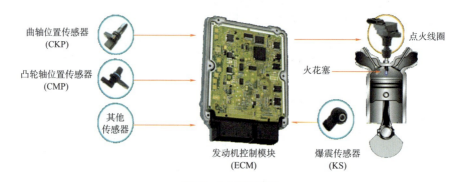

图 5-3 点火系统的组成

第二节　点火系统的传感器

一、曲轴位置传感器

如图5-4所示，曲轴位置（CKP）传感器1属于可变磁脉冲发生器（仅以此为例）传感器。该传感器带有磁铁和感应线圈，与曲轴3上连接的58齿铁磁质变磁阻转子2配合工作。当曲轴转动时，变磁阻转子便经过曲轴位置传感器，从而使传感器内的磁场产生变化。这使感应线圈产生交流电压，然后该电压由发动机控制模块进行处理。当发动机转速增加时，该输出的电压和频率也随之增

第五章　点火系统故障引起排放超标的维修

加。变磁阻转子上的齿彼此间隔6°。由于只有58个齿,因此留下一个12°的空白区,能产生特征图形,使发动机控制模块(ECM)可确定曲轴的位置。发动机控制模块(ECM)根据曲轴位置传感器信号确定哪两个汽缸正在接近上止点。发动机控制模块(ECM)利用凸轮轴位置(CMP)传感器信号确定哪个汽缸处于点火行程。

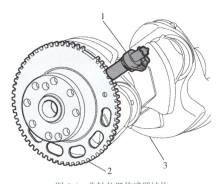

图 5-4　曲轴位置传感器结构
1- 曲轴位置传感器；2- 传感器检测轮；3- 曲轴

1. 曲轴位置传感器的作用

曲轴位置传感器监测曲轴的转速和转角,用以确定发动机最佳的点火和喷油时间,同时,还可以用于发动机的失火监测等。曲轴位置传感器一般安装在发动机后端靠近飞轮盘的缸体上或传感器支架上,如图5-5所示。

图 5-5　曲轴位置传感器安装位置

类型：常见的曲轴位置传感器根据其工作原理可分为三种类型,见表5-1。

曲轴位置传感器的类型　　表5-1

类　　型	工作原理	输出信号特点	工作电源
磁电式	电磁感应	正弦交流	不需要
霍尔式	霍尔效应	直流方波	需要
磁阻式	磁阻效应(AMR)	直流方波	需要

目前发动机上最常用的曲轴位置传感器为霍尔式曲轴位置传感器,本节将以霍尔式传感器为例进行介绍,如图5-6所示。

信号盘：信号盘一般为铁制圆盘,信号盘由58个齿和一个参考间隙组成,每个齿相隔6°,参考间隙设计为12°。

109

汽车排放污染治理维修技术

2. 曲轴位置传感器的工作原理

图5-6 曲轴位置传感器

当信号齿靠近传感器时，霍尔传感器元件上磁场增强，传感器输出高压脉冲，当信号齿离去时，霍尔元件上的磁场强度减弱，传感器输出低压脉冲，ECM根据高低压脉冲变化的频率计算曲轴转速，根据参考信号间隙信号确定曲轴转角。霍尔式曲轴位置传感器的信号波形为0~5V方波信号，如图5-7所示。

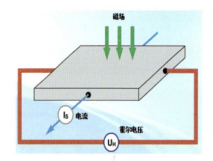 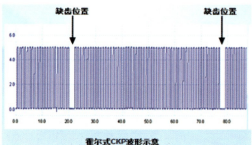

图5-7 霍尔式曲轴位置传感器波形图

曲轴位置传感器的线路特点：霍尔式曲轴位置传感器一般为三线式传感器，每个线路端子的作用如图5-8所示。值得注意的是：不同发动机上的传感器线路端子名称可能不同，请以实际为准。

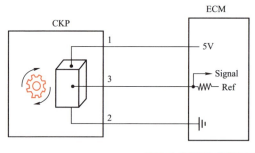

线路端子号	名称	作用
1号	电源线	ECM提供5V电源
2号	低参考线	ECM内部搭铁
3号	信号线	输出信号到ECM

图5-8 曲轴位置传感器电路及端子图

3. 曲轴位置传感器故障检查与维修

1）故障现象

曲轴位置传感器，是发动机系统最重要传感器之一。当传感器出现故障时，可能会出现以下故障现象：发动机熄火、车辆无法起动、发动机抖动、发动机故

第五章　点火系统故障引起排放超标的维修

障灯点亮、仪表无发动机转速信号、加速无力等。

2）外观检查

曲轴位置传感器和信号盘的检查项目和标准见表5-2。

曲轴位置传感器的外观检查　　　　表5-2

检查项目	检查标准
检查传感器及相关线路	传感器、线路无损坏
检查传感器安装间隙	间隙正常（具体见维修手册）
检查传感器和信号盘之间	无铁屑、杂质、异物等
检查信号盘	无损坏、无偏斜、无变形等
检查信号齿	无缺齿、无损坏、无变形等

3）数据流检测

在对曲轴位置传感器检测时，可以使用诊断仪进行数据检测，使用诊断仪查看"曲轴位置激活计数"参数，当起动发动机时，正常的车辆该参数应该增加，如果该数据不增加，或变化不稳，说明曲轴位置传感器或相关线路有故障。应该注意的是：不是所有品牌车型的数据流检查方法和操作步骤都一样，具体详见维修手册。

4）线路检测

使用万用表对曲轴位置传感器相关电路进行测量，具体的测量方法和判断标准如图5-9所示。

线路端子号	测试方法	正常值	故障值	可能原因
1号	点火开关"ON"，测量1号端子与搭铁之间的电压	4.8~5.2V	≤4.8或≥5.2V	线路故障或ECM模块故障
2号	点火开关"OFF"，测量2号端子与搭铁之间的电阻	<5Ω	≥5Ω	线路故障或ECM模块故障
3号	点火开关"ON"，测量3号端子与搭铁之间的电压	4.8~5.2V	≤4.8或≥5.2V	线路故障或ECM模块故障

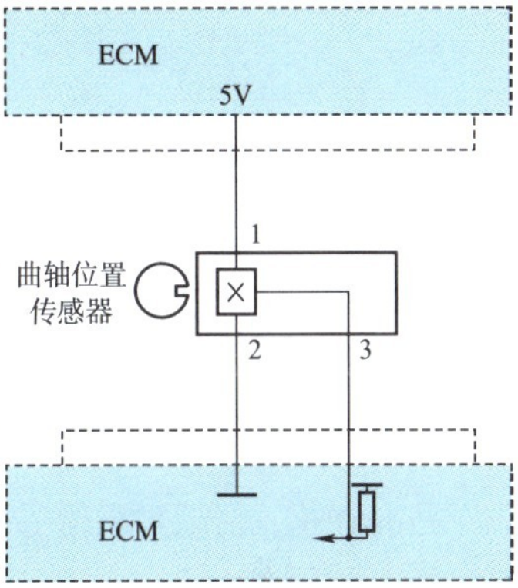

图5-9　曲轴位置传感器的测量方法和判断标准

5）曲轴位置偏差读入

曲轴位置偏差读入是用来计算由曲轴和曲轴位置传感器的微小偏差引起的基

准偏差。可使ECM精确补偿基准偏差，从而使ECM能在更宽的发动机转速和负荷范围内监测缺火事件，补偿值存储在发动机控制模块（ECM）存储器中。当出现以下维修后，需要执行曲轴偏差读入：更换发动机、更换发动机模块或更换曲轴、更换曲轴位置传感器、任何影响曲轴与曲轴位置传感器相对位置的修理。需要注意的是：不同车型的操作方法和步骤可能有所不同。

二、凸轮轴位置传感器

如图5-10所示，凸轮轴位置（CMP）传感器属于双霍尔效应传感器。传感器具有两个霍尔元件1，与凸轮轴上安装的双轨触发轮2协同工作。当触发轮上的轨3通过霍尔元件时，磁通变化使霍尔元件产生电压。传感器内部的集成电路调节霍尔元件产生的信号，向发动机控制模块（ECM）提供矩形波信号ON/OFF（通/断）。发动机控制模块（ECM）向凸轮轴位置（CMP）传感器提供5V参考电压电路和搭铁电路。

1.凸轮轴位置传感器的作用

监测凸轮轴的转速和位置，与曲轴位置传感器一起确定第一缸的压缩上止点位置，也用于发动机失火监控等。常用的凸轮轴位置传感器为霍尔式传感器。一般安装在汽缸盖的端部，前端或后端，如图5-11所示。

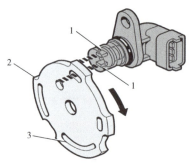

图5-10　凸轮轴位置传感器示意图
1- 霍尔元件；2- 触发轮；3- 触发轮上的轨

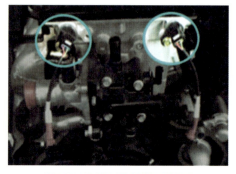

图5-11　凸轮轴位置传感器安装位置

凸轮轴位置传感器信号盘安装在凸轮轴上，信号盘上一般有4个形状、大小、各不相同信号齿。

2.凸轮轴位置传感器的工作原理

当信号齿靠近传感器时，霍尔元件上磁场增强，传感器输出高电压脉冲，当信号齿离去时，霍尔元件上磁场强度减弱，传感器输出低电压脉冲，ECM根据

第五章　点火系统故障引起排放超标的维修

高低压脉冲变化的频率计算凸轮轴转速，根据宽窄脉冲信号确定凸轮轴的位置。凸轮轴位置传感器的信号波形为0~5V方波信号，如图5-12所示。

图 5-12　凸轮轴位置传感器原理波形图

凸轮轴位置传感器一般为三线传感器，每个线路端子的含义和作用如图5-13所示。

应该注意的是：不同发动机凸轮轴位置传感器的线路端子名称可能不同，请具体以实际为准。

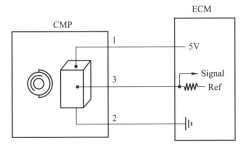

线路端子号	名称	作用
1号	电源线	ECM提供5V电源
2号	低参考线	ECM内部搭铁
3号	信号线	输出信号到ECM

图 5-13　凸轮轴位置传感器电路及端子图

3. 凸轮轴位置传感器的检查维修

1）故障现象

凸轮轴位置传感器是发动机系统最重要的传感器之一，当传感器出现故障时，可能会出现下列故障现象：发动机不易起动、发动机抖动、发动机故障灯点亮、加速无力等。

2）外观检查

凸轮轴位置传感器和信号盘检查的项目和标准见表5-3。

3）数据流检测

在对凸轮轴位置传感器检测时，可以使用诊断仪进行数据流检测，使用诊断仪查看"凸轮轴位置活动计数器"参数，当起动发动机时，正常车辆该数据参数应该增加，如果不增加或变化不稳定，说明传感器或相关线路有故障。值得注意的是：不是所有品牌车型的数据流检查方法和操作步骤都一样。

凸轮轴位置传感器外观检查　　　　　　　　　　　表5-3

检查项目	检查标准
检查传感器及相关线路	传感器、线路无损坏，走线合理
检查传感器安装间隙	间隙正常（具体车型详见手册）
检查传感器和信号盘之间	无铁屑、杂质、无变形，安装牢靠
检查信号盘	无损坏、无偏斜变形，安装可靠
检查信号齿	无缺齿、无损坏、无变形

4）线路检测

进、排气凸轮轴位置传感器的线路结构相似，可以参考图5-14所示的方法和标准，对相关电路进行测量。应该注意：不同发动机上传感器的线路端子名称可能不同。

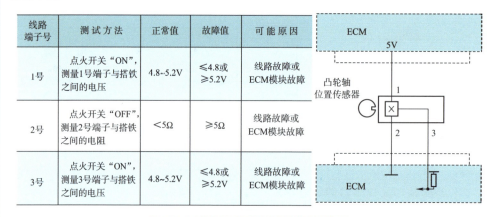

线路端子号	测试方法	正常值	故障值	可能原因
1号	点火开关"ON"，测量1号端子与搭铁之间的电压	4.8~5.2V	≤4.8或≥5.2V	线路故障或ECM模块故障
2号	点火开关"OFF"，测量2号端子与搭铁之间的电阻	<5Ω	≥5Ω	线路故障或ECM模块故障
3号	点火开关"ON"，测量3号端子与搭铁之间的电压	4.8~5.2V	≤4.8或≥5.2V	线路故障或ECM模块故障

图 5-14　凸轮轴位置传感器的测量方法和判断标准

三、爆震传感器

发动机控制模块（ECM）利用爆震传感器（KS）信号提供最佳点火正时，同时减小发动机爆燃。发动机控制模块（ECM）在汽缸2、4或6点火后45°内监视左侧（缸组2）传感器的电压，在汽缸1、3或5点火后45°内监视右侧（缸组1）传感器电压。如果任何汽缸发生爆燃，则该缸将延迟点火3°。如果爆燃停止，则点火角将以0.75°为单位逐步恢复到原来的值。如果点火延迟后爆燃继续

第五章　点火系统故障引起排放超标的维修

存在，则发动机控制模块（ECM）将每次增加点火延迟角3°，直到延迟角达到最大12.75°。在较高环境温度下，也会延迟点火，以避免进气温度较高可能产生的爆燃。当缸组1或缸组2传感器失效时，或者出现开路时，点火正时将被设置为默认方案，即点火延迟远远超过正常值。爆震传感器经调节可检测爆燃产生的振动频率。振动通过汽缸体1传送到爆震传感器。传感器内部有一个重块2受振动的激励，然后在压电陶瓷元件3上施加压力。压力使电荷在压电陶瓷元件内部移动，因此在压电陶瓷元件的两个外表面4之间出现交流电压。产生的交流电压值与爆震值成比例，如图5-15所示。

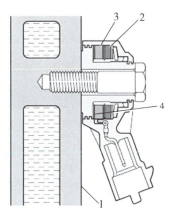

图5-15　爆震传感器示意图
1- 汽缸体；2- 重块；3- 压电陶瓷；4- 压电陶瓷表面

1. 爆震传感器的作用

爆震传感器将发动机的机械振动转换为电压信号提供给ECM，用于修正发动机的点火提前角，避免过强的振动对缸体、活塞等机械部件产生严重冲击。爆震传感器一般安装在发动机缸体侧壁上。根据发动机缸数、汽缸的排列形式、发动机型号的不同，一个发动机可能有一个或两个爆震传感器，如图5-16所示。

2. 爆震传感器工作原理

常见的爆震传感器为压电晶体式爆震传感器，传感器内部的压电晶体在受到机械振动时，会产生交流电压信号，ECM根据信号的振幅和频率判断发动机是否发生了爆燃，以及爆燃的程度。传感器信号波形如图5-17所示。爆震传感器的信号为交流电压信号。

图5-16　爆震传感器安装位置

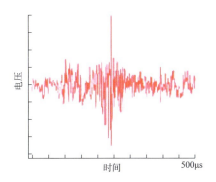

图5-17　爆震传感器信号波形图

爆震传感器是一个无源式传感器，常见传感器一般有2个端子，如图5-18所示。2个端子分别为信号端子、低参考端子，个别发动机上还有一个屏蔽线端子。不同发动机上传感器的线路端子名称可能不同。

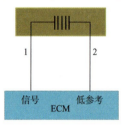

线路端子号	名称	作用
1号	信号线	向ECM提供爆燃信号
2号	低参考线	提供低电平信号参考

图5-18　爆震传感器电路端子

注意事项：由于爆震传感器内部有压电晶体，该压电晶体对压力非常敏感，所以在安装爆震传感器时，一定要按照维修手册的标准力矩紧固，如图5-19所示。过大或过小紧固力矩都有可能造成传感器输出信号异常，且不能使用螺纹密封胶和垫片进行安装。

图5-19　扭力扳手和禁止使用的部件

3. 爆震传感器的检测维修

1）故障现象

爆震传感器是发动机点火系统重要的反馈传感器。当传感器出现故障时，可能会出现的故障现象：发动机抖动、发动机有敲缸声、动力不足、油耗增加等。

2）外观检查

爆震传感器的检查项目和标准见表5-4。

爆震传感器外观检查项目　　　　　　　　　　表5-4

检查项目	检查标准
检查传感器及相关线路	传感器与线路插头无损坏，线束走线合理
检查传感器安装位置和方向	安装位置和方向正确
检查传感器安装力矩	力矩符合手册标准，一般为25N·m
检查传感器是否安装垫片	无垫片、无涂胶
检查传感器和发动机安装面	无毛刺、无飞边、无异物

第五章 点火系统故障引起排放超标的维修

3) 数据检测

在对爆震传感器检测时,发动机运转,可以使用诊断仪数据流功能检测爆震传感器数据,使用诊断仪查看"检查到汽缸爆燃"参数,当移动爆震传感器的相关线束和连接器时,确认故障诊断仪上参数是否稳定,软管不稳定,说明传感器线路或连接器接触不良,如果参数稳定,需要进行其他的电路检测。应该注意的是:不同车型的操作方法和步骤可能有所不同。

4) 线路检测

使用万用表,对爆震传感器相关电路进行测量,具体的测量方法和判断标准如图5-20所示。值得注意的是:不同发动机上爆震传感器的线路端子名称可能不同。

线路端子号	测试方法	正常值	故障值	可能原因
1号	点火开关"ON",测量1号端子与搭铁之间的电压	2~4V	≤2或≥4V	线路故障或ECM模块故障
2号	点火开关"ON",测量2号端子与搭铁之间的电压	1~2V	≤1或≥2V	线路故障或ECM模块故障

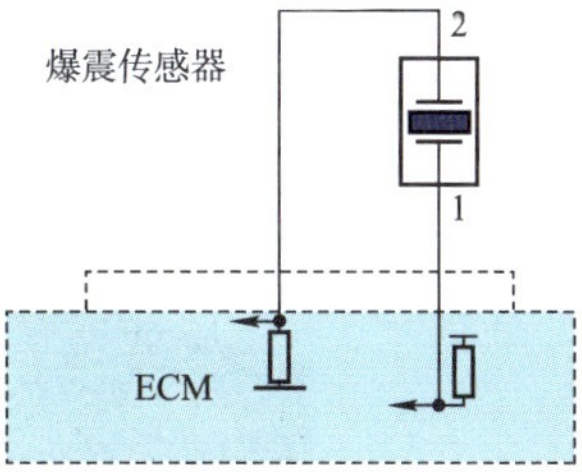

图5-20 爆震传感器的线路端子测量和判断标准

第三节 点火系统的执行器

一、点火线圈

1. 点火线圈作用

点火线圈的作用是将蓄电池低压电,转换成数万伏的高压电传递给火花塞。点火线圈一般安装发动机的顶部,火花塞的上方。目前最常见的点火线圈为COP式独立点火线圈,也称笔式点火线圈。COP式点火线圈有"单体式"和"整体式"两种类型。整体式COP点火线圈是将多个单体式COP点火线圈集成在一起,其内部结构和工作原理与单体式点火线圈相同,如图5-21所示。

2. 结构组成

点火线圈主要由控制电路、初级线圈绕组、次级线圈绕组、硅钢片、抗干扰电阻、弹簧、绝缘橡胶护套等部件组成。

a）单体式COP点火线圈

b）整体式COP点火线圈

图 5-21　点火线圈类型

3. 点火线圈工作原理

初级线圈绕组和次级线圈绕组都缠绕在硅钢片上，初级绕组的导线粗、匝数少，初级绕组的导线细、匝数多。在初级线圈闭合和断开的过程中，由于电磁感应和线圈互感作用在初级绕组中实现升压，可以将蓄电池电压升高到数万伏，如图5-22所示。

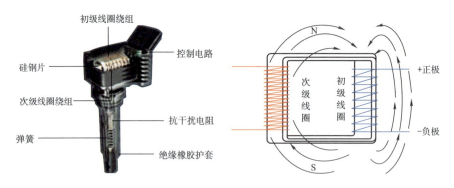

图 5-22　点火线圈工作原理示意图

常见点火线圈一般为四线式点火线圈，四根线分别是地线、低参考线、控制线和电源线。具体线路端子和作用如图5-23所示。应该注意的是：不同发动机上的线路端子名称可能不同。

4. 点火线圈的检测维修

1）故障现象

点火线圈是发动机点火系统的核心部件，当出现故障时，可能会出现的故障现象有：发动机抖动、动力不足、油耗增加、发动机故障灯点亮、尾气排放超标、发动机熄火或无法起动等。

2）外观检查

点火系统的所有诊断都应该从外观的目视检查开始。应该目视检查点火系

第五章 点火系统故障引起排放超标的维修

统是否有下列故障：高压线电缆连接断开、松动或损坏；低压导线连接断开、松动或太脏；线束传统松动或损坏；初级电路触发机构是否损坏；电子控制单元（ECM）安装不当。

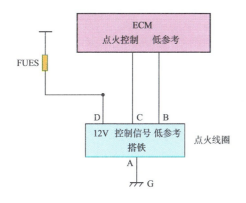

线路端子号	名称	作用
A号	地线	点火线圈搭铁线
B号	低参考线	模块内低参考线
C号	控制线	点火信号控制线
D号	电源线	12V供电线

图5-23 点火线圈电路特点示意图

当点火系统出现异常时，执行点火线圈的外观检查，检查项目和标准如图5-24所示。

检查项目	检查标准
检查点火线圈是否安装到位	确保点火线圈安装到位
检查固定螺栓是否紧固	力矩符合手册标准，例如LTG发动机线圈螺栓力矩：10N·m
检查点火线圈壳体	点火线圈无开裂、外观无变形
检查内部弹簧、抗干扰电阻	线圈内部弹簧、抗干扰电阻无损坏
检查绝缘层	外观无破损、无漏电

图5-24 点火线圈外观检查项目和判断标准

3）数据流检测

当点火线圈出现故障时，可以使用诊断仪，查看发动机"不点火图形"数据，查看"当前缺火计数器"数据，确认哪个或哪些汽缸点火有故障。值得注意的是：不同发动机上的线路端子名称可能不同，必须以实车为准。

4）线路检测

在对点火线圈线路检测时，可以参考图5-25所示方法和标准对点火线圈电路进行测量。

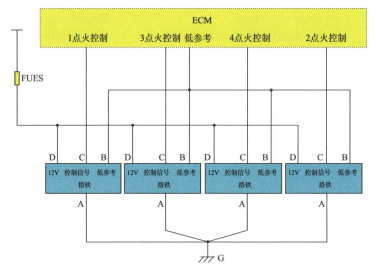

图 5-25 点火线圈测量项目和判断标准

线路端子号	测试方法	正常值	故 障 值	可能原因
端子A	点火开关"OFF",测量端子A与搭铁之间的电阻	<10Ω	≥10Ω	线路故障或搭铁不良
端子B	点火开关"OFF",测量端子B与搭铁之间的电阻	<10Ω	≥10Ω	线路故障或ECM模块故障
端子C	点火开关"OFF",测量端子C与搭铁之间的电阻	<2Ω	≥2Ω	线路故障
端子D	点火开关"ON",用试灯连接端子D与搭铁点	点亮	不亮或亮度不够	熔断丝损坏或电路故障

应该注意的是：不同发动机上的线路端子名称可能不同。

5.点火波形的分析

1）点火初级波形分析

在由ECM直接控制初级线圈的发动机上，ECM点火触发控制线上测得的点火波形如图5-26所示，由于点火系统结构和工作行程的差异，此点火波形仅供参考。A点之前：电路还没有闭合，为电源电压。A到C：电路瞬间闭合，电压便突然下降，初级线圈就对地构成了回路，接近于零电位。C到E：快速充电饱和，电压有一个抬升过程，这与初级线圈的电感有关。E到F：初级线圈的电流受到限制，磁场强度处在最大状态，电压仍然低于开路电压，这与初级线路中的电阻有关，如果阻值低于标准值，电流限制的时间就会滞后。（有些点火波形由于限流控制的不同，在此处有差异）。G：电路瞬间断开，磁场突变，在初级线圈内感生出峰值电压。H到J：次级点火线电压在初级线圈内产生的感生电压。J到K：点火结束后，点火线圈里剩余的能量通过振荡转换而耗尽的过程。K点之后：电路断开，又回到电源电压。

2）点火次级波形分析

图5-27所示是次级点火波形，由于点火系统结构或工作行程的差异，此波形仅供参考。A点之前：电路还没有闭合，无感应电压。A到B：初级电路瞬间闭合，突然感应到较高的反向电动势。B到E：初级线圈快速充电饱和，次级线圈产生振荡后稳定。E到F：初级线圈的电流受到限制，磁场强度处在最大状态，但没有变化，感应电压接近零电位。（有些点火波形由于限流控制的不同，在此处有差异）。G：初级电路瞬间断开，磁场突变，在次级线圈内感应电压击穿混合气，击穿电压与次级回路的电阻（如火花塞的间隙）、混合气的浓稀有关。

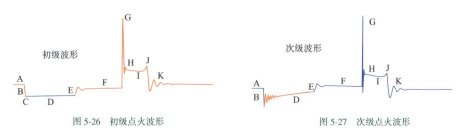

图5-26　初级点火波形　　　　　图5-27　次级点火波形

H到J：点火线电压的高低与混合气浓稀及次级回路中的电阻有关，在燃烧结束时电压会有所提升。点火线长度与混合气燃烧时间有关。J到K：点火结束后，点火线圈里剩余的能量通过振荡转换而耗尽的过程，振荡次数多说明剩余能量多。K点之后：电路断开，又回到零电位。

6. 点火系统故障维修的注意事项

（1）在断开任何系统的线路前，关掉点火开关。

（2）在起动或运转发动机的时候，不要触摸任何裸露的接头。

（3）除非对仪器的用途及操作非常了解，否则不要连接或操作任何测试设备。

（4）一定对将要进行的测试和被测试的系统及部件的工作原理非常了解。

7. 点火系统引起的故障类型及诊断维修

点火系统故障导致的发动机不能起动或起动困难的检测维修方法：

（1）初级电路故障，如霍尔传感器或传感线圈。

（2）次级线圈高压线断开。

（3）点火线圈初级电压很低甚至为零或搭铁故障。

（4）火花塞脏污。

（5）电子点火模块或控制单元故障。

发动机没有发出火花故障，需要检测维修的项目：

（1）发动机压缩压力低。

（2）进气歧管真空泄漏。

（3）火花塞高压导线、点火线圈线束电阻太大。

（4）点火线圈损坏或发生故障。

（5）火花塞故障。

（6）初级电压和初级电流小。

（7）高压线布置不当。

（8）喷油器或供油故障。

车辆动力不足，需要检测和维修的项目：

（1）发动机压缩压力。

（2）进、排气节流。

（3）点火正时延后。

（4）点火提前角不够。

（5）汽缸不发火。

（6）点火线圈故障。

（7）燃油压力、燃油供给。

如果发动机出现爆燃现象，检测维修下列各项：

（1）比发动机规定的压力要高。

（2）点火时刻提前太多。

（3）火花塞热特性太高。

（4）所用的燃油辛烷值不合适。

（5）发动机工作温度太高。

（6）与废气再循环（EGR）相关故障。

（7）爆燃传感器信号或电路问题。

发动机燃油消耗太高，需要检测、维修的项目：

（1）发动机汽缸压缩压力。

（2）点火时刻过迟。

（3）无点火提前。

（4）汽缸不发火。

第五章　点火系统故障引起排放超标的维修

（5）空气和燃料的混合气太浓。
（6）燃油压力太高。
（7）废气排放控制系统故障。
（8）电控单元的输入或输出信号错误。

二、火花塞

（一）火花塞的作用

将点火线圈次级绕组中的高压电引入燃烧室，使高压电击穿电极间隙而产生火花，点燃汽缸中的可燃混合气。火花塞一般安装在汽缸盖的顶部，电极部分伸入燃烧室。

（二）工作原理

电子在高电压的驱动下，电离电极间的气体，产生电火花，引燃混合气，如图5-28所示。

火花塞主要由9部分组成，结构如图5-29所示。侧电极通过螺纹固定在汽缸盖上，中心电极通过顶部的高压连接端子与点火线圈中心导体相连，火花塞上部是陶瓷绝缘体，起到绝缘隔热的效果，火花塞内部有导电玻璃密封剂，起到导电和密封的效果。

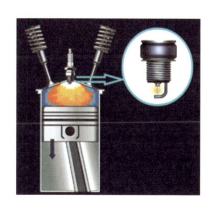

图 5-28　火花塞跳火示意图

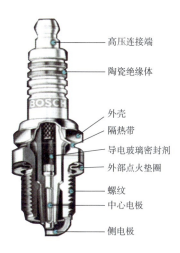

图 5-29　火花塞结构示意图

（三）火花塞主要参数

火花塞间隙是指中心电极和侧电极间的距离，常用的火花塞间隙为0.5~1.2mm。

火花塞热值是指火花塞受热和散热能力的一个指标，火花塞自身所受热量的散发量称为火花塞的热值。螺纹直径就是紧固螺纹的直径，常用的火花塞螺纹直径有M14、M12、M10等。螺纹长度是指紧固螺纹的有效长度，火花塞螺纹长度决定火花塞点火的最佳位置，发动机确认之后，火花塞的螺纹长度是不可改变的参数，如图5-30所示。

图5-30 火花塞参数值

（四）火花塞类型

常用的火花塞分类方法有根据侧电极数量分类、根据电极材料分类、根据火花塞热值分类。根据侧电极数量分类可分为单极火花塞和多极火花塞。多极火花塞相较于单极火花塞优点是：火花塞电极寿命长、点火可靠性好；缺点是：电极吸热多，消焰作用大，降低了点火能量，影响燃烧的稳定性，如图5-31所示。

根据电极的材料分类可分为镍金火花塞、铂金火花塞、铱金火花塞等，如图5-31所示。铂（铱）金火花塞相较于镍金火花塞优点是：中心电极更细，点火能力强，耐烧蚀性更好，寿命更长；缺点是：价格较高。

a) 单极火花塞　　b) 多极火花塞　　c) 镍金火花塞　　d) 铂（铱）金火花塞

图5-31 火花塞类型

根据火花塞的热值分类可分为热型、冷型、普通型火花塞。

（1）热型火花塞。裙部细长、受热面积大、散热慢，因此，裙部温度高，不易形成积炭，适用于中低速、压缩比小、低功率的发动机。

（2）冷型火花塞。裙部短、受热面积小、散热快，因此，裙部温度低，能防止火花塞温度过高引起早燃或表面点火，适用于高转速、高压缩比、大功率的

第五章 点火系统故障引起排放超标的维修

发动机。

（3）普通型火花塞。介于热型和冷型之间的火花塞，如图5-32所示。

图 5-32　火花塞冷热型号

火花塞是点火系统的核心部件，有一定的使用周期，要根据维修手册的维护说明，进行定期的更换。在更换火花塞时，要注意这些事项：确保更换的火花塞与原厂火花塞型号一致，确保火花塞电极间隙正常，确保接线柱连接牢固无松动，确保陶瓷绝缘体完好无开裂，安装时需要使用火花塞专用套筒扳手，轻轻放入，避免改变电极间隙，紧固时需要使用扭力扳手，按照标准力矩紧固。

（五）火花塞状况分析

（1）正常工作。褐色或灰棕色沉积物以及轻微的电极磨损，表明火花塞热度范围正确，车辆高、低速行驶时间的比例正常，如图5-33所示。

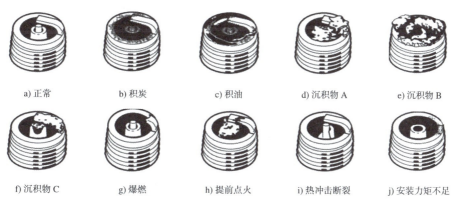

图 5-33　火花塞状态示意图

（2）积炭。干燥的松毛状炭黑沉积物，可能是由点火输出电压太低、线圈

125

不良、怠速行驶过长或轻负荷下低速行驶造成的。如果火花塞温度一直过低，不能达到正常燃烧，则积炭就不会被烧掉。

（3）积油。湿润的油状沉积物并带有轻微电极磨损，可能是由活塞环磨损，导致机油泄漏引起的。新的或最近大修过的发动机在活塞环未完全就位时进行磨合，就会导致这种情况。

（4）沉积物A。绝缘体头部出现的红棕色、黄色和白色覆层，属于燃烧副产物。这些沉积物来自燃油以及包含添加剂的润滑油。多数粉末状沉积物对火花塞的工作没有不良影响；然而，在苛刻工作条件下会导致间歇缺火。

（5）沉积物B。与沉积物A类似的沉积物。属于燃油和润滑油燃烧的副产物。气门杆间隙过大和/或进气门密封不严，会使过多的机油进入燃烧室。沉积物聚积在火花塞伸入燃烧室的部分，尤其以面对进气门的一侧最严重。如果仅在一两个汽缸内发现这一问题，则检查气门杆油封。

（6）沉积物C。沉积物A多数为粉末状沉积物，只要它们保持为粉末状，就对火花塞的工作没有不良影响。但是，在一定工作条件下，这些沉积物会熔化，在绝缘体上形成光亮的光滑层面。在高温下，这层物质属于良导体，会使电流顺着沉积物流过，而不通过火花塞间隙进行跳火。

（7）爆燃。爆燃常指发动机爆燃，它会导致燃烧室内部严重振动，致使零件损坏。

（8）提前点火。绝缘体头部烧损或起孔以及电极严重腐蚀，可能是由过热造成的。这通常是由冷却系统堵塞、气门卡滞、火花塞安装不正确或火花塞热值不正确（过低）导致的。长期在高速、大负荷条件下工作会产生足以导致提前点火的温度。

（9）热冲击断裂。在苛刻工作条件下，火花塞头部温度迅速上升会产生热冲击并导致绝缘体断裂。这是导致绝缘体头部断裂和开裂的常见原因。

（10）安装力矩不足。火花塞和汽缸盖座接触不良。接触不良导致传热效果下降，造成火花塞过热。在很多情况下，这会导致严重破坏。汽缸盖螺纹过脏会导致火花塞卡滞，不能完全就位。安装前确保汽缸盖和火花塞螺纹没有沉积物、毛刺和积垢。

（六）火花塞的检测维修

1. 火花塞的检查

（1）如图5-34所示，检查接线柱1是否损坏，检查接线柱1是否弯曲或断裂，通过拧动和拉动接线柱的方式，测试接线柱1是否松动，接线柱1应不晃动。

（2）检查绝缘体2是否击穿或有炭痕、炭黑。这种情况通常被错误地认定为绝缘体破裂。这是由接线柱1和搭铁点之间的绝缘体2两端之间放电而引起的。

（3）检查是否存在以下状况：

①检查火花塞护套是否损坏；

②检查汽缸盖的火花塞凹槽区域是否潮湿，例如有机油、冷却液或水。火花塞护套完全受潮后会引起对搭铁的跳火。

③检查绝缘体2有无裂纹。全部或部分电荷可能通过裂缝而不是电极3、4进行电弧放电。

④检查是否有异常跳火的迹象。测量中心电极4和侧电极3端子之间的间隙。检查必须小心进行，避免损坏小直径的铱中心电极。电极间距过大，可能会妨碍火花塞正确工作。

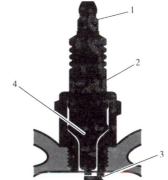

图 5-34　火花塞结构

1-高压接线柱；2-陶瓷绝缘体；3-侧电极；4-中心电极

⑤检查火花塞的力矩是否正确。力矩不足可能妨碍火花塞正常工作。火花塞紧固力矩过大会引起绝缘体2开裂。

⑥检查绝缘体尖端而不是中心电极4附近是否有漏电迹象。

⑦检查侧电极3是否断裂或磨损。通过摇动火花塞检查中心电极4是否断裂、磨损或松动。"咔嗒"声说明出现了内部故障。中心电极4若松动会降低火花强度。

⑧检查电极3、4之间是否存在搭桥短接现象。电极3、4上的积炭会减小甚至消除它们的间隙。

⑨检查电极3、4上的铂层是否磨损或缺失。

⑩检查电极是否过于脏污。

⑪检查汽缸盖的火花塞凹槽区域是否有碎屑。螺纹变脏或损坏可能导致火花塞在安装过程中无法正确就位。

2. 火花塞的维修

1）故障现象

当火花塞产生故障时，引起的故障现象与点火线圈故障的现象相似，可能的故障现象有：发动机抖动、动力不足、发动机故障灯点亮、油耗过大、排放超标、严重时发动机熄火或无法起动。

2）外观检查

当点火系统异常时，执行火花塞外观检查，检查的项目和标准如图5-35所示。

检查项目	检查标准
检查接线柱	接线柱无损坏、无松动
检查火花塞陶瓷体	陶瓷体无破裂
检查火花塞间隙	通常间隙为0.5～1.2mm（具体已实车为准）
检查火花塞型号是否正常	使用厂家推荐的火花塞
检查螺纹长度与缸盖是否匹配	使用厂家推荐的火花塞
检查螺纹密封是否良好	无漏气情况

图5-35　火花塞外观检查项目和判断标准

3）数据流检测

当火花塞有故障时，可以使用诊断仪，查看发动机"不点火图形"数据，查看各个汽缸的"当前缺火计算"数据，确认哪个或哪些汽缸点火有故障。应该注意的是：不同车型的操作方法和步骤可能有所不同。

（七）点火系统的检测方法

当点火系统出现故障时，首先使用诊断仪读取相应的故障码，根据维修手册的诊断步骤和流程进行相应的检测，也可以结合下面方法，进行相应的故障检测：诊断仪检查法、专用工具法、对换法、火花塞分析法。

1. 诊断仪法

使用诊断仪查看"不点火数据"，确认缺火的汽缸和缺火数据的多少，在缺火数据中有"当前"缺火和"历史"缺火数据，可以通过数据确认工作不良的汽缸。

2. 专用工具法

使用火花测试仪（图5-36），检测点火系统的工作情况，正常的点火系统能看到强烈的电火花，同时，能够听到"啪啪"跳火声，如果火花不稳定或弱火花均被视为无火花，说明该缸点火系统不正常。

3. 对换法

当某一缸或几缸不点火或点火不良时，可以使用对换法进行相应的检测，将故障缸的点火线圈或火花塞与正常汽缸的点火线圈或火花塞进行对换，对换后如

第五章　点火系统故障引起排放超标的维修

果故障转移，说明对换的部件有故障，如果故障未转移，说明对换部件正常。此方法主要用来确认点火线圈或火花塞的故障。

4. 火花塞分析法

火花塞分析法，是通过观察火花塞状态来协助判断点火系统故障或发动机系统故障的方法。

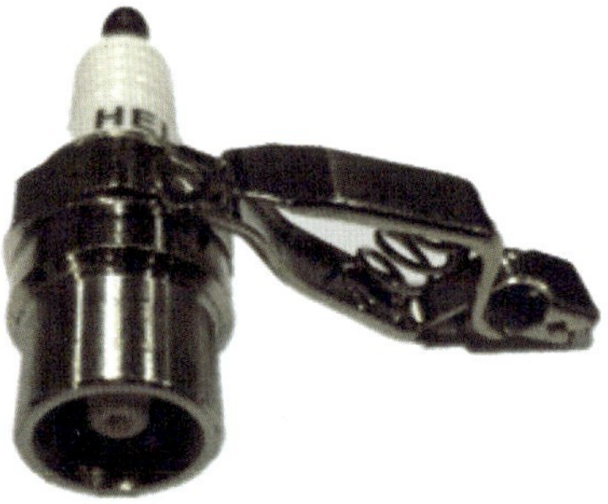

（1）正常状态的火花塞。绝缘体裙部呈现"灰黄色"或浅棕色，电极没有严重烧蚀或融化，如图5-37所示。

图 5-36　J-26792 火花测试仪

（2）积炭严重的火花塞。绝缘体裙部、电极、壳体被一层暗黑的化合物覆盖。造成火花塞积炭严重的原因有：喷油量过多、混合气过浓、空气滤清器太脏、频繁短程行驶车辆、火花塞热值不正确、热值太低，如图5-38所示。

图 5-37　正常的火花塞

图 5-38　积炭的火花塞

（3）机油沉积的火花塞。绝缘体裙部、电极及壳体被一层光亮的机油或沉淀物覆盖。造成火花塞机油沉积的原因有：大量机油进入燃烧室，机油油位过高，汽缸、活塞磨损过度，气门导管、气门油封损坏，如图5-39所示。

（4）过热燃烧的火花塞。绝缘体裙部、电极和壳体处呈现灼白色，电极消耗严重。造成火花塞过热燃烧的原因有：发动机过热、发动机散热不好、发动机点火过早、火花塞热值过低，如图5-40所示。

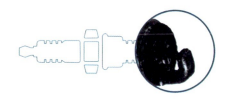
图 5-39　积油沉积的火花塞

图 5-40　过热燃烧的火花塞

（5）闪络的火花塞。陶瓷绝缘体表面形成一道或多道不规则黑色痕迹。造成火花塞闪络的原因有：高电压把绝缘体周围的介质击穿，沿绝缘体表面放电形成的痕迹。火花塞间隙过大导致击穿电压过大、陶瓷绝缘体上有导电污迹、点火线圈橡胶套老化、内壁龟裂击穿等。如图5-41所示。

（6）绝缘体开裂的火花塞。陶瓷绝缘体表面龟裂或开裂。造成火花塞绝缘体开裂的原因有：火花塞间隙损伤、安装时力矩过大、发动机严重爆燃、火花塞本身质量原因等，如图5-42所示。

图 5-41　陶瓷绝缘体闪络的火花塞

图 5-42　绝缘体开裂的火花塞

第四节　发动机点火系统影响排放故障的维修

一、发动机缺火故障的维修

1. 目视检查

点火系统的所有检查都应该从目视检查开始。主要检查点火系统是否具有如下故障：高压线连接断开、松动或损坏；低压导线连接器松动、断开或脏污；初级电路是否损坏、磨损；点火模块是否安装牢靠、稳定。

目视检查是否存在可能够影响发动机工作的售后加装装置。检查易于接触或能够看到的系统部件，是否存在可能导致该症状的明显损坏或故障。检查机油油位是否正确、机油黏度是否合适以及滤清器使用是否正确。确认故障出现时确切的工作条件。记下诸如发动机转速、环境温度、发动机温度、发动机预热时间以及其他具体因素。如果可行，把发动机声音与正常工作的发动机做比较，以确定当前情况是否属于正常情况。

2. 发动机缺火故障的维修

在维修点火系统所有测试中，应注意以下事项：

（1）在检测任何部件的线路时，应该首先关闭点火开关，再进行维修操作。

第五章　点火系统故障引起排放超标的维修

（2）在起动发动机或发动机正在运转情况下，绝对不允许用手触摸裸露的线头。

（3）如果对检测的仪器和设备不熟悉或不了解的情况下，禁止使用。

发动机如果有一个汽缸发生缺火，必将引起HC排放的严重超标。同时，由于CO是燃烧的副产物，所以，一旦发动机失火，CO一般也会出现轻微的减少。这是因为CO是浓混合气的指示器，当燃料完全没有燃烧，是不会产生CO的，只会有不燃烧的HC产生；如果有少量HC参与燃烧，就会有较多的HC排放或少量的CO排放。维修发动机缺火故障在外观检测没有发现问题后，还需要用尾气分析仪，来判断有害气体是否超标，以确定维修范围和项目。常见的发动机缺火故障维修的主要步骤见表5-5。

发动机缺火故障的维修　　表5-5

故障原因	维修方法
传动带轮异常可能会导致发动机转速改变并设置缺火故障码。没有实际缺火故障时，也可能出现缺火故障码	更换传动带
发动机附件传动部件磨损、损坏、错位或传动带轮跳动量过大，可能设置缺火故障码	检查部件，进行修理或更换
发动机飞轮或曲轴扭转减振器松动或安装不当，没有实际缺火故障时，也可能出现缺火故障码	修理或更换飞轮或平衡器
排气系统堵塞会使发动机性能降低并设置故障码。堵塞的原因可能包括管道凹陷或消声器和/或三元催化转化器堵塞	需要时进行修理或更换
真空软管安装不当或损坏	需要时进行修理或更换
进气歧管和汽缸盖间、集气管间、集气管和交叉水管间、交叉水管和节气门间或泄压阀和进气歧管间的密封不正常	更换进气歧管、集气管、衬垫、汽缸盖、节气门或泄压阀
歧管绝对压力传感器的密封件不得撕裂或损坏	修理或更换歧管绝对压力传感器
蒸发排放吹洗电磁阀或O形圈安装不当或损坏	修理或更换蒸发排放吹洗电磁阀
气门摇臂磨损或松动，气门摇臂、滚柱轴承应完好并在正确的位置	必要时，更换随动件（气门摇臂）
气门卡滞：气门杆上积炭，会导致气门不能正确关闭	需要时进行修理或更换
正时链条过度磨损或错位	更换正时链条和链轮
凸轮轴凸角磨损	更换凸轮轴和液压挺柱
机油压力过大：润滑系统机油压力过大，可能导致气门挺柱泵升过量和压缩压力损失	进行机油压力测试，必要时，修理或更换机油泵
汽缸垫故障或汽缸盖和发动机汽缸体冷却系统通道开裂或其他损坏	检查火花塞是否浸满冷却液、汽缸盖、汽缸垫，需要时更换

131

续上表

故障原因	维修方法
活塞环磨损：烧机油时机油消耗过量而导致发动机缺火	检查火花塞是否有机油沉积、汽缸压力是否降低、进行汽缸泄漏和压缩测试，以识别故障原因
曲轴位置传感器损坏会导致不同的症状，具体情况取决于损坏的程度和部位。曲轴位置传感器严重损坏的系统，会出现曲轴位置周期性丢失，停止传送信号，然后重新同步曲轴位置。曲轴位置传感器轻微损坏的系统，可能不会出现曲轴位置丢失和发动机缺火现象，但是，可能会设置 DTC P0300	必要时更换曲轴位置传感器

二、发动机配气正时故障的维修

为了检测新式点火系统的基本点火正时，维修技师必须使用专用的维修工具，以便从正时控制环路中排除计算机的控制作用。计算机控制点火系统的点火提前调节无须检查。无分电器电子点火系统不需要进行基本正时检查或调整。

如果基本正时被推迟，点火提前调节程度低于要求值，发动机性能和燃油经济性会受到损害，CO排放也会增加。如果基本正时过度提前和点火提前过早，发动机会出现爆燃和缺火，将会造成HC和NO_x排放量增加。

（一）发动机配气正时的检查

如果正时齿形带或链条在凸轮轴链轮上出现打滑现象，这时，以曲轴转角表示的配气正时将不正确。因此，发动机可能不能起动。如果正时齿形带或链条仅仅几个齿打滑时，发动机的输出功率下降，油耗过大，排放超标。需要按照以下步骤来检查配气正时：

（1）拆下第一缸的火花塞，并将拇指或棉团放在火花塞孔的上面。如果拇指无法够到火花塞孔，那么就在火花塞孔处连接一个汽缸压力表。断开点火线圈初级绕组正极接线柱的导线，以禁用点火系统。

（2）转动发动机，直到在火花塞孔处能感觉到压力为止。

（3）将一个远程控制开关连接到起动机电磁线圈接线柱和电磁线圈上的蓄电池接线柱上。慢慢地转动发动机，直到正时标记和正时指示器上的0刻度在一条直线上为止。此时，第一缸活塞处于压缩行程上止点位置。在许多发动机上，正时标记都在曲轴传动带轮上，而将正时指示器安装在传动带轮的上方。

（4）慢慢地使发动机转动一圈，直到正时标记和正时指示器上的0刻度在一条直线上。此时，第一缸活塞正处于排气行程上止点位置。

第五章 点火系统故障引起排放超标的维修

（5）拆下气门室罩盖，并在曲轴传动带轮螺母上安装一个阻断横木和一个管座。当在排气行程上止点前30°以及排气行程上止点后约30°的范围内旋转曲轴时，观察气门的运动情况。排气门应该在排气行程上止点后几度时关闭，而进气门应该在排气行程上止点前几度打开。活塞处于排气行程上止点位置时，气门的这种状态被称为气门重叠。如果以曲轴转角表示的开启时刻不适当的话，那么排气正时就不正确。在这种情况下，应该拆下气门室罩盖或正时齿形带室盖来检查凸轮轴齿轮与曲轴齿轮之间的位置关系是否正确。如果排气正时不正确，则必须更换正时链条或正时齿形带及链轮。

在进、排气门开闭过程中，会出现进气门已打开，同时排气门还没有完全关闭的重叠状态，常以曲轴转过的角度来表示这个状态，即气门重叠角。气门重叠角的大小会影响发动机的怠速和排放等性能，如图5-43所示。

曲轴通过正时齿形带或链条驱动凸轮轴时，凸轮轴与凸轮轴正时轮刚性连接，它们之间采用固定的传动比。它们之间的相对位置在正常情况下不会发生变化的，因此配气正时固定不变，即进排气门的提前角与延迟角是固定的，气门重叠角同样也是固定的，如图5-44所示。

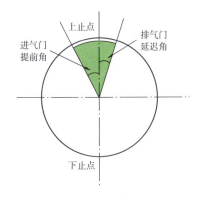

图5-43 配气相位图

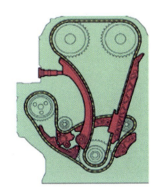

图5-44 配气正时链条

通过配气机构与电子控制装置的组合还可以实现可变配气正时，或气门升程。例如：凸轮轴正时轮相对于凸轮轴转过一定的角度，这会改变气门基于曲轴上、下止点的正时角度，即提前角、延迟角、重叠角都会发生变化。不同的正时角度匹配不同的发动机工况，可以达到最佳的综合控制，如图5-45所示。

（二）配气机构的常规检查与维修

为确保正时的正确性，在曲轴正时轮、凸轮轴正时轮或链条上常标有用于对正时的标记。对配气机构进行的常规检查包括：正时齿形带是否脱落；正时齿形带是否磨损；正时张紧轮是否损坏；正时是否正确，需要请有经验的技师通过正时标记来确认，如图5-46所示。

图 5-45　双顶置配气凸轮轴结构

图 5-46　凸轮轴和曲轴齿轮上的正时记号

　　产生发动机上部噪声的主要部位是气门正时机构。气门正时机构包括曲轴驱动的所有部件，如图5-47所示。

　　检查气门机构噪声的原因时，推荐使用底盘耳塞或听诊器。从气门间隙开始检查。如果间隙过大，则应当确定是什么原因造成的。包括检查凸轮轴。如果间隙没问题，则应当开始检查润滑系统。如果润滑系统正常，则应当检查气门上的积炭以及气门是否损坏。如果气门间隙正确，则应当检查其他方面，例如检查摇臂。检查摇臂及其附件，检查摇臂、柱头螺钉、螺母、螺栓是否损坏。检查力矩，并确认按规定力矩进行紧固，如图5-48所示。

第五章 点火系统故障引起排放超标的维修

图 5-47　配气机构气门组

图 5-48　气门摇臂

1. 液压挺柱

磨损的液压挺柱检查如下（图5-49）：检查柱塞是否移动，在挺柱区域内检查是否有碎屑。

2. 损坏的推杆

检查推杆是否弯曲或损坏（图5-50）：在平整的表面滚动推杆以检验是否弯曲，如果不能流畅地滚动，则推杆是弯曲的。

图 5-49　液压挺柱和摇臂

图 5-50　气门推杆

3. 气门固定座的检查与维修

磨损或损坏的气门固定座可能会引起噪声。检查是否有磨损、开裂，以及金属剥落，如图5-51所示。

4. 润滑问题

当检查润滑问题时，润滑不足可能引起部件早期磨损并产生间隙。检查是否有过热、变色和金属剥落的现象。如果有这些现象，则应当检查油路和油泵运行状况。

图 5-51　配气机构

5. 气门导管检查与维修

磨损的气门导管可能使得气门移位、卡滞、弯曲或气门座损坏。因此需要检

135

查气门导管是否有裂缝、内部磨损以及金属划伤。卡滞的气门通常会引起气门系统其他部位的损坏。

6. 气门的检查与维修

检查气门是否磨损、开裂、断裂、过热、点蚀或金属剥落。在平整表面滚动气门确保它没有弯曲。气门上的积炭也会引起噪声。当发动机温度升高时，因积炭造成的噪声通常会消失。如果怀疑有积炭，在拆卸发动机以前，先使用发动机清洁剂清洗积炭，如图5-52所示。

7. 气门弹簧的拆装检查与维修

许多发动机都配有拆装气门弹簧的专用工具。下面是气门弹簧拆卸过程。为了防止气门弹簧锁片等掉入汽缸，因此给汽缸提供压缩空气。摇动气门以确定气门导管和气门孔之间是否间隙过大。如果存在气门或气门导管问题，则可能需要拆卸汽缸盖，以便进一步进行故障诊断，如图5-53所示。

图 5-52 积炭气门

图 5-53 气门的拆装

8. 正时带检查与维修

在顶置式凸轮发动机上，通常使用齿形带。检查齿形带的齿是否有圆角或划伤。如果齿形带划伤、损坏、失齿或浸有机油，则更换齿形带。更换磨损的正时齿形带。齿形带轮上有一个正时标记，放置好发动机后，标记向上。齿形带轮上的标记应该与汽缸盖或正时齿形带盖上的参考标记对齐，然后才能安装正时齿形带，如图5-54所示。

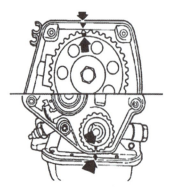

图 5-54 正时齿形带的记号

复习题

1. 点火系统的传感器有哪几个？

2.简要回答点火系统的三个主要功能是什么?

3..点火系统发生故障会影响排放污染物的哪项超标?

4..点火系统的执行器有哪几个?

5.爆震传感器发生故障会引起哪项排放污染物超标?爆震传感器信号属于哪种类型?

汽车排放污染治理维修技术

发动机排放控制系统的维修

排放控制系统发展到今天已经实现对CO、HC、NO_x和颗粒物PM的"四元"控制。排放控制系统也因此变得十分复杂，这其中包括了对HC、CO、NO_x控制的三元催化转化器（TWC）、控制颗粒物PM的颗粒捕集器（GPF）、控制NO_x的废气再循环系统（EGR）、控制CO、HC的二次空气喷射系统（AIR）、控制HC的曲轴箱强制通风系统（PCV）和燃油蒸发排放系统（EVAP）等。本章是污染物排放治理的重点，详细地讲述了这些装置和控制系统的检测和维修方法，希望能够帮助维修技术人员在解决排放污染物治理过程中遇到的问题。

第一节 发动机排放污染物的来源与危害

发动机在运行时，不可避免地排放出有害物质——大部分是气体。这些有害物质不仅危害人体健康，同时也加剧环境的污染。汽油发动机排放的有害物质主要有以下四种：碳氢化合物（HC）、氮氧化物（NO_x）、一氧化碳（CO）和颗粒物（PM）。

发动机排放控制系统主要针对以上四种有害物质进行前期控制和后期处理，以降低这些有害物质的排放，满足国家排放标准。

国六标准中对CO、THC、NO_x和颗粒物（包括颗粒物质量和颗粒物数量）进行了严格的限值，因此国六以后生产的发动机排放需要控制四类有害物：HC、CO、NO_x和PM。

碳氢化合物（HC）通常以气态的形式从尾气管排出，但是其中一部分分子

第六章　发动机排放控制系统的维修

量较大的成分在经过大气稀释冷却后可能凝结变为液态。机动车的HC排放主要有三个来源：一是燃烧过程中未参与反应或者未完全氧化的燃料和润滑油形成的HC排放；二是曲轴箱内的燃油及润滑油蒸气；三是从燃油箱、供给管路或在加油过程中蒸发、喷溅出的燃油蒸气。此外，车辆内饰等使用的部分材料和黏结剂所释放出刺激性异味，本质上也可划分为HC排放。

一氧化碳（CO）是一种燃烧中间产物，燃料在燃烧过程中先被氧化为CO，再由CO向CO_2转化，同时放出大量热。因此当缸内氧气不足时，即燃用加浓混合气时，就会产生高浓度的CO排放。氧含量充足时，尾气中以二氧化碳（CO_2）为主，仅有极少量的CO。尾气排放是CO的最主要途径，但考虑到窜气的存在，曲轴箱中也有一定浓度的CO。

氮氧化物（NO_x）是由氧元素和氮元素构成的气相化合物的统称，但通常仅指一氧化氮（NO）和二氧化氮（NO_2），国六中新增的氧化亚氮（N_2O）排放有独立的排放限值和不同于NO_x的测试方法。NO_x形成于燃料燃烧的高温、高压条件下，高温、富氧和更长的反应时间对热NO排放的形成起促进作用。NO_x既是引起光化学烟雾、臭氧污染的关键物质，也是大气中二次颗粒物生成的重要前体物，是我国大气污染治理的重点。

颗粒物排放（PM）是指随尾气排出的固相物质及液相物质（主要是附着在固相颗粒物表面上）。除了降低大气能见度外，颗粒物排放的危害在于其具备传统人体自身保护屏障，在肺部长期沉积的能力，同时部分颗粒物本身或其携带的物质有致癌性。在汽油发动机中，颗粒物主要有三种来源：一是在冷起动、急加速等工况中出现的因燃油未充分氧化形成的炭烟颗粒；二是由燃油或润滑油中硫或尾气中NO_x转化而来的硫酸盐或硝酸盐；三是来自燃油和润滑油中的金属类添加剂，如汽油中曾经添加的四乙基铅、铁基或锰基添加剂，润滑油中的钙、镁、磷、钼等。

发动机排放的有害物质具体来源和危害见表6-1。

有害物质具体来源及危害　　　　　　　　　　　　　　　　表6-1

有害气体	来源/原因	危害
碳氢化合物（HC）	汽油蒸气和未完全燃烧的混合气（如排出的废气、曲轴箱窜气、进气回流等）	具有一定的毒性，在阳光照射下（与NO_x）会产生光化学烟雾，危害身体健康
氮氧化合物（NO_x）	发动机高温富氧燃烧的产物，发动机温度的高低直接影响NO_x的排放量	汽油发动机排出的气体生成二氧化氮，有刺激性；在微风和强光下，会产生光化学烟雾，危害身体健康

续上表

有害气体	来源/原因	危害
一氧化碳（CO）	汽油发动机不完全燃烧的产物；当混合气过浓时排放量将会增加	一氧化碳中毒将会导致缺氧，损害心脏和大脑；浓度过高会引起神经系统反应，如行动迟缓，意识不清，严重会导致死亡
颗粒物（TM）	混合气体为燃烧的产物	危害人体健康，是大气 PM2.5 的重要来源

第二节 发动机尾气排放系统控制部件及维修

发动机控制模块的核心目的是通过闭环控制将空气/燃油比例限定在当量比附近，以在车辆动力性、燃油经济性和排放性间取得最优的效果。通过监测加热型氧传感器（HO_2S）信号电压，发动机控制模块以闭环方式精细调节供油量，短期燃油修正值会实时变化以响应加热型氧传感器信号电压的变化。长期燃油修正值则根据短期燃油修正的变化而变化。长期燃油修正对供油进行粗调，以回到居中位置并恢复对短期燃油修正的控制。

一、尾气排放系统的组成

为有效降低有害物质的排放，减少对环境的污染，满足国家排放标准，车辆上使用的汽油发动机通常都装有尾气排放控制系统、燃油蒸发排放系统（EVAP）、废气再循环系统（EGR）、曲轴箱强制通风系统（PCV）。

发动机排气管排出的尾气是车辆排放的最大源头，因此，尾气排放系统对车辆有害物质的控制很重要。尾气排放控制系统时刻监测发动机排出的废气状态，并通过三元催化转化器、过滤颗粒等措施，全面降低发动机的尾气排放。发动机尾气排放控制系统主要有以下部件构成：开关型氧传感器、宽域氧传感器、三元催化转化器、颗粒捕集器（GPF）。其中，三元催化转化器是减少CO、HC和NO_x排放的关键，为了维持三元催化转化器的高转化效率，需要燃用理论空燃比混合气，无论传统氧传感器还是宽频氧传感器都是用来实现理论空燃比混合气控制的。由于缸内直喷汽油车的颗粒物排放较高，因此在国六新车上出现了颗粒捕集器，其作用是收集尾气中的炭烟颗粒。

二、氧传感器

在发动机冷起动阶段，控制模块以开环模式运行，加热型氧传感器信号不参与供油量的控制。随着发动机和尾气温度的增加，加热型氧传感器升温且开始产生在 0~1000 mV 的电压。控制模块监测到加热型氧传感器电压波动达到一定程度后，进入闭环模式。该控制模块利用加热型氧传感器电压调整喷油量。加热型氧传感器电压朝1000 mV方向升高，表示燃油混合气偏浓。加热型氧传感器电压朝0 mV 方向减少，表示燃油混合气偏稀。

加热型氧传感器（HO_2S）用于燃油控制和后催化器监测。每个加热型氧传感器将周围空气的氧含量与排气流中的氧含量进行比较。加热型氧传感器必须达到工作温度才能提供准确的电压信号。加热型氧传感器内部的加热元件可最大限度缩短传感器达到工作温度所需的时间。这就使得系统能更早地进入闭环模式，并使控制模块更加精确地控制喷油量。点火电压电路通过一个熔断丝将电压提供给加热器。发动机运行时，加热型氧传感器加热器的低电平控制电路通过发动机控制模块（ECM）内的低电平侧驱动器向加热器提供搭铁。发动机控制模块利用脉宽调制（PWM）以控制加热型氧传感器加热器工作，使加热型氧传感器保持在规定的工作温度范围内。

（一）传统氧传感器

在三元催化转化器前、后都安装有氧传感器，三元催化转化器之前的称为前氧传感器，三元催化转化器之后的称为后氧传感器。氧传感器用于监测排气中氧的含量，并将信号输送给ECM。ECM使用氧传感器信号：修正发动机的喷油量，达到最佳的空燃比，从而提高燃油经济性，减少有害物质排放；同时，该信号也用于监测三元催化转化器的转换性能和储氧能力等。

1. 传统氧传感器的结构及类型

氧传感器从外观上看主要分为三个部分：连接器及线束、传感器尾部和传感器头部。根据测氧单元的材质不同，氧传感器可分为氧化锆式、氧化钛式等；从工作特点上可分为两种类型：传统氧传感器和宽频氧传感器。本节只介绍传统氧化锆式传感器。传统氧传感器头部通过螺纹安装在排气管路上，其传感器头部包含测氧单元和加热电阻等元件，如图6-1所示。

2. 传统氧传感器的工作原理

氧传感器测氧单元类似一个微型蓄电池，当氧离子在传感器的内外表面因浓

图 6-1　氧传感器

度不同而迁移，就形成了电压信号。由于大气中氧的浓度几乎不变，所以此电压可反映废气中氧（由混合气空燃比决定）的浓度变化。测氧单元在较高的温度下才能正常工作（350℃左右），加热电阻能主动从内部加热，减少传感器启用时间，尽快获取正常信号，并保持氧传感器工作在最佳温度内。

3. 传统氧传感器线路

目前，传统氧传感器都是四线式传感器，其4个端子含义分别为：1号端子为加热电源（12V），来自主继电器；2号端子为加热搭铁控制——脉宽调制信号，由ECM控制；3号端子为信号参考地——ECM内部；4号端子为信号——信号电压，一般在0.1~1.0V间波动。加热电阻一般在10Ω以下。大气基准孔位于传感器线束间隙之间，为确保传感器正常工作，传感器的大气基准必须清洁。

4. 传统氧传感器信号波形

传统氧传感器正常运行模式下读数在450mV电压基准线上下变化。如图6-2所示。传感器输出电压在100mV之间持续波动，说明ECM对混合气进行不断地闭环调整，长期空燃比的平均值接近14.7∶1。

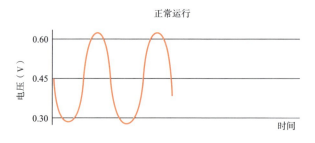

图 6-2　正常氧传感器信号波形

若氧传感器信号电压长时间保持在450mV左右很窄的范围内波动，可能的原因是氧传感器受到污染中毒导致精确性降低，电压信号异常，如图6-3所示。

浓混合气所产生的废气中几乎不含氧气，传感器产生较高的电压，大于450mV以上，说明空燃比持续过浓。后氧传感器位于三元催化转化器之后，由于三元催化转化器有储氧能力，所以正常的后氧传感器信号电压在700mV，且波动较小，如图6-4所示。

第六章 发动机排放控制系统的维修

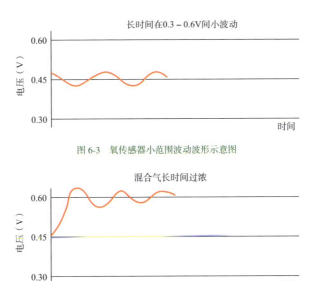

图6-3 氧传感器小范围波动波形示意图

图6-4 氧传感器高低压波形示意图

稀混合气产生的废气中含有略多的氧气，传感器产生较低的电压，小于450mV。当信号电压处于450mV以下，说明空燃比持续过稀，如图6-5所示。

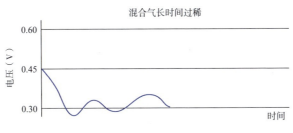

图6-5 氧传感器低电压波形

5. 常见故障

氧传感器的常见故障有：传感器头部被污染，采样孔堵塞；传感器的大气通道堵塞，或基准大气污染；传感器内部陶瓷体开裂；传感器老化，响应速度下降；加热控制故障，传感器失效等。

6. 传统传感器的维修

1）数据流检测

可使用诊断仪的线形图观察氧传感器信号的变化，并运用氧传感器的波形特点来分析系统或传感器故障。前氧传感器（HO$_2$S1）信号电压以450mV为中心波动说明混合气空燃比在正常修正中；后氧传感器（HO₂S2）的电压稳定在700mV左右说明三元催化转化器工作效能（储氧效能）正常。

2）加热电阻检测

加热电阻由ECM通过脉宽调制信号进行加热控制，可以使用以下方法检测加热电阻及控制：使用诊断仪读取加热占空比，以确认ECM的控制是否正常；使用诊断仪驱动加热指令，以确认加热是否正常执行；直接使用万用表测量电阻的阻值，以确认加热元件及线束是否正常。

3）加热电阻读入值重置

在更换ECM或氧传感器后需要执行加热电阻读入重置程序。不执行此程序会导致系统性能不良。读入重置要点如下：进入发动机控制模块；在重置功能选项中选择"加热型氧传感器（HO₂S）加热器电阻读入值重置"；此程序一般在10s内完。在执行加热电阻读入值重置前，先确认ECM未设置相关故障码。

4）维修注意事项

在拆装氧传感器时，必须注意以下事项：切勿掉落或鲁莽操作传感器；发动机温度低于48℃时，拆装氧传感器易导致传感器损坏，需要使用专用工具进行拆装传感器；切勿在传感器或线束连接器上涂抹清洗剂、润滑脂；传感器引线、连接器或端子损坏，不要试图修复；如果氧传感器中毒、污染、损坏或老化，不可维修，只能更换传感器总成。

（二）宽频氧传感器

宽频带型加热型氧传感器（HO₂S）测量排气系统中的氧含量，提供比开关型加热型氧传感器（HO₂S）更多的信息。宽频带型传感器由氧传感单元、氧抽吸单元和加热器组成。废气样本流经氧传感单元和氧抽吸单元之间的扩散区。发动机控制模块（ECM）向加热型氧传感器提供电压，将此电压作为排气系统氧含量的基准。发动机控制模块中的电子电路通过氧抽吸单元控制泵电流，保持氧传感单元电压恒定。发动机控制模块监测氧传感单元的电压变化，试图通过增减至氧抽吸单元的电流大小或氧离子流量来保持电压恒定。通过监测保持氧传感单元电压需要的电流大小，发动机控制模块可确定排气氧浓度。加热型氧传感器能够以λ值输出。λ值1相当于14.7：1的化学计算空燃比。正常工作条件下，λ值保持在1左右，发动机控制模块利用该信息保持正常的空燃比。如果发动机控制模块检测到加热型氧传感器信号电压过低，将存储相关DTC。

同传统氧传感器一样，宽频氧传感器的功能也是测量排气系统中氧的含量。

第六章　发动机排放控制系统的维修

但是，与传统型氧传感器相比，宽频氧传感器的内部结构和工作原理差异很大，但具有反应快、测量准确等优点。相比于开关型氧传感器，宽频氧传感器在发动机起动后能更快地进入闭环运行模式，从而减少冷车排放。宽频氧传感器能够定量地反馈混合气的浓稀程度，能够在更宽的转速内配合实现更为精确的燃油修正控制。通常，宽频氧传感器仅安装在三元催化转化器之前，即仅作为前氧传感器，如图6-6所示。

1. 宽频氧传感器内部结构

宽频氧传感器也分为头部、尾部及线束连接器三个部分，它们内部有以下四个重要结构：测氧单元、泵（吸）氧单元、加热电阻、调节电阻。

图6-6　宽频氧传感器

（1）测氧单元。位于传感器头部，类似于传统氧传感器，用于监测排气系统浓稀。

（2）泵（吸）氧单元。位于传感器头部，施加电流泵吸氧气以维持测氧单元信号稳定，而电流的大小反馈了精确的空燃比。

（3）加热电阻。位于传感器头部，用于加热，以加快进入闭环控制，并让传感器工作在最佳的温度下。

（4）调节电阻。位于连接器内部，用于校准传感器。

2. 宽频氧传感器工作原理

废气样本流经测氧单元和泵氧单元之间的扩散区，ECM监测测氧单元的电压变化；ECM还通过增减至泵氧单元的电流大小（即控制氧离子流量）来保持测氧单元电压恒定；通过监测保持测氧单元电压恒定需要的泵电流大小，ECM可计算排气中氧的精确浓度；宽频氧传感器电压以λ（过量空气系数）值显示：①λ值为"1"相当于14.7∶1的空燃比；②λ值小于"1"说明混合气浓；③λ值大于"1"说明混合气稀，如图6-7所示。

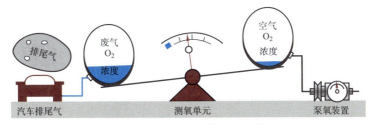

图6-7　宽频氧传感器工作原理示意图

145

3. 宽频氧传感器线路

目前，车辆上装配较多的是5线宽频氧传感器。其中传感器侧有5根线束，而ECM侧则有6根线束。如图6-8所示。

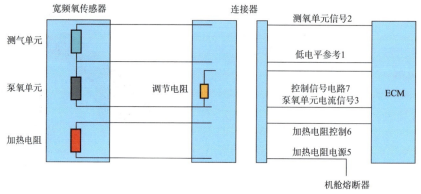

图6-8　宽频氧传感器线路图

4. 宽频氧传感器维修

1）诊断仪数据流检测

可使用诊断仪读取宽频氧传感器的相关数据，以分析发动机和宽频氧传感器的工作状态。通过诊断仪可以读取宽频氧传感器的主要数据为 λ 值正常范围在0.8~1.1之间；信号电流：为毫安级电流，标准值参见维修手册；加热器电流：通常在0.3~4.3A之间。

2）万用表测量

不可以直接破线测量宽频氧传感器的电流和电压，也不可以维修宽频氧传感器线束和连接器。可以断开连接器，通过万用表测量来确定传感器或线路的状态。

测量传感器头部的加热器电阻，常温下约为5Ω；测量连接器内部的调节电阻，约为230Ω；测量ECM侧连接器的各端子电压值，其连接器的1、2、3、7（图6-8）端子对搭铁电压正常应在4.8~5.7V之间。

3）维修注意事项

宽频氧传感器的拆装注意事项、加热控制检测和加热电阻读入拆装同传统氧传感器类似，这部分内容参照传统氧传感器。

三、三元催化转化器

三元催化转化器安装在排气歧管的后方，不仅能把尾气中的一氧化碳

（CO）、碳氢化合物（HC）和氮氧化合物（NO_x）催化转换成无害物质，而且具有一定的消声功能。直列四缸发动机只有一个三元催化转化器，V形发动机通常设计有两个三元催化转化器。

（一）三元催化转化器内部结构

三元催化转化器壳体用耐高温的不锈钢制成，内部孔道的基体（陶瓷载体）上涂有催化剂，催化剂含有：铂、钯和铑等贵金属。为了提高转换效率，三元催化转化器内部孔道设计成致密的蜂巢状结构，这极大地增加了污染物与催化剂的接触面积，从而快速净化发动机排出的废气，如图6-9所示。

图6-9　三元催化转化器内部结构

（二）三元催化转化器工作原理

当废气通过三元催化转化器的蜂巢状孔道时会在催化剂铂、钯和铑的作用下：氮氧化物被还原为无害的氧和氮；一氧化碳和碳氢化合物与废气中的氧加快发生化学反应，生成水和二氧化碳。三元催化转化器的催化转换率与其储氧能力直接相关，ECM可通过氧传感器监测其储氧能力。另外，三元催化转化器的催化转换效率还与空燃比和温度有关。

1. 空燃比

当空燃比在14.7∶1时，碳氢化合物和一氧化碳生成量都很少，虽然氮氧化合物排放较高，但使用了三元催化转化器后，在此理论空燃比下，其综合转换率最高，可净化90%以上的有害物质，如图6-10所示。

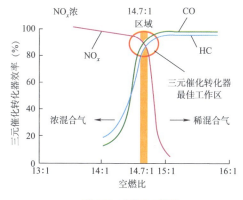

图6-10　空燃比二维图

2. 工作温度

三元催化转化器在催化过程中需要一定的工作温度（300℃以上）才能保证较高的转换效率。冷起动时，发动机可能会调整点火正时来加快三元催化转化器升温。过高的排气也会损坏三元催化转化器，如发生缺火可能会造成三元催化转化器高温失效。

3. 维修注意事项

三元催化转化器内部是致密多孔的蜂巢状结构，在维修时应该注意以下事项：使用无铅汽油：含铅汽油会使催化剂中毒而导致三元催化转化器失效；检查机油和冷却液：废气中意外的机油及冷却液会损坏三元催化转化器的性能；不要敲击：在维护时敲击三元催化转化器外部，会损坏内部结构造成三元催化转化器失效；检查外表：行驶中碰撞或刮擦三元催化转化器会导致三元催化转化器载体破裂而失效。

（三）常见故障及原因

三元催化转化器的常见故障、可能出现的现象、可能原因及维修措施见表6-2。

三元催化转化器故障现象、原因及维修方法　　　　表6-2

常见故障	可能出现的现象	可能的故障原因	维修方法
堵塞	发动机动力下降，加速不良	使用了不正确的燃油或机油	更换
破损	排气泄漏，排放超标	排气管道受到碰撞，内部陶瓷基体受到损坏	更换
内部失效	排放超标	催化剂失效	更换

以下其他故障也会导致三元催化转化器损坏：

（1）系统控制失灵，如车辆在减速模式、断油模式时，发动机没有正确执行关闭燃油喷射，导致高温损坏。

（2）发动机控制部件发生故障，如发生喷油嘴关闭不严等，最终会导致高温损坏。

（3）缺火故障也会损坏三元催化转化器。如果监测到会损害三元催化转化器的缺火故障。

（四）数据流和故障码检测

（1）OBD-Ⅱ系统要求对三元催化转化器执行很多性能的监测，这主要由ECM通过对后氧传感器的信号监测来完成。

（2）可以使用诊断仪查看三元催化转化器数据流，及观察前后氧传感器的信号、三元催化转化器的储氧能力等。

（3）如果三元催化转化器性能下降，可能会设置DTCP0420（催化剂系统效率过低）等故障码。读取到故障码后，应该按照维修手册相关步骤执行维修。

（五）三元催化转化器故障检测与维修

1. 泄漏检测与维修

排气泄漏可能会对三元催化转化器的诊断产生不良影响。较小的泄漏会使周围氧气进入排气系统中。根据具体的位置以及泄漏量的不同，排气泄漏可能会使转换性能较差的三元催化转化器通过测试，还可能导致错误地将转换性能良好的三元催化转化器判断为故障部件，或者阻止诊断测试运行。着车状态下，可用湿抹布堵住排气管出口处，观察整个排气管是否有漏气处。

2. 轻敲检测

用一个橡胶锤轻轻地敲击三元催化转化器，如果三元催化转化器内部有断裂或异物，则敲击三元催化转化器时，三元催化转化器会发出"哗啦"声。如果出现这种现象，三元催化转化器就需要更换。

3. 非原厂配件检测

非原厂配件与原厂的三元催化转化器性能不同，可能导致PCM判断错误，并设置错误诊断故障码。三元催化转化器的常见故障有：堵塞、破损和内部失效三种。

4. 三元催化转化器排气背压测试

正常情况下，排气系统有很低的背压，如果三元催化转化器堵塞，则排气阻力显著增加。在检测排气系统背压时应该注意以下事项：

（1）需要拆下氧传感器；

（2）将排气系统背压表安装到氧传感器孔内；

（3）分别检测三元催化转化器前后背压值并进行比较，分析堵塞情况；

（4）拆下氧传感器后可能会设置故障码。在完成检测操作后，务必清除所有故障码，如图6-11所示。

5. 用真空表测试排气背压

发动机温度正常，接好真空表，突然开大节气门，此时进气系统与大气相通，真空

图6-11　J-35314-A 排气背压表

表应该迅速回零；如果此时不能回到零，说明排气系统有堵塞情况。表针离零位越远，堵塞越严重。

造成进气歧管真空度下降的原因是：发动机在较高转速下运行时，如果排气系统产生堵塞现象，汽缸内的废气就不能畅通地被排出，进而使得本应排出的废气滞留在缸内，在下一个工作循环的进气行程中，缸内的残余废气导致新鲜空气的吸入量减小，本应在进气歧管中形成较大的真空度却下降。如果排气系统堵塞现象十分严重，那么发动机的提速和高速性能能力都会大幅下降。

6. 三元催化转化器的温度测试

一个已经达到起燃温度并且工作正常的三元催化转化器，其出口温度应该比进口温度至少高，一个经验值是高10%左右。例如：进口温度为450℃，其10%为45℃，450℃加45℃是495℃。也就是说，这个三元催化转化器的出口温度最小要超过495℃。假如三元催化转化器不工作，则其进口温度要比出口温度高，如图6-12所示。

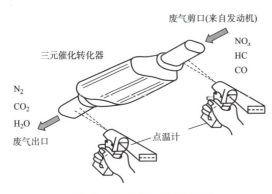

图 6-12 三元催化转化器温度测试

7. 诊断仪检测

使用诊断仪查看三元催化转化器数据流，及观察前后氧传感器的信号，分析三元催化转化器的储氧能力。氧传感器的信号可监测催化转化器的工作情况。如果这两个氧传感器信号相同，说明三元催化转化器工作不正常，仪表板上的故障指示灯（MIL）将会点亮。

8. 三元催化转化器效率测试

测试之前，充分预热三元催化转化器。将五气分析仪的探头插入排气管中，断开点火开关，然后短暂转动钥匙，使发动机在起动机的带动下转动但不着车，同时深踩加速踏板，观察尾气分析仪上的读数。当CO_2的读数超过11%，停止操

第六章　发动机排放控制系统的维修

作,说明三元催化转换器完好。

如果在这一过程中HC超过1500×10^{-6},则停止操作,说明三元催化转化器没有工作。注意:这项测试不能连续重复做两次以上,在两次测试之间必须起动一次发动机。如果发现三元催化转化器已经损坏,就要进行更换。

9. 氧存储量测试

完好的三元催化转化器可以存储氧气。测试时,如果装备了二次空气喷射系统,必须关闭此功能。利用尾气分析仪,在三元催化转化器预热后,保持发动机2000r/min的转速运转,观察尾气分析仪的读数。氧气的读数应该在0.5%~1%。这表明三元催化转化器正在消耗氧气。注意:当CO读数开始下降时,读取O_2读数。如果三元催化转化器未通过这项测试,表明三元催化转化器工作不良或根本不工作。

10. 内窥镜检测法

当三元催化转化器出现故障时,拆下前氧传感器或后氧传感器,用内窥镜观察三元催化转化器内部堵塞后破碎情况,根据检查结果,对其进行维修。

四、颗粒捕集器

发动机在运行中产生一定量的颗粒物并随尾气排放(在冷起动、急加速等工况更多,主要是炭颗粒),对环境大气造成污染。为了减少排放,达到国六排放标准,排气系统安装了颗粒捕集器,用于过滤掉排气系统中的颗粒物,降低颗粒物排放量。

(一)颗粒捕集器的结构组成

颗粒捕集器通常采用紧密耦合布置方式,即与三元催化转化器集成为一个总成(位于三元催化转化器下游),有时也称"四元催化器",如图6-13所示。颗粒捕集器及相关部件主要包括:

(1)颗粒捕集器滤芯(含三元催化转化器的净化装置总成)。

(2)排气压力差传感器。

(3)排气温度传感器(2个)。

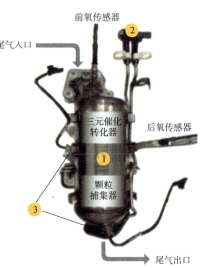

图6-13　颗粒捕集器和三元催化转化器

1. 颗粒捕集器滤芯

颗粒捕集器实际上是一个独立的滤芯，滤芯为微孔结构，孔道的两端仅有一侧开放，与三元催化转化器共同构成尾气净化装置。主要特点如下：

（1）颗粒捕集器滤芯应具有较高的过滤效率、较低的排气阻力和良好的热稳定性，滤芯常用材料有堇青石、碳化硅等。

（2）某些颗粒捕集器滤芯孔壁带有贵金属涂层，有利于降低颗粒物燃点，提高再生效率。

2. 压差传感器

监测GPF上、下游压力差，用于计算炭载量；判断颗粒捕集器性能状态，如堵塞、缺失等。压差传感器通过两根采样软管，分别检测颗粒捕集器上、下游的排气压力；三线传感器内置测压单元和电子芯片，输出数字信号。

3. 排气温度传感器

上游排气温度传感器用于判断GPF再生温度条件和控制排气温度，促使GPF高效再生；下游排气温度信号用于反馈GPF再生燃烧后的温度，实现系列精确控制。排气温度传感器均为两线正温度系数热敏电阻传感器，其电阻值随温度的升高而增加，如图6-14所示。

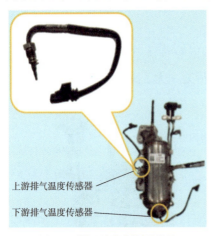

图6-14 排气温度传感器安装位置

（二）颗粒捕集器工作原理

排放的尾气经过颗粒捕集器时，未燃烧的炭颗粒被吸附在滤芯孔壁上，从而实现过滤的目的。最高可过滤掉99%的炭颗粒，但长时间使用后，会导致发动机排气背压增加，从而影响发动机动力性和燃油经济性。因此，ECM需要适时计算炭载量，并清除GPF中累积的炭颗粒，即颗粒捕集器再生，以降低负面影响、循环使用，如图6-15所示。

1. 计算炭载量

炭载量是指GPF滤芯中炭颗粒的累积量，它是GPF再生运行的关键参考指标。炭载量难以直接测量，控制系统通过以下两种方法进行计算：

（1）压差计算法：由于炭载量的变化能够导致颗粒捕集器上、下游的排气压差发生相应变化，通过安装压差传感器，监测压差信号来计算炭载量。

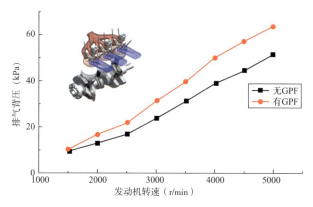

图 6-15 颗粒捕集器工作原理示意图

（2）数模计算法：通过发动机起动次数、运行时间和冷却液温度等信息，依据数据模型计算出GPF炭载量。

2. 颗粒捕集器再生

系统清除炭颗粒使滤芯恢复GPF过滤性能的过程称为"再生"，其基本原理是通过提升尾气的氧含量和温度，促进滤芯中炭颗粒的氧化燃烧。发动机的GPF有三种再生方式：被动再生、主动再生和维修再生。

（1）被动再生。ECM不介入控制，炭颗粒在一定工况下可自行燃烧实现再生，如在较高车速松加速踏板滑行时。

（2）主动再生。炭载量累积到一定阈值，ECM通过减稀混合气和延迟点火等控制来提高GPF中的氧含量和温度，促进炭颗粒燃烧再生。

（3）维修再生。炭载量累积到维修再生阈值（高于主动再生），系统会设置故障码并点亮发动机故障灯，车辆需进入维修站通过诊断仪触发再生。

（三）数据流分析及维护对策

炭载量数据是反映GPF滤芯堵塞程度的重要参数，采用百分比表示，维修站技师在维护车辆时应关注此项数据，并采取相应维护对策。

注意：在低温环境使用下，尤其是在零下20℃以下时，每次冷起动时最高会有30%的炭载量增量，如果车辆的行驶时间和距离较短不能激活主动再生，可能在30天左右会导致发动机故障灯点亮。炭载量维修标准及步骤见表6-3。

1. 诊断再生

进行车辆维护时，维修技师应主动查看炭载量数据，当数据接近或已达到

300%时，需要及时提醒用户按以下条件操作车辆，自行完成主动再生：

炭载量维修标准及步骤　　　　　　　　　　　　表6-3

炭载量数据	仪表信息提示	发动机故障灯	再生方式	维修站对策
<300%	无提示	不点亮	被动或主动再生	
≥300%	低配仪表：code55 高配仪表：尾气过滤系统清洁中，请继续行驶	不点亮	主动再生	提醒用户按一定条件驾驶车辆，直至自行完成主动再生
≥500%	低配仪表：code55 高配仪表：尾气过滤装置清洁中，继续进行行驶	点亮	主动再生维修生	检测车辆确定维修方案：启动维修再生或更换部件

（1）不低于60km/h的速度。

（2）持续驾驶不少于15min。

若仪表显示GPF再生提示信息，当系统判断再生完成后提示信息会自动消失。

注意：对于炭载量已达到300%的车辆，若用户无法满足以上驾驶条件，将造成炭载量继续增加，最终导致GPF堵塞。

2. 维修再生

前提：当车辆出现以下任一情况时，需要执行维修再生：

（1）炭载量值已达到500%。

（2）更换ECM模块或重新编程。

（3）车辆设置的GPF相关故障码诊断程序中要求执行维修再生，如DTC：P2463（炭载过量）等。

注意：如果仅刷新了ECM的标定而非重新编程时，ECM内保留GPF相关学习值无须执行维修再生；在重新编程之前读取炭载量数据，如果小于30%，编程后也无须执行维修再生。

3. 启用

仅能使用诊断仪启动维修再生，维修再生完成后，还应查看相关数据流以确认再生成功。车辆需要满足的主要启用条件如下：

发动机舱盖已经打开、发动机已经起动、变速器处于空挡、燃油大于10L、冷却液温度大于50℃、加速踏板未被踩下、发动机转速在600~3300r/min。注意：满足以上条件，且当GPF内部温度高于580℃、过量空气系数大于1.022时，系统才启用GPF再生。

注意事项：维修再生所需时间最长可达50min以上，且发动机转速将自动提

第六章 发动机排放控制系统的维修

示至3000r/min左右,机舱和尾气的温度较高,必须执行如下操作以保障安全运行:在车间外通风的地方进行操作;打开发动机舱盖先清理易燃物和油渍;使用电风扇对着机舱吹风,辅助降温;附近放置灭火设施,以备应急使用;附近有危险人员负责看管。

采用人为提升转速并原地运行发动机对GPF的再生效果十分有限,不可替代维修再生。

4.终止

使用诊断仪可终止维修再生程序,如果发生以下任一情况,维修再生也将自动终止:发动机熄火、制动踏板踩下、加速踏板被踩下、车速大于3km/h、GPF温度大于900℃、冷却液温度不在50~120℃之间、油箱剩余燃油小于5L、车速超出要求的范围等。

如果连续执行维修再生,两次操作之间至少间隔30min以上,否则程序无法激活;维修再生异常终止后,发动机可能保持较高转速大约30min,然后降至正常读数;关于维修再生的终止,不同车型可能存在差异,详见对应车型的维修手册。

(四)颗粒捕集器的维修

(1)故障码查看。发动机控制系统对GPF相关传感器、GPF炭载量和滤芯性能等均有严格的监测和判断,能够设置对应的故障码,这是售后维修诊断的重要参考,表6-4列举部分与GPF相关的故障码信息。

颗粒捕集器故障码及其含义和维修方法　　　　　　　　表6-4

故 障 码	基本含义	维修方案
P2452、P2454 等	压差传感器信号性能	检查传感器线路或替换传感器
P2463、P24A4	GPF 炭载过量	执行维修再生,若两个故障码同时出现,则更换 GPF
P2260	GPF 过滤恶化	按维修手册更换 GPF

应严格按照不同故障码的具体诊断程序展开维修,解决对应故障点,避免盲目更换GPF总成。

(2)在拆卸GPF总成时,建议先拆下总成上的两个氧传感器、两个排气温度传感器并确认压差传感器采样管路已断开;避免GPF总成、线路、管路和传感器在拆装过程中受到损变形;GPF总成上、下方的两个接口垫圈均不可重复使用,否则可能引起排气泄漏。

(3）与颗粒捕集器相关的重置/学习操作有两项：

①当更换了新的GPF总成后，为了清除ECM中存在的炭载量累计值，应使用诊断仪执行炭载量重置归零。

②当更换了新的压差传感器后，为清除ECM中保存的原压差学习值，应使用诊断仪执行重置，然后可将车辆交由用户正常驾驶，ECM将自行完成传感器学习校准。

（五）尾气排放系统控制

发动机控制系统是一个整体，进气、燃油供给、点火及排放等系统之间并非完全独立。因此，尾气排放系统需要其他系统紧密配合，以实现以下控制：控制三元催化转化器的效能、控制GPF再生、监测部件（OBD-Ⅱ）等功能。由于尾气排放控制系统的诊断维修与进气、燃油供给和点火等系统关联密切，所以本节不再介绍。

（六）控制三元催化转化器的效能

三元催化转化器虽然是一个机械部件，但发动机为了实现其最佳的工作效能，需对三元催化转化器的效能进行控制。ECM通过实时监测前后氧传感器的信号，可监测三元催化转化器，并通过控制进气、燃油和点火等，让发动机在最佳空燃比、最佳温度和闭环控制之下运行，以控制三元催化转化器的效能，如图6-16所示。

图 6-16　三元催化转化器性能框图

(七)控制 GPF 再生

发动机控制模块(ECM)实时监测各输入信号判断炭载量和发动机工况,达到炭载量设定阈值且各项条件满足时进行再生,通过控制燃油和进气,或延迟点火时间,减稀混合气浓度等措施,来满足GPF再生燃烧需求,同时,监控再生燃烧温度,确保安全有效,GPF再生是一个闭环控制过程。

(八)监测部件性能(OBD-Ⅱ)

OBD-Ⅱ系统通过检测前后氧传感器的信号,以监测三元催化转化器、GPF和氧传感器等部件性能,如果发现异常,会在ECM内部设置故障码,必要时,会点亮仪表上的发动机故障指示灯。

第三节 排放控制子系统及维修

一、燃油蒸发排放(EVAP)系统

燃油蒸发排放系统用于收集燃油箱所释放的碳氢(HC)蒸气,并将蒸气存储在活性炭中,在发动机正常工作过程中将这些蒸气从活性炭中释放出来,并引入汽缸燃烧,防止直接排放到大气中。

有常规EVAP系统和增强型EVAP系统两种类型。当前新车上装配的是增强型EVAP系统,以满足更为严格的排放标准,如图6-17所示。ΔP为环境压力P_U与进气歧管压力P_S之差。

(一)燃油蒸发排放(EVAP)系统组成

常规EVAP系统相对简单,主要由管路、炭罐和吹洗电磁阀组成。增强型EVAP系统为实现蒸气的收集存储、引导输送,以及监测控制等系统功能,系统主要由以下部件组成:炭罐及管路、吹洗电磁阀、油箱压力传感器、通风电磁阀、吹洗泵(若装配)等。本节以增强型为

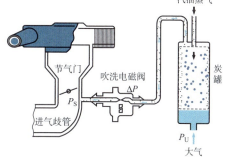

图6-17 EVAP示意图

例进行介绍，如图6-18所示。

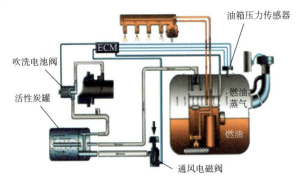

图 6-18　增强型 EVAP 示意图

1. 炭罐及管路

管路将燃油蒸气从燃油箱引入至炭罐进行存储，然后再由管路输送至进气歧管内；炭罐位于底盘油箱附近，利用内置的活性炭来存储油箱的燃油蒸气；活性炭为多孔结构，吸附能力很强。既可吸附也可以吹洗释放燃油蒸气；为了提高增强型EVAP炭罐的存储容量，其尺寸也明显加大，如图6-19所示。

2. 吹洗电磁阀

吹洗电磁阀常位于进气歧管附近，是由ECM控制的线性常闭电磁阀，用于控制燃油蒸气流向进气歧管的管路通道。ECM使用占空比信号控制电磁阀搭铁端子，可以以线性方式精确控制流入发动机的燃油蒸气流量。在ECM执行某些蒸发排放测试中，此电磁阀也将开启，使蒸发排放系统建立负压，如图6-20所示。

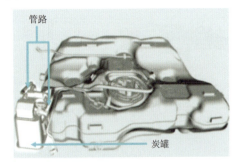

图 6-19　炭罐安装位置

图 6-20　吹洗电磁阀位置

3. 通风电磁阀

通风电磁阀安装在炭罐上，控制着由大气至炭罐的新鲜空气通道，主要用于

第六章 发动机排放控制系统的维修

增强型EVAP系统的泄漏检测。通风电磁阀是开关式电磁阀，常由ECM控制，断电时为常开（通风状态），通电时，关闭大气进入炭罐的通道，如图6-21所示。

4. 油箱压力传感器

油箱压力传感器是三线压力型传感器。油箱压力传感器安装于油箱上方，监测油箱内的蒸气压力。并将压力信号直接传递给ECM，用于系统泄漏状态的监测。

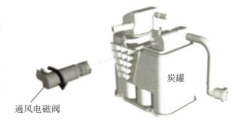

图 6-21　通风电磁阀位置

5. 吹洗泵

吹洗泵连接在炭罐与吹洗电磁阀之间的管路上，常定位在发动机舱内，用于强制建立吹洗管路与外界大气的压差，主动提升燃油的流速，加大吹洗流量。吹洗泵内部集成有电动机泵、压力传感器等。电路如图 6-22所示，电动机泵由ECM通过LIN线控制。

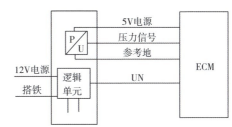

图 6-22　吹洗泵及吹洗电磁阀电路

（二）EVAP 系统电气控制

为保证发动机稳定运行，通常在起动及怠速期间，EVAP系统吹洗功能不工作。发动机处于闭环工作且相关条件满足时（如冷却液温度、发动机转速等），ECM才会控制启用吹洗功能：ECM通过PWM方式控制吹洗电磁阀启用并调节开度；同时，通风电磁阀断电，打开新鲜空气通道；ECM通过LIN线控制吹洗泵（若装配）工作，提高吹洗压力。

1.EVAP 系统吹洗流动控制

当吹洗电磁阀打开吹洗管路的通道，且通风电磁阀打开炭罐的大气通风口时，由于进气歧管有一定的真空，新鲜空气在大气压驱动下，快速流经并吹洗炭罐，将燃油蒸气从活性炭罐输送至进气歧管；若吹洗泵工作还会主动泵动燃油蒸气，加快吹洗气体的流速，增加吹洗量，如图6-23所示。

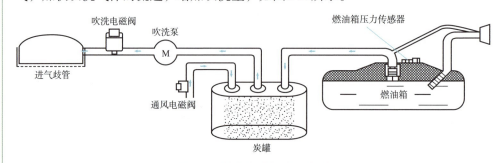

图6-23 吹洗电磁阀控制原理示意图

2. 系统自我测试

常规EVAP系统与增强型EVAP系统工作原理基本相同，但增强型EVAP系统除了具备吹洗功能外，还增加了系统自我测试功能。系统包括四个泄漏测试功能：吹洗电磁阀泄漏测试、严重泄漏/堵塞测试、炭罐通风堵塞测试、轻微泄漏测试。

1）吹洗电磁阀泄漏测试

如果吹洗电磁阀密封不当，燃油蒸气可能在非期望的时刻进入发动机，导致动力性能故障。发动机运行时，ECM指令如下部件动作以封闭系统展开测试：吹洗电磁阀断电，关闭吹洗通道；通风电磁阀通电，关闭新鲜空气入口；吹洗泵启用。ECM通过油箱压力传感器检测系统压力是否变化，如果燃油箱内的压力降低，说明吹洗电磁阀可能不严，ECM将设置相应的DTC。

2）严重泄漏/堵塞测试

如果EVAP系统严重泄漏或堵塞，将不能正常地从炭罐中吹洗燃油蒸气，导致环境污染。在特定的条件下，ECM指令如下部件动作建立真空展开测试：吹洗电磁阀通电，开启吹洗通道；通风电磁阀通电，关闭新鲜空气入口。ECM通过油箱压力传感器检测真空是否变化，如果真空没有预期的增加，说明系统可能存在严重泄漏、吹洗通道堵塞或重新电磁阀卡在闭合位置，则ECM将设置相应的DTC。

3）炭罐通风堵塞测试

如果炭罐通风管路堵塞，将不能正常地从炭罐中吹洗燃油蒸气。在特定的条件下，ECM指令如下部件动作建立真空展开测试：吹洗电磁阀通电，开启吹洗通道；通风电磁阀断电，断开新鲜空气入口。ECM通过油箱压力传感器检测系统真空度是否变化，如果真空度增加过快，说明炭罐的通风管路可能堵塞，

ECM将设置相应DTC。

4)轻微泄漏测试

如果系统轻微泄漏,会导致燃油蒸气缓慢排放到大气。发动机熄火且点火开关OFF,ECM指令如下部件动作封闭系统真空测试:吹洗电磁阀断电,关闭吹洗通道;通风电磁阀通电,关闭新鲜空气入口。正常情况下停车后油箱内的温度和压力应先升高再降低。ECM通过传感器检测压力变化特点,如果压力变化异常,说明炭罐的系统管路可能有轻微泄漏,ECM最小可检测到轻微的泄漏点。此测试时间可能长达40min,在执行寄生电流测试时需注意此功能的影响。

3.EVAP系统外部检查

EVAP系统具有部件多、管路长、密封要求高等特点,在执行系统外部维修检查时,需要关注以下要点:管路是否破损、弯折、变形、松脱;炭罐是否破损、开裂、松动;加油口盖是否密封良好;通风电磁阀前部的滤网是否堵塞,如图6-24所示。

图6-24　EVAP管路及炭罐安装位置

4.诊断仪驱动检测

类似于增强型EVAP系统具有的四大功能,我们可以主动利用诊断仪的特殊功能对系统部件进行驱动控制,同时分析数据流来对系统进行检测。

1)吹洗功能检测

发动机运行时,利用诊断仪控制EVAP吹洗电磁阀动作,随着占空比指令的增加,油箱压力传感器的压力应有所降低。

2)通风功能检测

利用诊断仪控制EVAP通风电磁阀为不通风状态,在发动机运行且非吹洗状态下,油箱压力传感器的压力值应有小幅增加。因为此时EVAP系统为一个完整的密封状态,若压力值没有增加,系统有存在泄漏的可能。

3）系统密封检测

在执行系统净化/密封检测时，指令吹洗电磁阀动作，油箱压力传感器的压力值应有明显降低。若降低幅度较慢或不降低，则EVAP系统存在泄漏点，应进一步检测相关部件。

5.EVAP系统泄漏测试检测密封性能

EVAP系统软管泄漏，系统会设置故障码或点亮发动机故障灯，在执行系统泄漏检测时，可以使用专用的EVAP系统泄漏测试仪（GE-41413-A和GE-41413-B），如图6-25所示。此测试仪有如下特点：

（1）可以向封闭的系统内冲入氮气建立起压力。

（2）通过观察压力表的变化检测系统是否有泄漏。

（3）可以检测到很细微的泄漏。

（4）配合烟雾发生器可以定位泄漏点。

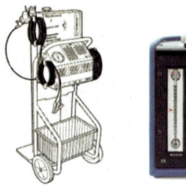

图6-25　EVAP系统泄漏测试仪

二、废气再循环（EGR）系统

废气再循环系统将少量发动机废气再次在汽缸中参与燃烧，这既降低了燃烧温度，又未增加氧气供给，进而减少了氮氧化物的生成量。发动机废气有内部废气再循环和外部废气再循环两种方式。

（1）**内部废气再循环**：是利用VVT系统直接实现汽缸内留存一部分废气再次参与燃烧。

（2）**外部废气再循环**：采用单独的系统部件将排到缸外的废气，进行控制并再次引入汽缸内参与燃烧。

第六章　发动机排放控制系统的维修

本单元只介绍外部废气再循环系统。

（一）EGR 系统组成

外部废气再循环系统相对简单，主要组成部件有：EGR电磁阀及位置传感器、EGR管路、EGR冷却器（若配备）、排气温度传感器（若配备）。

1.EGR 电磁阀及位置传感器

ECM以占空比的方式控制电磁阀线圈的搭铁，实现阀芯线性开启，调节阀门的开度，精准控制再循环的流量；EGR电磁阀通常配套设计有位置传感器，目前，主要采用非接触感应式传感器；传感器集成于EGR阀的内部，向ECM反馈EGR阀门开启状态，从而实现EGR系统的闭环控制，如图6-26所示。

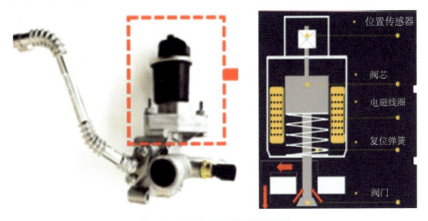

图 6-26　EGR 电磁阀内部结构示意图

2.EGR 管路及冷却器

EGR废气管路将排气系统的废气引导至进气歧管，由于废气的温度较高，管路常采用金属材料；为了减少外部管路，还有部分废气管路直接加工在发动机机体内部；有些发动机上为降低EGR废气的温度实现更精准的控制，进一步改善排放。在管路中还增设有冷凝器，用于冷却再循环的废气；冷却器连接有水管，EGR废气和发动机冷却液可在内部交换热量。

3.排气温度传感器

在EGR管路上常安装有两个排气温度传感器，用于监测排气温度；排气温度传感器信号直接输入ECM，实现更精准的EGR系统监测及控制；排气温度较高，传感器电阻值越大，信号电压也越高。

（二）EGR 系统控制

ECM根据发动机工况计算废气再循环的理想流量，通过占空比方式控制EGR电磁阀，并根据位置传感器和排气温度传感器等反馈信号实现精准的闭环控制。通常EGR阀的开启条件主要是：发动机未热机状态（冷却液温度达到阈值）、非怠速状态等。EGR废气再循环电气控制及气体流通路径如图6-27所示。

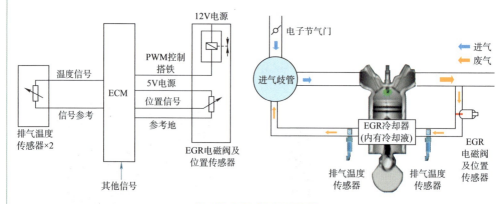

图 6-27　EGR 系统控制原理图

（三）EGR 系统的故障

EGR系统废气再循环量过高会导致动力下降，而循环量过低或不循环，则会导致爆震燃烧、发动机过热、排放不达标、自我测试不通过等现象。OBD-Ⅱ要求EGR系统能够持续监测异常低和异常高的废气再循环流量故障，并监测电气元件的开路、短路或阀芯卡滞等现象。因此使用诊断仪可能会检测到以下故障码：

DTC P0402 00　废气再循环流量过大；

DTC P042E　废气再循环阀卡滞常开位置；

DTC P0490 72　废气再循环位置未读入—执行器卡在打开位置；

DTC P0409　废气再循环位置传感器性能故障；

DTC P040F　废气再循环温度传感器1-2不合理；

DTC P041B 29　废气再循环温度传感器1性能—信号无效。

（四）系统或部件检测维修

在执行EGR系统或部件深入检查时，应关注以下事项：EGR阀至歧管之间的管路是否有破损、弯折变形、内部堵塞；EGR阀处是否有结焦、积炭、碎屑或损坏，否则会导致EGR阀卡滞在关闭或打开位置；进气歧管绝对压力传感器处是否有泄漏或堵塞（与EGR运行及测试有关）。

1. 使用诊断仪分析数据流

可以使用诊断仪查看EGR系统数据流，以分析系统运行状态。打开点火开关，观察EGR阀位置传感器参数，读数应在0~4%之间；发动机运行时，查看EGR期望值和实际值之间的差异；查看EGR冷却器出口温度传感器和发动机冷却液温度传感器的差值应在3℃左右。

2. 使用诊断仪驱动功能检测 EGR 系统

用故障诊断仪驱动EGR阀在0~40%之间动作时，确认故障诊断仪指令的EGR位置和EGR位置传感器参数保持在3%以内；当发出移动阀芯的指令后，实际位置在最初时，可能会有所波动，因此，在读取读数之前，等待1~2s，使数据参数稳定下来；当EGR电磁阀实际位置与期望位置的数值相差较大时，说明EGR阀可能存在卡滞的可能，需要对EGR阀性能进一步的检查。

3. 参考 MAP 的压力检测 EGR

废气再循环流量与进气歧管绝对压力的改变量具有一定的相关性，如图6-28所示。EGR电磁阀打开则会增加歧管的压力。关闭EGR电磁阀，阀门将会减少歧管压力。若EGR电磁阀打开时MAP数值变化的响应较慢或不变，则EGR阀芯可能存在卡滞，应进一步检查EGR电磁阀等。

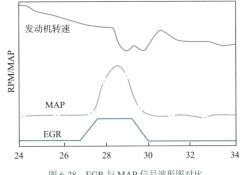

图 6-28　EGR 与 MAP 信号波形图对比

4. 使用万用表测试

可以使用万用表对EGR系统部件进行检测：使用万用表电阻挡检测排气温度传感器的电阻值或EGR电磁阀线圈的电阻值，并与标准值对比来确认其是否正常；使用电压挡检测位置传感器信号线上的电压值，根据传感器的类型与对应标准值对比，来确认其是否正常。

三、曲轴箱强制通风（PCV）系统

曲轴箱强制通风系统能够在燃烧过程中将曲轴箱内的废气吸入发动机进行燃烧，而不是直接将废气排至大气中，以降低对大气的污染。同时，可有效地降低曲轴箱内的气体压力，避免发动机损坏，例如防止油封受压漏油等；另外，若不清除窜入曲轴箱的废气，会造成曲轴箱内的机油稀释、变质，从而造成发动机部件过早磨损。

（一）系统组成

曲轴箱强制通风系统结构和布置因发动机不同而有所差异，但曲轴箱强制通风系统基本都装配以下部件：PCV阀、PCV管路、油气分离阀、压力传感器（若配备），如图6-29所示。

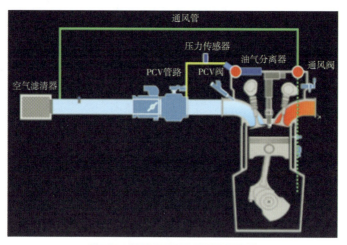

图6-29 曲轴箱强制通风系统结构示意图

1.PCV 阀

PCV阀是一个机械式控制阀，常设计成单向导通（有些是节流阀），其位置一般安装于气门室盖或缸盖上。PCV阀用于控制自曲轴箱进入歧管的废气通道，由进气歧管与曲轴箱之间的压差自动控制，其开启状态与进气歧管的真空度直接相关。不同的发动机的PCV阀结构细节及安装位置可能会有所差异。如图6-30所示，PCV阀位于缸盖内部和气门室盖内部。

2.PCV 管路

PCV管连接PCV阀与进气歧管，将来自曲轴箱内的废气引导至进气歧管，从而与进气混合后一起进入汽缸燃烧。涡轮增压发动机进气歧管内的压力变化较大，在某些工况下，不足以吸入曲轴箱内的废气，因此发动机常设计有两根PCV管，一根连接到进气歧管，另一根常连接至涡轮增压进气侧。

为满足更高排放标准，保证密封性，有些PCV管路与气门室盖做成了一体式，如果管路损坏需与气门室盖一起更换，如图6-31所示。当前很多发动机取消

第六章　发动机排放控制系统的维修

了部分外置的PCV管路，其管路直接集成于进气歧管、气门室盖或缸盖内部。

a) 缸盖内部　　　　　　　　　　　　b) 气门室盖内部

图 6-30　PCV 阀的不同安装位置

图 6-31　不同的 PCV 管路

3. 油气分离器

曲轴箱的废气中含有一定的机油蒸气，为减少机油混入进气系统，PCV系统常设计有油气分离器。以冷却、过滤的方式将窜气中的机油分离开来，流回油底壳。很多油气分离器安装在气门室盖上（或内部），有的发动机上却有两个特殊的油气分离器：初级油气分离器和次级油气分离器。

（1）初级油气分离器。安装在发动机缸体中部，将曲轴箱窜气进行初步油气分离；将多余曲轴箱窜气通过右上部缸体通道送到次级油气分离器，如图6-32所示。

（2）次级油气分离器。安装在发动机缸盖侧面，将曲轴箱窜气进一步油气分离；将多余的曲轴箱窜气通过缸盖通道送至进气歧管或进气总管；集成有橡胶膜片阀（PCV阀），通过参考大气压来调节曲轴箱压力，如图6-32所示。

4. 通风管及阀

PCV系统将曲轴箱的窜气吸入进气歧管后，会在曲轴箱内形成一定的真空；PCV系统使用通风管连接曲轴箱与空气滤清器后方，当曲轴箱有真空时，会吸入新鲜空气，以免曲轴箱真空过大，同时带走曲轴箱窜气；通风阀是一个止回阀，防止曲轴箱气体倒流回进气道。

a) 初级油气分离器安装位置　　　　　　b) 次级油气分离器安装位置

图 6-32　初、次级油气分离器

5. 压力传感器

在有些国六排放的发动机上，还增设了PCV系统压力传感器；通常安装在气门室盖上的PCV管路中，是三线压力型传感器，用于检测PCV管路内的压力；信号发送给ECM，ECM用来监测PCV管路是否泄漏或断开，如图6-33所示。

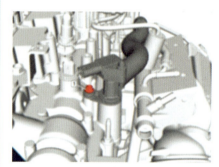

图 6-33　压力传感器安装位置

（二）系统控制

对于不同车型和PCV阀体结构可能存在一些差异，现在简单介绍PCV系统最新结构，有些发动机为了避免怠速不稳，PCV阀在怠速下并不开启，这是通过PCV内部变截面设计实现的。

1. 怠速

怠速系统控制与发动机工况相关。发动机在怠速工况下，进气歧管内真空较大，曲轴箱窜气流经通道如图6-34所示。

图 6-34　怠速时曲轴箱通风控制路线

2. 大负荷

大负荷工况时，进气歧管内的真空较小，但涡轮增压吸气侧真空较大，曲轴箱窜气流经通道如图6-35所示。

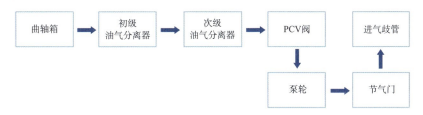

图 6-35　大负荷时曲轴箱通风线路

3. 大量窜气

当发动机发生故障，产生大量窜气时，曲轴箱内的废气压力较大，曲轴箱窜气流经通道如图6-36所示。

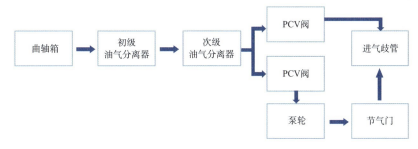

图 6-36　大量窜气时曲轴箱通风线路

4. 新鲜空气补偿

当曲轴箱内有真空时，会吸入新鲜空气，以免曲轴箱真空过大，同时带走曲轴箱窜气，如图6-37所示。

图 6-37　曲轴箱通风新鲜空气补偿线路

（三）PCV 系统常见故障

曲轴箱强制通风系统最常见故障是阀件或软管发生堵塞或泄漏，发生故障时会影响阀件或软管不通畅，可能导致如下状况：发动机怠速不稳、失速或怠速转速过低、曲轴箱压力异常、发动机油封处有机油泄漏、发动机机油消耗过大、机油进入空气滤清器或进气管、发动机内出现大量油泥。

（1）阀件或软管泄漏可能导致如下状况：发动机怠速不稳、发动机失速、发动机怠速转速过高。

（2）PCV系统初步检查。PCV系统的软管和接头较多，为确保系统的连通性和密封性，在检查时应注意以下事项：软管是否扭结变形、淤积堵塞或破损泄漏；软管内是否有积油、积水或结冰；管接头是否连接正确、是否安装紧固；管接头处密封圈是否缺失、损坏；机油尺是否安装到位，是否良好；机油加注口盖是否安装到位，密封圈是否完好。

（3）PCV阀检测维修。如果PCV阀的位置便利，可以采用以下方法进行检查维修（其他止回阀也可以参考）：在发动机怠速状态下，用手指或钳子轻轻夹住真空软管，倾听PCV阀的声音，并重复几次，如图6-38所示。

每次夹紧软管时，PCV阀应会发出一声"咔嗒"声。如果没有"咔嗒"声，检查PCV阀是否开裂或损坏。若阀体损坏，则需更换PCV阀。若PCV阀没有开裂或损坏，可向PCV阀吹入空气。空气通过时应有很大阻力，若阻力过小，则需更换PCV阀。

图 6-38　压缩空气检测 PCV 阀

四、二次空气喷射系统 AIR

不是所有的发动机都装配了二次空气喷射系统，只有那些需要满足特定排放标准的车辆才装配它，装配二次空气喷射系统的车辆有助于更有效地控制排放。通常二次空气喷射系统有三种基本设计：

（1）空气泵型二次空气喷射系统，包括空气泵、分配总成、止回阀、转向阀门、专用进气管、排气管道和一根真空信号管。转向阀门将空气送至排气歧管、三元催化转化器或是大气。如图6-39所示，使用计算机和电磁阀来控制进入排气歧管、三元催化转化器的空气流向。

（2）吸气泵型二次空气喷射系统。此系统依靠负废气脉冲打开阀门，允许外部空气进入废气流。

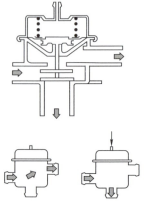

图 6-39　AIR 系统的换向阀门

第六章 发动机排放控制系统的维修

在每一个排气脉冲后都存在负压，吸气泵型系统就是利用这一负压工作。

（3）使用废气脉冲从空气滤清器总成将空气推入系统。这两种系统叫脉冲式二次空气喷射系统，不需要使用空气泵。

（一）二次空气系统工作原理

发动机电控单元控制二次空气进气阀，并通过压力 P 驱动组合阀门开始工作。发动机起动后经过滤清器的空气通过二次空气泵直接被吹到排气阀后，系统未工作时，热的废气将停止在组合阀门处，阻止进入二次空气泵。在控制过程中，自诊断系统同时进行着检测。由于废气中所含氧气量的增加导致器氧传感器电压降低，所以氧传感器必须处于工作状态。二次空气系统正常工作时，氧传感器将检测到极稀的混合气。二次空气系统只是部分时间内起作用，具体在以下两种工况下工作：冷起动后/热起动后怠速自诊断，见表6-5。

二次空气作用时间情况表　　　　　表6-5

状　　态	冷却液温度（℃）	工作时间（s）
冷起动后	+5~33	100
热起动后怠速	直到最高 96	10

（1）发动机维修过程中，各种导线、管路应恢复原位。
（2）与运动部件或发热部件保持足够的间隙。
（3）二次空气系统工作时，请勿检查氧传感器功能。
（4）二次空气系统部件可以通过自诊断来检查。

（二）二次空气系统的维修步骤

如图6-40所示，二次空气喷射阀的维修步骤（N112，进气管下黑色，大众车系为例）：

（1）检查故障存储器。
（2）进行执行元件自诊断。
（3）真空管路及软管密封良好。
（4）不可阻塞或弯折真空管。
（5）用专用工具VAG 1390检查组合阀。
（6）常规方法检查导线连接是否完好。

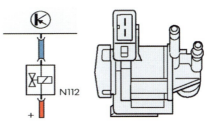

图 6-40　二次空气喷射阀端子示意图

（三）二次空气组合阀的维修步骤

拔下二次空气进气阀N112上的真空罐，将其接到VAG1390上，拆下二次空气电动机上的压力软管，按箭头方向向内吹气，组合阀应关闭；操纵手动真空泵，组合阀应打开。否则，更换组合阀。重要注意事项：检查过程中不可使用压缩空气，如图6-41所示。

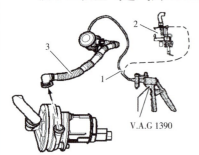

图 6-41 二次空气组合阀检测示意图
1- 真空罐；2- 二次空气进气阀 N112；3- 压力软管

（四）二次空气泵及电动机的维修步骤

1. 维修条件

（1）故障存储器无故障码。

（2）二次空气系统熔断丝正常。

（3）二次空气系统进气软管未堵塞或折叠。

2. 维修过程

（1）拆下二次空气泵上的压力软管。

（2）进行执行元件自诊断，启动二次空气继电器。

（3）二次空气泵应间歇工作，出风口出风。

（4）电动机工作，不出风——更换二次空气泵。

（5）电动机不间歇工作——检查二次空气泵功能，如图6-42所示。

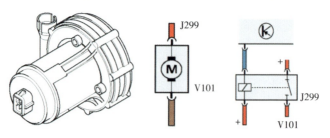

图 6-42 二次空气泵及控制继电器端子图

复习题

1.排放控制系统（装置）有哪几种？分别控制什么污染物？

2.氧传感器的类型有哪些？各是什么？

3.三元催化转化器控制哪三种危害气体？

4.发动机GPF系统有几种再生方式？各是什么？

5.一个正常工作的三元催化转化器，入口温度和出口温度哪个高？相差多少？

第七章

车载诊断系统（OBD）的维修

OBD是On-Board Diagnostics（车载诊断系统）的英文缩写。车载诊断系统OBD-Ⅱ是为满足美国加利福尼亚州政府和美国联邦政府为所有汽车生产商制定的排放控制系统监测标准而开发的。OBD-Ⅱ的主要目标是检测发动机及排放控制系统何时损坏或何时因组成部件失效而造成排气污染增加50%以上。监视和保护催化转化器是OBD-Ⅱ优先考虑的主要任务之一。OBD-Ⅱ对车辆进行自诊断，以检测可能导致排放超标的状况。当与排放相关的任何部件发生故障时，OBD-Ⅱ的监测应显示出现故障，将相应的故障码存入车载电脑，并点亮故障指示（MIL）灯，车辆驾驶员能够通过一个标准的诊断系统识别故障码。维修技术人员利用这个故障码可以顺利维修治理排放超标车故障。

第一节　车载诊断系统（OBD-Ⅱ）介绍

一、车载诊断系统（OBD-Ⅱ）介绍

OBD-Ⅱ要求在不使用专用工具的情况下采用标准的维修程序。为了实现这些目标，生产商们需要在很多方面改变发动机电子控制系统。根据OBD-Ⅱ的指导方针，所有汽车都必须有：

（1）一个具有一定端子数的通用诊断插接器，即常说的诊断插座（DLC）。

（2）DLC的标准安装位置。必须位于乘客室内驾驶员侧的仪表板下面，而

第七章 车载诊断系统（OBD）的维修

且必须能看得见（SAE J1962）。

（3）标准的故障码（DTC）表，SAE标准J1979。

（4）标准通信协议（SAE标准J1850）。

（5）适用于各种车型且可在故障模式下使用的通用诊断仪（SAE标准J1978）。

（6）通用诊断测试模式（SAE标准J1699、J1978、J1979）。

（7）汽车表示信息必须自动传输至诊断仪。

（8）已存储的故障码必须能够用诊断仪清除。

（9）能够将故障发生时瞬间的工况记录下来并存储到存储器中。

（10）只要汽车出现故障并影响排放质量时，便能存储一个故障码。

（11）电控系统的所有部件必须使用标准的专业名称，缩写和定义（ISO 15031）。

如果汽车排放超过基于美国联邦试验规范（FTP）的排放标准的1.5倍时，OBD-Ⅱ系统必须点亮故障指示（MIL）灯。当排放系统的部件失效或控制策略失效，从而导致排放超过这个标准时，MIL灯亮以提醒驾驶员出现问题，同时，将故障码存储在动力控制模块（PCM）内。

除了提高计算机的容量，还需要一些附加硬件来密切监视汽车的排放性能，以满足越来越严格的排放法规，而不再是像以前那样仅仅跟踪部件的故障。大多数情况下，这些硬件由下列部件组成：加热型氧传感器、升级的专业插接器、精密的曲轴位置传感器和凸轮轴位置传感器以及一个新的标准16端子的DLC。

二、OBD-Ⅰ与OBD-Ⅱ诊断的比较

OBD-Ⅱ之前是OBD-Ⅰ。在装备有OBD-Ⅰ系统的车辆中，如果监测到一个故障，故障指示（MIL）灯就会点亮。如果在电路的下一次测试中没有检测到故障，MIL灯将会熄灭。如果灯点亮的时间持续几秒，然后熄灭，大部分驾驶员都不会将车送到维修厂（站）进行诊断维修。而在OBD-Ⅱ车辆中MIL灯不会发生间歇闪亮的现象。MIL灯一旦被点亮，只有在经过了一系列行程都没有故障发生的前提下，MIL灯才会被熄灭。正时由于这个原因，客户才更有可能将他们的车送入维修厂（站）进行检修。

当车辆被送入维修车间后，你会发现OBD-Ⅰ与OBD-Ⅱ的一些其他差别。在OBD-Ⅰ系统中，一般需要读出所有的故障码，记录它们，然后将它们擦除。故障码被擦除后，重新起动车辆来检查会重新出现哪个故障码。然后对这些故障码

进行诊断。在OBD-Ⅱ车辆中，大部分生产商建议在维修已经被确认后，再擦除故障码。也就是说，在维修完成后，使监测系统重新运行，用来确认车辆已经没有任何故障发生。由于在OBD-Ⅱ车辆中，擦除故障码会清除所有的OBD-Ⅱ数据，因此，一般建议在对维修进行确认后再擦除故障码，这些数据包括有助于诊断完成的冻结数据帧和相似状态窗口。当对一辆MIL灯被点亮的OBD-Ⅱ车辆进行诊断时，下列是典型的诊断步骤：

（1）读取并记录所有的故障码。

（2）检查冻结数据帧中的数据，并判断哪个故障码与冻结数据帧相一致。

（3）如果相一致，检查相似状态窗口。

三、OBD-Ⅱ的零部件要求

OBD-Ⅱ要求汽车生产商使用标准的零部件和系统装置，包括连接器（DLC）、数字电路、诊断测试和故障码（DTC）。1991年美国汽车工程师学会（SAE）颁布了电气/电子系统的诊断术语、定义、缩写和简称的标准，称为J1930标准，应用于下列几个方面：

（1）诊断、服务、维修手册。

（2）技术服务公告和更新。

（3）训练手册。

（4）维修数据库。

（5）发动机舱盖下的排放标签。

（6）排放认证的申请。

1. 检查连接器（DLC）

OBD-Ⅱ采用通用诊断仪检测与排放相关的项目，并读取故障码（DTC），这样不需要使用各个生产商的专用诊断工具就可以获得这些信息。根据SAE制定的检测连接器（DLC）标准，可以方便地进行这些仪器与PCM之间的信号传输。标准要求DLC必须安放在客舱内乘客视线以外的地方（图7-1），DLC必须是一个16端子连接器，SAE对其中的一些端子进行了定义，这种连接器被称为J1962连接器。

DLC16个针脚，各个针脚表示了不相同的作用，其中1、3、8、11、12、13可以按照厂家的实际状况实行自定义；2：SAE J1850 总线+；10：SAE J1850 总线-；4：车身地；5：信号地；6：CAN-H；14：CAN-L；7：K-Line；15：L-Line；16：常电源。

第七章　车载诊断系统（OBD）的维修

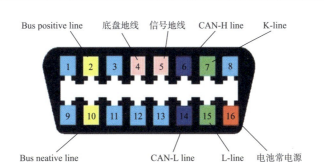

图 7-1　标准 OBD16 针插座

汽车生产商开始对2004年车型执行一项新的要求，即在诊断功能中使用控制区域网络（CAN）总线技术。这项要求（J2284标准）规定总线系统必须连接在DLC的端子6和端子14上，这些端子以前是由汽车生产商自由使用的。因此，很多使用这两个端子作其他用途的汽车生产商都需要重新配置新的DLC。

2. 串行数据电路

作为被美国联邦政府采纳的法规的一部分，1990年的清洁空气法案要求，所有的PCM具有与采用普通车辆通信协议的通用诊断仪进行通信的能力，这些要求最迟必须在1996年开始生产的车型上实现。实际要求在1994年款及以后的车型上装备，可给予最多两年的过渡期。

然而，由于汽车制造厂在使用自己的诊断仪时，总会选择适合自身的一种通信方式。因此，在OBD-Ⅱ系统中可能会存在多于一种的DLC数据传输方式。串行数据是一个术语，指一种数据传输的方法。串行数据使用一根线传输，一次只传送一位。数据通过数据总线传输，这样总线将数据传送给PCM和其他相关模块。串行数据也是PCM发送给诊断仪或其他控制模块的信息。

四、OBD-Ⅱ自诊断

1. 美国汽车工程师学会（SAE）标准

SAE J1962的标准适用于连接器（DLC），如DLC和诊断维修工具。SAEJ 1962标准还规定了DLC在仪表板下的位置。SAE J 1930建立术语和缩写标准。这些标准提供了这个领域中通用的术语。SAE J1979和SAEJ 1990建立了汽车电子系统试验模式的标准。SAE J2012标准则定义了故障码的专门要求。

2. 诊断码（DTC）释义

SAE J2012标准规定，所有的故障码（DTC）应有五位字母数字混合的计数与书写系统。下面的参数表明了一般范围的DTC。

（1）P——动力系统。

（2）B——车身。

（3）C——底盘。

DTC的第一个数字表明DTC定义所代表的意义。

（1）0——美国汽车工程师学会（SAE）。

（2）1——制造商。

DTC中第三位表示DTC所属的子组，可能的子组有：

0——整个系统。

1——燃油—空气控制。

2——燃油—空气控制。

3——点火系统失火。

4——辅助排放控制。

5——怠速控制。

6——PCM和I/O。

7——变速器。

8——非动力系统控制的动力系。

第四位和第五位数字规定了故障所在的区域。代码P1711有如下的解释：

（1）P——动力系统故障码。

（2）1——制造商定义的代码。

（3）7——变速器子组。

（4）11——变速器油温传感器和相关电路。

3. 故障诊断仪诊断

故障诊断仪必须有合适的连接器，以适应OBD-Ⅱ系统的DLC（图7-2）和被测汽车的软件。可以用不同的插头匹配OBD-Ⅱ故障诊断仪的电缆。这个电缆取决于被测车辆。要确保故障诊断仪的制造商为被测汽车推荐的插头已插入OBD-Ⅱ的电缆中。车辆的种类、年型、发动机的尺寸必须能够在故障诊断仪中进行选择。一般应按照故障诊断仪的制造商提供的手册指导进行操作。

4. OBD-Ⅱ数据流和DTC故障码诊断

将正确的车辆年型、VIN号输入故障诊断

图7-2 连接器（DLC）

第七章 车载诊断系统（OBD）的维修

仪后，必须选择OBD-Ⅱ。之后，可以选择OBD-Ⅱ数据流。在此模式中，故障诊断仪显示所有的输入数据。该数据可以包括发动机数据、废气再循环数据、三元催化转化器数据、氧传感器数据、点火失效数据。这些可得到的实际数据因汽车和故障诊断仪的不同而各异，通常要检查汽车制造商手册和诊断仪生产商手册。这些手册提供了所有显示数据的释义。

一些OBD-Ⅱ系统在诊断仪上提供闪存的DTC和故障指示（MIL）灯及OBD DTC。在其他OBD-Ⅱ系统中闪存DTC和OBD-Ⅱ是无法实现的。当在PCM存储器中设置DTC所需的条件和时间满足时，闪存DTC和OBD-Ⅱ，DTC就被显示出来。当DTC选项被选择时，故障诊断仪可以用来读取和擦除DTC。在许多车辆中OBD-Ⅱ代码同早期相比更加广泛，这为维修技术人员提供了更多的诊断帮助。例如，在一些OBD-Ⅱ汽车中，汽缸失火或汽缸喷油器故障的故障码（DTC）可以获得。由于许多OBD-Ⅱ系统中氧传感器加热器由PCM提供电源。并为氧传感器失效提供了一个故障码。要得到OBD-Ⅱ故障码，请参照汽车制造商维修手册中的故障码列表或故障诊断仪手册。

5.OBD-Ⅱ冻结数据帧和失效记录诊断

在DTC功能中，可以冻结帧数据。当一个与排放有关的故障存储到PCM存储器中，且MIL灯闪亮时，OBD-Ⅱ系统冻结数据到PCM的存储器中。此冻结帧数据用于判断失效代码的原因，尤其用于间歇故障。在一些通用汽车公司的汽车上，故障记录信息也可以用在诊断仪上。此信息与冻结帧数据非常相似，但故障记录包括与故障相关的数据，故障在PCM中设置代码并使MIL灯闪烁。

6.OBD-Ⅱ读取状态和氧测试

OBD-Ⅱ读取状态表明OBD-Ⅱ系统各种监控是否已经完成。此模式并不表明在每次监控期间排放水平是否过高。氧传感器模式提供氧传感器数据，该数据也可以用于OBD-Ⅱ数据流中。

7.OBD-Ⅱ不相容数据

OBD-Ⅱ不相容数据模式为汽车上连接到数据线的每个计算机提供了一个辨识数字号。故障诊断仪可以用来选择每个计算机和显示计算机中的数据。于是维修技术人员便能确定哪个计算机正在发送正确的数据及哪个计算机正在发送不相容或不正确的数据。

五、OBD-Ⅱ术语

有些术语用来描述测试、驾驶方法或者监测标准，以下是这些术语的定义。

179

1. 驾驶循环

一个驾驶循环是用来确定某些故障症状，或者确定故障症状修复的特定驾驶方法，驾驶循环同时也是一个用于开始和完成某个特定OBD-Ⅱ监测的驱动方法。

一个最小驾驶循环定义为从发动机起动、车辆运行，直到PCM进入闭环控制的全过程。为了完成一个驾驶循环，完成所有五个监测后，必须监测催化转化器。在一个行程中，在完成其他五个监测后，必须完成催化转化器监测。

为了完成所有的OBD-Ⅱ监测，必须进行下列所有工作：

（1）从发动机暖机开始，连续对失火、综合部件和燃料供给系统进行监测，并可以在任意时刻结束。

（2）在断油减速时进行失火监测，在1/4~1/2节气门开度下加速到88.51km/h，然后将节气门关闭，减速运行10s时间。为了满足失火监测要求，必须至少连续进行两次加速后的减速过程。

（3）在综合部件监测中，传动系统部件的功能性考核，在驾驶周期的正常城市部分中，至少需要有六个完整的停车过程。

（4）废气再循环（EGR）和二次空气喷射（AIR）系统的监测需要一系列的怠速和加速过程。

（5）加热氧传感器（HO$_2$S）监测要求将车速保持在48~64km/h的情况下，维持大约1min。

（6）二次空气喷射系统监测从车辆开始起动计时，大约需要12min。

（7）催化转化器效率监测要求车辆在64~96km/h的车速下稳定行驶5min，接着在驾驶周期的正常城市部分中，将车速维持在40~64km/h的情况下运行10min。

（8）蒸发排放监测要求在驾驶循环（10min）中，节气门开度稳定的情况时，车速在72~96km/h时，至少维持3min，用来测试蒸发系统。

（9）使用OBD-Ⅱ系统诊断仪都有准备就绪功能，用来指示每个行程监测的状态。

2. 行程

一个行程是一系列车辆运行工况，使其符合特定的监测要求。所有行程都要求有一个主循环。单行程监测是在每个驾驶行程中运行一次，这个行程是根据发动机的开始—停止循环来定义的。

连续监测是指始终运行，用来确认OBD是否准备就绪并设置DTC。单行程故障是指当记录一次故障后，点亮MIL灯。这也被称为"A类监测"。

第七章 车载诊断系统（OBD）的维修

两行程故障是指在一段时间内要出现两次同样的故障，才点亮MIL灯。这样允许系统进行重复检查，避免没有存在实际故障就点亮MIL灯的情况发生。也称为"B类监测"。如果诊断检测过程中发现某个监测系统已经发生了故障，且该故障会导致另一个监测系统无法运行，则那个监测系统处于未决状态，等待前面的监测系统的修复。

行程是一个很难定义的概念，这是由于对一个行程的要求是随所有进行的测试的不同而不同的。对于一个行程的最低要求是在OBD-Ⅱ驾驶循环之前，必须存在一个点火开关关闭周期。一般来讲，一个行程必须包括一个点火开关关闭周期，然后起动发动机、驾驶车辆。

车辆测试的时间长度是不同的，可以是一个单行程监测，也可以是一个连续监测。举例来说，如果前提条件满足，失火、综合部件和燃料供给系统的监测都属于连续监测的范围。在一个行程中这些监测可以在任何时刻结束。完成EGR监测要求进行一系列发动机怠速和加速过程。对HO_2S监测要求在发动机暖机过程后进行，并且将车速保持在32~64km/h稳定运行20s（图7-3），不需要为催化转化器效率监测定义一个OBD-Ⅱ行程。

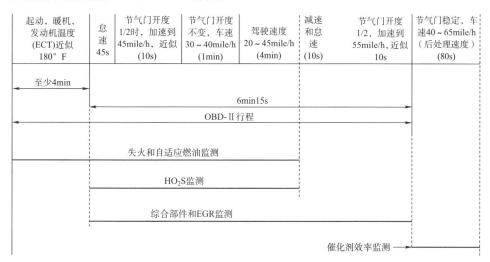

图7-3 驾驶循环图表

一个特定OBD-Ⅱ测试的组成是很重要的，这是因为车辆发生故障的次数需要大于一次才能点亮MIL灯，并记录一个DTC，测试可以是单行程故障或者两行程故障。

诊断测试有时候会停止进行，由于某些情况导致测试失败时，测试将会处于未决状态。举例来说，如果由于氧传感器发生故障使得MIL灯点亮，则催化转化器监测会停止，这是由于它需要氧传感器的输入信号，这时进行测试会得到不正确的结果。所以测试会处于未决状态，需要首先解决相关问题。

某些时候正在进行的其他测试过程中，或者其他故障可能与正在进行的测试发生冲突。这时，系统将不会继续进行测试。另外，两行程的故障不允许将测试结果先处于悬挂状态，在获得其他监测器的结果之后继续进行。

当两个监测系统都遇到可以运行的合适情况时，会产生监测系统之间冲突。其中的一个监测系统会停止运行，因为其他监测系统的运行可能导致发生故障。当A/C压缩机打开时，一些监测系统也可能发生冲突。

处于悬挂状态的监测系统是指在首次测试时记录一个故障，而第二次测试时监测系统表明发生故障。此时故障码可能被处于悬挂状态，直到可能引起这个监测器故障的其他部件重新运行，用来检查它们的功能。

3. 暖机循环

暖机循环的定义为发动机关闭周期后车辆的运行过程。在车辆的运行过程中，发动机冷却液温度必须升高至少4℃，冷却液温度至少应当达到71℃。如果在某个故障的MIL灯关闭后，这个故障不再出现，经过40次暖机循环后，将擦除大部分故障码（DTC）。

4. 诊断故障码（DTC）

当进行一个测试时，OBD-Ⅱ软件必须判断系统是否通过测试或发生故障，如果系统存在故障，它必须判断这个故障失败是否足以点亮MIL灯。如果还没有达到点亮条件，PCM将会存储一个预备故障码。在下一个行程中重新进行这个测试，然后重新判断系统是否通过或存在故障。当测试显示存在故障时，就会存储一个故障码（DTC），点亮MIL灯。一旦MIL灯被点亮，系统必须连续通过监测，MIL灯才会熄灭。如果经过40个暖机周期后系统没有出现其他故障，则擦除DTC。

5. 冻结数据帧

暖机周期的计数用于从PCM的内存中擦除故障码。在三个运行正常的行程使得MIL灯熄灭以前，暖机周期的数值不增加。预备故障码也被称为单行程故障码或者未决码。冻结数据帧是在首次被检测到故障后，对车辆运行状况的简短描述。尽管优先级的水平是相同的，但是一些生产商采用数字，而其他生产商则采用字母来区分优先级。

当设置一个预备故障码时，所有的OBD-Ⅱ监测系统都能记录当时车辆状况

第七章 车载诊断系统（OBD）的维修

的冻结数据帧。通过使用诊断仪，就能够获得这些数据，这些数据是在系统第一次出现故障，而MIL灯还没有必要被点亮的时候存储的。在多个监测器监测到故障时，监测到的第一个发生故障情况将会存储在冻结数据帧中，由于只能存储一个冻结数据帧，具有最高优先级的监测器会覆盖低优先级的冻结数据帧，冻结数据帧中包含的信息有：

（1）故障码。

（2）发动机转速。

（3）发动机负荷。

（4）燃油修正。

（5）冷却液温度。

（6）进气歧管绝对压力。

（7）工作模式（开环和闭环）。

（8）车速。

（9）冻结数据帧优先级。

冻结数据帧的优先级是根据故障的严重程度定义的。举例来说，当监测到系统故障时，预备故障码或者故障码的优先级将优于冻结数据帧。在冻结数据帧中，高优先级的预备故障码或者故障码将会覆盖低优先级的故障，冻结数据帧的优先级故障码如下：

（1）0优先级——与排放无关的故障码。

（2）1优先级——与燃料供给系统和失火无关的两行程故障中的单行程故障。

（3）2优先级——燃料供给系统或者失火的两行程故障中的单行程故障。

（4）3优先级——燃料供给系统或者失火的两行程故障中的两行程故障。

（5）4优先级——燃料供给系统或者失火的两行程故障中的两行程故障。

6. 相似状态窗口（SCW）

必须注意到，为了获得故障码，汽车并不需要在相似条件窗口下驾驶。然而为了熄灭MIL灯，汽车必须在相似条件窗口下运行，通过增加正常行程技术熄灭MIL灯。

如果由于失火或者燃料供给系统相关的问题而设置了DTC，PCM要求发动机回到相似状态窗口（SCW）重新检测。当监测到失火或燃料供给系统故障后，点亮MIL灯。一旦进入相似状态窗口，必须对PCM重新进行测试。监测系统必须在相似状态窗口中连续三次通过监测，MIL灯才被熄灭。相似状态的定义是：发动机转速误差在故障时转速的375r/min以内，进气歧管绝对压力的误差在发生故障时的20%以内。此外，发动机必须在相同的燃油控制模式和相近的温度下工作。

7. 准备就绪指示器（CARB）

准备就绪指示器（CARB）能够显示出监测系统是否在工作，而不考虑它是否能通过测试。排放检查员会检查监测系统的工作是否正常，检查是否已经点亮了MIL灯。

当进行排放I/M测试时，使用准备就绪指示器（CARB）。联邦环保署（EPA）法规要求，某些城市在对新车进行注册前必须进行这些测试。法规中声明：为了通过I/M测试，车辆必须至少运行一次整个准备就绪指示器（CARB）。如果监测到任何系统故障，都将点亮MIL灯，有故障的车辆在被修理前不能注册，准备就绪指示器仅对单行程监测系统进行标记，很多城市使用准备就绪指示器（CARB）代替从排气管的排放取样工作。

8. 指数加权滑动平均

相似状态窗口（SCM）是故障发生时刻所记录的数据状态的数据库。准备就绪指示器（CARB）可以用来确认是否所有的单行监测都已经运行完成。指数加权滑动平均（EWMA）是一个经过证明的统计学数据处理技术，通常用于减少引入数据流的变化。EWMA可以被认为是衰减因数或者衰变因数。

有些生产商将指数加权滑动平均（EWMA）用在了它们的监测系统上，例如应用于催化剂和EGR监测器。EWMA同时利用瞬间数据和历史数据进行趋势判定。这种方法能够防止在过渡期内点亮MIL灯。EWMA不影响数的平均值，但是这种方法会影响数据的分布。采用EWMA能够"过滤掉"某些显示极端的数据点，或者不正常变化的数据点，这些数据可能使MIL灯被不正确的点亮，软件中EWMA的简化数学公式可以表达为：

新平均值=（新数据点×过滤器常数）+［（1-过滤器常数）×旧平均值］

这个公式对输入数据的步长变化产生指数响应，"过滤器常数"确定了响应的时间常数。较大的过滤器常数如0.9意味着用90%的新数据点和10%的旧平均值进行新的平均，这样对步长变化的响应迅速。

相反，小的过滤器常数如0.1，意味着用10%的新数据点和90%的旧平均值进行新的平均。当EWMA应用于监测系统时，新的数据点是根据上一次的监测估计结果计算出来的。每次对监测系统进行评价和储存时，都对新的平均值进行计算。通常，在每个驾驶循环中，都会发生这种情况。

第七章 车载诊断系统（OBD）的维修

第二节 OBD-Ⅱ诊断故障码

一、故障码的类型

每个诊断故障码都对应一个特定的诊断测试。诊断管理系统根据一个或者多个测试循环过程中出现的故障，设置相应的诊断故障码。

对于某些测试来说，必须监测到连续两次的失败循环才能设定诊断故障码。

1）A类诊断故障码

A类诊断故障码是与排放相关的诊断故障码。在诊断测试过程中首次出现故障时，诊断管理系统将会：激活故障指示灯；存储历史诊断故障码；储存冻结帧或故障记录；每次诊断测试通过、未通过或者未运行时，都会更新故障记录。

2）B类诊断故障码

B类诊断故障码同样也是与排放相关的。诊断测试过程中首次出现测试失败后，将会设置B类的诊断故障码并对故障记录进行更新。当一个测试循环通过后，B类的诊断故障码将会清除。

每次点火循环过程中第一次出现测试失败时，B类诊断故障码将会对故障记录进行更新。若下一个连续的工作循环仍然出现同样的测试失败情况，则诊断管理系统将会：要求系统激活故障指示灯；存储历史诊断故障码；某些情况下存储冻结帧。

3）C类诊断故障码

C类诊断故障码也被称为C1诊断故障码，属于非排放类故障码。诊断测试过程中首次出现故障时，诊断管理系统将会：激活维修指示灯或者向驾驶员信息中心发送维修提示信息；存储故障记录；每个点火循环首次出现失败时将会更新故障记录；存储历史诊断故障码。C类诊断故障码不存储冻结帧。

4）D类诊断故障码

D类诊断故障码也属于非排放类故障码。D类诊断故障码不会激活任何故障指示灯也不会存储冻结帧。当首次出现失败的测试循环时，D类诊断故障码将会存储历史诊断故障码。每次点火循环中首次出现测试失败后将会对故障记录进行更新。

5）X类诊断故障码

X类诊断故障码通常集成于动力系统控制模块软件中，大多数都用于未配置故障指示灯及故障码存储功能的车型中。X类诊断故障码不会激活故障指示灯，不存储诊断故障码，不存储冻结帧和故障记录。尽管没有存储诊断故障码，但当诊断与X类诊断故障码相关系统的故障时，诊断故障码列表仍能够作为故障判断的依据。

二、诊断测试流程

当运行诊断测试时，动力总成控制模块将执行以下工作步骤：首先，运行诊断测试，若测试通过，则将会对诊断故障码信息进行更新；若连续3个测试循环都通过，将消除故障指示灯；若连续40次热机循环没有出现不通过的情形，则诊断故障码、冻结帧、故障记录都将被清除；若没有出现连续3个测试循环通过或者连续40个热机循环都通过的情形，则继续运行诊断测试，如图7-4所示。

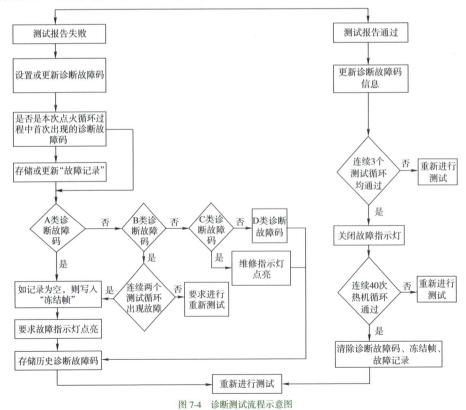

图7-4 诊断测试流程示意图

第七章 车载诊断系统（OBD）的维修

若诊断测试失败，则诊断管理系统将会设置或更新诊断故障码信息。若在点火循环的诊断测试中出现首次失败，则将会保存记录或更新记录。同时诊断管理系统将确定诊断故障码的类型。

1. 诊断测试

在OBD-Ⅱ工作过程中，当A类或B类诊断故障码作为历史诊断故障码存储时，诊断执行程序将同时记录故障码设置时的特定车况。PCM仅存储一个首次测试失败（设置故障码同时激活故障指示灯）时的冻结帧记录。

若测试再次出现失败的情况，则不再对冻结帧进行更新。燃油修正与缺火相关的诊断故障码优先级高于其他类型的DTC。除非此前已经存储燃油修正或者缺火相关的诊断故障码，否则新的诊断故障码将会覆盖冻结帧记录，则此前存储的任何与诊断故障码相关的信息都将丢失。

2. 故障记录

当设置了多个诊断故障码或者诊断故障码为非排放相关的DTC时，技师可使用故障记录进行故障分析。故障记录存储了与冻结帧相似的数据信息。在每次点火循环过程中首次出现测试失败时，就会对这些故障记录进行更新。这其中包括了仅一次失败测试循环而设置的B类DTC。与冻结帧不同的是，故障记录不仅仅局限于排放相关的DTC，且PCM可存储多个故障记录。C类和D类诊断故障码也会存储故障记录。

某些PCM可存储多达5个单独的DTC故障记录，且最新的故障记录将会占据第一位置。随着故障记录的增加，旧的故障记录将会按照先进/先出的规律被新的故障记录所覆盖。 注意：冻结帧和故障记录是技师重要的诊断参考数据，因为技师可利用冻结帧和故障记录来确定故障发生时的运行工况，如图7-5所示。

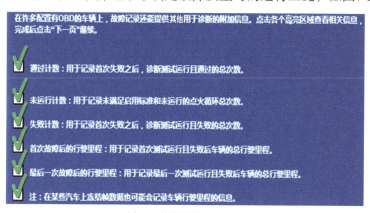

图7-5　故障诊断仪上的记录

3. 故障码清除方法

OBD-Ⅱ车辆通常通过三种方式清除诊断故障码：

方法一，清除诊断故障码的最佳方法就是使用诊断仪。此操作同时还可清除所有的冻结帧、故障记录和PCM过滤的数据。对于1995年和1996年产的车辆，仅清除部分系统（存在DTC）的系统状态标识。对于1997年及以后生产的车辆，使用诊断仪中的"清除诊断故障码"指令即可清除所有系统故障信息。

方法二，断开PCM与蓄电池间的正极或负极电路。利用此方法清除故障码时，控制模块内储存的信息将会丢失，不推荐使用这种方法清除故障码。

方法三，诊断管理系统的执行程序自动清除内存数据。故障消失后，执行程序将会开始对热机循环进行计数。当连续进行40个热机循环均未出现任何故障时，诊断故障码将会自动从动力总成控制模块内存中清除。

4. 诊断测试

"1"出现一次失败测试时，OBD-Ⅱ将会根据诊断故障码的类型作出响应。一次失败测试的响应见表7-1。

一次性测试失败记录情况　　　　　　　　　　　表7-1

类　型	一　次　失　败　测　试
A	更新失败测试记录；激活故障指示灯；生成排放相关冻结帧
B	启用B类诊断测试程序；第二次测试循环通过后将会接除B类诊断故障码
C	存储历史诊断故障码；更新诊断故障码信息
D	存储历史诊断故障码；更新诊断故障码信息

"2"若B类故障码出现连续两次的诊断测试失败，诊断执行程序将会激活故障指示灯，在满足条件的情况下写入冻结帧。出现两次不连续燃油修正或缺火相关的诊断故障码时，将会激活故障指示灯。若第二次故障与第一次故障的运行工况相同，则动力总成控制模块将会尝试写入冻结帧。

"3"连续三个循环的诊断测试均通过且未收到其他附加故障报告时，诊断测试执行程序将会在下次点火循环中消除故障指示灯。

"40"诊断测试过程中，若连续40次热机循环未出现故障报告时，诊断测试执行程序将会清除此前存储的诊断故障码以及故障记录。但不适用于缺火和燃油修正相关的故障。

"80"首次出现燃油修正及会损伤三元催化转化器的缺火故障后，诊断测试将继续启用多达80个测试循环。若没有再次出现故障，则在80个测试循环过后诊

第七章 车载诊断系统（OBD）的维修

断测试将会自动解除。

若在相似的发动机转速、负荷和温度工况下再次出现故障，则将会存储诊断故障码为历史故障码，诊断测试程序将激活故障指示灯同时写入冻结帧，并更新故障记录。

三、故障诊断仪的诊断

（一）检查与维护信息的获取

1. 获取信息

PCM能够存储诊断故障码、冻结帧和未通过记录。诊断仪具有获取这些信息的功能，这里以通用专用诊断仪Tech2为例进行介绍。故障码清除后仍然可读取获取信息中有维修参考价值的信息。

"获取信息"的数据存储在Tech2的存储卡中，清除诊断故障码时不会将其清除，只有获取新的数据时才可能将其覆盖。

"储存信息"是将来自PCM中的数据存储到Tech2的存储卡中。刷新信息时会用PCM内存中的信息数据来覆盖Tech2中存储的数据，如图7-6所示。

2. I/M系统状况

I/M系统状况用于显示检查与维护（I/M）标识、测试状态等。I/M标识用于显示OBD-Ⅱ系统对车辆排放控制装置诊断的状态，如图7-7所示。

图7-6 利用诊断仪获取信息

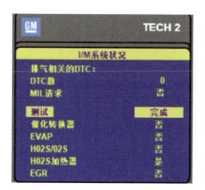
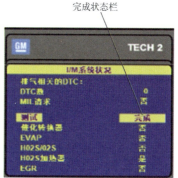

图7-7 诊断仪显示的 I/M 信息

排放控制系统的每个诊断测试都要进行至少一次或者多次。所有诊断测试完成后，完成状态栏下的"否（未完成）"将会变为"是（已完成）"。这就说明了系统中的此测试过程已经完成。

注意：系统状况不会参照诊断的通过/未通过的结果，只在测试过程完成时才会显示"完成"。若诊断测试未通过，则会产生相应的诊断故障码来表示出现故障。

3. I/M 系统状态标识

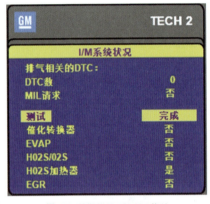

图 7-8　诊断仪显示的 I/M 状况

若出现下列任何一种情况时，I/M系统状态标识将会被清除或者设置到"否（未完成）"状态：PCM电源或者搭铁断开；蓄电池断开或者低于工作电压；维修完成后DTC被清除；刚出厂的新车没有行驶过，需要通过必要的驾驶条件才会设置I/M标识，如图7-8所示。

除非在某些地方要求进行排放测试，否则没有必要设定所有的I/M标识。为验证排放系统的完整性以及维修的有效性，便于设定所有的状态标识，应在特定工况下驾驶车辆。在正常驾驶工况中将能够设置大多数检查与维护状态标识，但要完成所有状态标识的设定需要数个驾驶循环。

（二）OBD-Ⅱ驾驶循环

1.OBD 冷起动

OBD-Ⅱ驾驶循环自汽车冷起动开始，并满足以下的条件：大气压力大于75kPa；发动机冷却液温度低于30℃；进气温度低于30℃；发动机进气温度和冷却液温度的温差不得大于5℃；蓄电池电压应介于10.5~16V之间；油箱油量应处于满油位的1/2~3/4之间。以上是以通用汽车为例，其他品牌车系具体数据参照维修手册。

2.OBD-Ⅱ驾驶循环准备

OBD-Ⅱ驾驶循环用于运行所有排放相关的车载诊断。当所有诊断测试运行时，系统状态标识则设置为"是"。可使用TECH2确定OBD-Ⅱ是否完成，如图7-9所示。

第七章 车载诊断系统（OBD）的维修

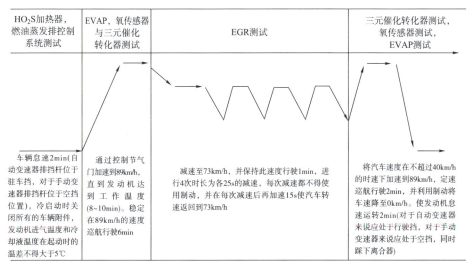

图 7-9 OBD-Ⅱ行程循环图

（1）在打开点火钥匙之前首先使用车辆信息对诊断工具进行设定。

（2）关闭所有电器附件，如空调、鼓风机或者收音机。

（3）踩下制动踏板。自动变速器挡位应位于驻车挡（P位），对于手动变速器挡位应位于空挡。

（4）起动发动机使车辆怠速运行2min。在此工作过程中，针对加热型氧传感器和燃油蒸发排放控制系统的诊断测试开始运行。

3. 与 OBD-Ⅱ驾驶循环加速和减速相关的信息

1）加速循环

加速到89km/h并保持此车速直到发动机达到正常工作温度，这可能需要8~10min，并保持此速度运行6min。在这段时间内，某些车辆上开始运行燃油蒸发排放控制系统、空气喷射装置、氧传感器以及三元催化转化器的测试。

2）减速循环

加速循环完成后，将车辆减速到73km/h，并保持此车速运行1min。然后，进行4次各为25s的从73km/h开始的减速，每次减速时都保持节气门关闭。减速过程中，不得使用制动踏板或者离合器，不得减挡，同时车速应高于40km/h。每次减速期过后，再加速到73km/h并保持此车速15s，同时系统运行废气再循环测试。

3）加速&制动循环

废气再循环测试完成后，将车辆从73km/h加速到89km/h并保持此车速行驶

2min，然后减速到0km/h。发动机保持怠速运行2min并踩下制动踏板。对于自动变速器来说应将挡位设定在前进挡，而对于手动变速器来说应将挡位设定在空挡，同时踩下离合器踏板。根据车辆型号的不同，系统还可能进行三元催化转化器测试以及氧传感器和燃油蒸发排放控制系统的测试。

第三节　OBD-Ⅱ系统的监测

一、传感器的监测

1. 加热型氧传感器（HO_2S）监测器

在每个行驶循环中，所有HO_2S都要被监测一次，但HO_2S监测器对上下游传感器分别进行检测。HO_2S监测器检查上游HO_2S电压信号的频率。电压信号的频率过低表明传感器有故障。HO_2S监测器改变燃油供应量若干次并检验其响应，传感器电压信号效率响应缓慢表明传感器有故障。传感器信号的电压值是否过高也属于监测范围。

HO_2S监测器还检查下游HO_2S信号的频率，并检查信号的电压是否过高，假如监测器发现信号的频率不在指定范围内，便可认定下游HO_2S出了故障。HO_2S监测器将命令PCM模块改变空燃比，以检查下游HO_2S的响应。

2. λ传感器的监测

λ传感器也是汽油机排放控制系统中的重要元件，λ传感器有3种主要的损坏形式：

（1）过热老化。

（2）铅中毒。

（3）硅胶中毒。

λ传感器的过热老化，导致λ调节系统的动态响应减慢，调节周期延长，排放增加。对λ传感器过热老化的监测（图7-10），是通过测量在怠速时λ调节系统的调节周期来实现的。另外还要在几个工况点校核传感器的电压信号是否超出了事先设定的最大值和最小值。

由误加含铅汽油带来的铅中毒对λ传感器的影响，主要是使传感器表面催化层的性能下降，排气中残余的HC和CO不能在传感器附近完全氧化，λ传感器测得的含氧量偏高，不能正确反映排气中的过量空气系数。λ调节系统将汽油机的过量空气系数调得偏低，造成HC和CO排放增加。

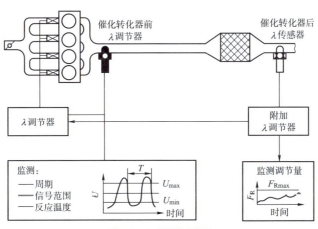

图 7-10　λ 传感器的监测

硅胶在进气管上用作密封材料因而可能造成 λ 传感器的硅胶中毒。中毒后的 λ 传感器含氧量测量值较真实值偏低，导致 λ 调节系统将汽油机的过量空气系数调得偏高，进而使 NO_x 排放增加。

对 λ 传感器中毒情况的监测，是通过催化转化器后的传感器进行的。催化转化器对这个传感器起了一定的保护作用。根据催化转化器前传感器信号工作的 λ 调节系统，同时需要通过催化转化器后传感器的信号进行修正。当这个修正值过大时，催化转化器前的传感器就必须更换。

对 λ 传感器的监测，还包括对传感器加热电阻的监测。λ 传感器加热主要是为了在低温工况下（如冷起动和长时间怠速）加速到达或维持在 λ 传感器工作温度，确保 λ 传感器读数可靠。

二、发动机缺火监测

除非汽车制造厂的维修手册中允许，绝对不可以短接计算机系统中的各接线端子或把各端子搭铁。这种做法会损坏系统中的元器件，并把DTC直入计算机的存储器中。

1. 缺火类型

倘若某个汽缸缺火，未燃烧得碳氢化合物（HC）从汽缸内排出，这些过多的碳氢化合物（HC）便进入催化转化器。当催化转化器把这些过多的碳氢化合物（HC）转化成二氧化碳（CO_2）和水（H_2O）时，催化转化器就会过热，催化转化器中的蜂窝状陶瓷块可能熔为一团实心物质，假如发生这种情况，催化转化器减少排放物的效率将变得很低。

监测汽缸缺火要求测量出每个汽缸对发动机功率的贡献。缺火监测系统采用一种高精度的曲轴转角测量方法来测定每次汽缸发火时的曲轴加速度，这就需要一个高数据传送率的传感器。PCM模块监测每次汽缸发火时的曲轴加速时间。如果某个汽缸提供正常的功率，那就有一个规定的曲轴加速度降下来。

1）甲类缺火

发动机的甲类缺火和乙类缺火均由缺火监测器检测。检测甲类缺火时，监测器检查的是发动机在曲轴200r/min状态下期间的缺火情况，如果缸内缺火率在2%~20%之间，监测器便认为缺火过度。在这种情况下，PCM模块会切断供给缺火汽缸的燃油，以限制催化转化器的发热。PCM模块可能同时关闭两个缺火汽缸的喷油器。不过，当发动机大负荷运行时，PCM模块将不关闭缺火汽缸的喷油器。

如果缺火监测器检测出一个甲类缸内缺火，而PCM模块未关闭喷油器，MIL灯就开始闪亮。当缺火监测器检测出一个甲类缸内缺火而PCM模块已关闭喷油器时，MIL灯将连续发亮。

2）乙类缺火

要检测汽缸的乙类缺火，监测器检查的汽缸在曲轴1000r/min状态下期间的缺火情况。如果汽缸缺火率在2%~3%之间，监测器便认为缺火过度，这种程度的汽缸缺火不会引起催化转化器过热，但会引起排放过多。当检测出一个乙类缺火时，一个未定DTC被置入PCM模块的存储器中，若在连续第二个行驶循环中检测到这个故障，MIL灯就会点亮。

2. 缺火监测

发动机的每个汽缸都对外提供动力，而缺火监测的基本原理就是监测曲轴转速的波动，当发动机缺火后，曲轴转速会出现短暂的降低。PCM利用曲轴位置传感器监测曲轴的旋转速度，曲轴位置传感器也用于识别缺火的汽缸。

1）未缺火

未出现发动机缺火时，曲轴每分钟的转动圈数是基本保持稳定的，如图7-11所示。

2）单次缺火

出现单次缺火时，发动机曲轴转速有明显下降并逐渐恢复，如图7-12所示。

第七章 车载诊断系统（OBD）的维修

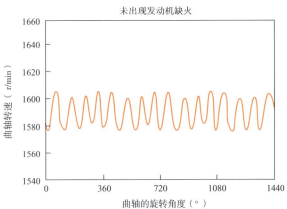

图 7-11　发动机未缺火波形图

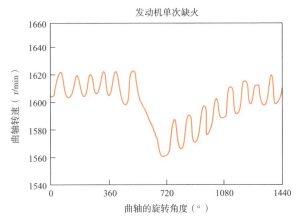

图 7-12　发动机单次缺火示意图

3）某汽缸连续缺火

随着缺火情况的不断重现，曲轴转速将会相应下降，如图7-13所示。

OBD-Ⅱ要求进行缺火监测以便确定是否出现能够损坏三元催化转化器或者使排放恶化的情况。

4）缺火标准

在缺火标准中，PCM仍然对3200r/min曲轴转数内的缺火情况进行监测，但是在点亮故障指示灯之前，允许每200r/min曲轴转数范围内出现更多的缺火情况。

现在的车辆上通常都采用PCM的软件程序，或者在当前特定型号的车辆上通过使用闪存校准的方法，从而使此缺火标准逐渐推行，如图7-14所示。

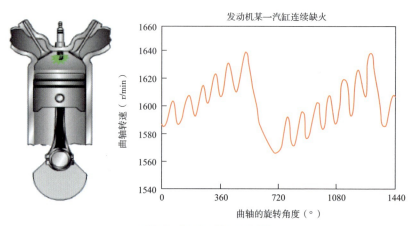

图 7-13　发动机连续缺火示意图

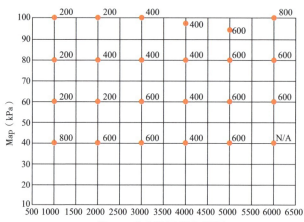

图 7-14　发动机缺火标准对照图

5）全程缺火监测

在进行全程缺火监测之前，只有在相关法规要求的转速和负荷工况下进行缺火监测。全程缺火监测能够在较高的转速（到红线）和较大的负荷工况下监测缺火情况。但在减速、减负荷工况下不会进行缺火监测，如图7-15所示。

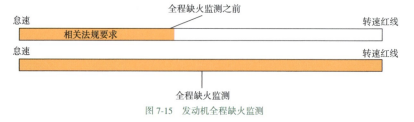

图 7-15　发动机全程缺火监测

6）颠簸路面

颠簸路面可能会导致缺火监测出现误判的情况。颠簸路面会将转矩施加到驱动车轮和动力传动系统，此转矩可能会暂时性或者间断性地降低发动机的转速，因此可能会被误判为缺火。颠簸路面导致误判缺火的解决方案是在颠簸路面行驶时，禁用缺火诊断监测系统，如图7-16所示。

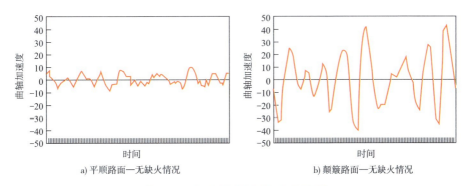

a) 平顺路面—无缺火情况　　　　b) 颠簸路面—无缺火情况

图7-16　发动机在颠簸路面的缺火波形示意图

监测颠簸路面的方法通常有两种。

第一种颠簸路面监测方法为软件分析法，这种方法能够监测到大多数（但并非全部）的颠簸路面。颠簸路面软件分析法与利用曲轴位置传感器信号监测缺火的方法相似，监测颠簸路面特有的状态。这种监测方法将用于所有的车辆上。

第二种方法即采用防抱死制动系统（ABS）来监测颠簸路面。ABS的高分辨率轮速传感器能够检测到由于颠簸路面所产生的轮速变化。当防抱死制动系统监测到颠簸路面时，它会向PCM传送一个信号。采用ABS监测颠簸路面的技术在许多车辆上使用，它是软件分析方法的升级，如图7-17所示。

7）缺火计数

利用缺火计数装置来加强缺火监测，每个汽缸都进行历史缺火计数监测和当前缺火计数监测。每发生一次汽缸缺火，缺火计数装置将对此缺火情况进行计数。这些缺火计数还可能显示在诊断仪上，诊断仪所显示的数据有时候可用于确定所有汽缸的缺火情况，如图7-18所示。

8）缺火计数实例

如图7-19所示，几乎所有的汽缸都有缺火记录，但是汽缸1的缺火次数最多。由于正常的燃烧波动，较低缺火计数汽缸的计数有可能被记录到相邻汽缸的计数中。

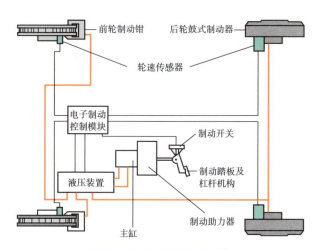

图 7-17 发动机颠簸路面监测框图

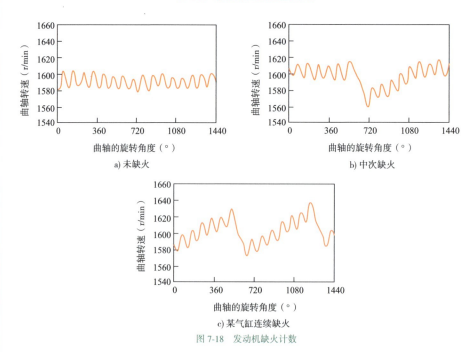

a) 未缺火

b) 中次缺火

c) 某气缸连续缺火

图 7-18 发动机缺火计数

历史缺火计数主要用于存储设置诊断故障码后汽缸的总缺火次数,而当前缺火计数只对当前200r(转)取样中的缺火次数进行记录。200r(转)曲轴转数过后,若诊断故障码仍存在,则当前缺火计数中的缺火次数将被添加到历史缺火次数中。

第七章 车载诊断系统（OBD）的维修

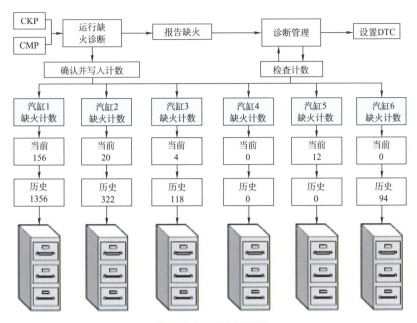

图 7-19 发动机缺火实例图

9）缺火图表

对于很多车辆来说，能够以柱状图的形式在诊断仪上显示当前的缺火计数，这样便于快速对各个汽缸的缺火次数进行对比。这种缺火图表只是作为缺火计数数据列表的一个补充，但不能完全取代缺火计数数据列表，如图7-20所示。

三、排放污染控制系统监测器

1. 催化转化器效率监测器

下游HO_2S传感器有附加的保护功能，防止陶瓷上冷凝物积聚。直到发动机冷却液温度传感器的信号指出发动机已预热，HO_2S传感器的内部加热器才通电。这样就可以避免陶瓷芯的断裂。在HO_2S传感器中采用了镀金插头和插座，上下游传感器配有不同的线束连接器。

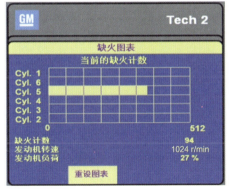

图 7-20 诊断仪检测发动机缺火图

催化转化器在发动机贫油运转时储存氧气，在发动机富油运转时放出所储存的氧气以烧掉过量的碳氢化合物（HC）。催化转化器的效率可以通过监测这种催化转化器在闭环工作时的氧储存能力来测定。

催化转化器正常地储存氧气时，下游HO_2S传感器给出低频电压信号。假如催化转化器不是正常地储存氧气，下游HO_2S传感器电压信号的频率会上升，直到下游HO_2S传感器信号的频率接近上游HO_2S传感器的频率。当下游HO_2S传感器电压信号的频率达到一定值时，一个DTC便在三个行驶循环中都发生故障，MIL灯就会点亮。

2. 燃料供给系统监测器

燃料供给系统监测器用于检查PCM模块工作在闭环状态时的短期燃油微调SFT和长期燃油微调LET，如果燃料供给系统的一个毛病使PCM模块要用过多时间进行燃油微调修正，且故障在连续两个行驶循环中均出现的话，燃料供给系统监测器便设置一个DTC并点亮MIL灯。当PCM模块处于闭环状态时，燃料供给系统监测器将连续工作。燃料供给系统监测器不涉及任何新的硬件。

3. 排气再循环（EGR）系统监测器

EGR系统中有一个压差反馈EGR（DPFE）传感器，EGR阀下方有一个量孔。这个量孔的每一侧都用一根细的排气压力软管与DPFE传感器相连，在EGR监测器工作过程中，PCM模块首先检查DPFE传感器信号，如果这个传感器信号在正常范围内，将继续检测。

在发动机怠速且EGR阀关闭时，然后检查与DPFE传感器相连的两个压力软管的压力差，当EGR阀关闭且没有EGR气流时，两个软管的压力应相同。如果这两个软管的压力不同，EGR阀已关不严了。

PCM模块命令EGR阀打开，然后检查与DPFE传感器相连的两个排气软管内的压力。当EGR阀打开时，EGR气流流过量孔，量孔上游软管的压力应比下游软管内的压力高。

PCM模块通过检查DPFE传感器信号并与发动机在节气门位置不变且在规定的转速范围内运转时期望的DPFE信号值相对比，来检查EGR的亲囊。

如果在EGR监测器的任意一项检测查到某一故障，就会在PCM模块的存储器中设置一个DTC，假如在两个行驶循环中都发生这个故障，MIL灯就会点亮。Ⅱ型车载测试仪每测试一次，EGR监测器都要工作一次。

4. 蒸发排放控制系统（EVAP）监测器

有些EVAP系统有一个清除气流量传感器（PFS），安装在炭罐清除CANP电磁阀与进气歧管之间的真空软管中。PCM模块每个行驶循环都要监测PFS信号一次，以判断是否有蒸气经电磁阀流入进气歧管。

第七章 车载诊断系统（OBD）的维修

另有一些EVAP系统有蒸气VMV，安装在炭罐与进气歧管之间的真空软管中。VMV阀是一种常闭阀。PCM模块操纵VMV阀控制从炭罐流入进气歧管的蒸气，PCM模块还监测VMV阀的工作以判断EVAP系统是否能正常地清除燃油蒸气。

在1996年款车型中，一些通用公司的汽车配置了改进型EVAP系统监测器。它能检测到EVAP系统内的泄漏和堵塞。这种系统中，EVAP系统的泄漏或燃油箱加油口盖的丢失都将引起MIL灯点亮。

5. 二次空气喷射（AIR）系统监测器

在有些汽车上，AIR喷射系统用被动检测和主动检测来监测。在被动检测期间，从起动开始到闭环运行，催化转化器上游的HO_2S传感器的电压被实时监测着。在这期间，AIR泵一般是运转的。一旦HO_2S传感器的温度达到足以产生电压信号，而AIR泵正把空气送入排气歧管，HO_2S传感器就应该输出低电压。如果此刻HO_2S传感器输出低电压，AIR系统监测器将指示合格。

当PCM模块关断通向排气歧管的二次空气流时，被动检测将寻求一个较高的HO_2S传感器电压。当EVAP系统通过被动检测时，无须再做进一步检测。如果EVAP系统未通过被动检测或者检测无结论，PCM模块中的AIR系统监测器就得继续进行主动检测。在主动检测期间，PCM在闭环工作状态下交替地开通或关断进入排气歧管的二次空气流，并监测催化转化器上游HO_2S传感器的电压和短期燃油微调值。当进入排气歧管的空气流开通时，HO_2S传感器的电压应降低，短期燃油微调值应指出一个较浓的工况。二次空气喷射系统使MIL灯点亮。若此AIR系统在连续两次试车中均未通过主动检测，AIR系统监测器将点亮MIL灯并把一个DTC存入PCM模块存储器中。

某些1995年款的福特汽车具有一个电动空气泵EAP系统。在这种系统中，EAP泵由一个固态继电器SSR控制，而后者由来自PCM模块的信号操纵。一个空气喷射旁路电磁阀也由PCM模块操纵。这个电磁阀把真空度供给双式空气换向阀。

第四节　车载诊断系统OBD-Ⅱ实务

一、新车注册登记环节OBD检查要求和步骤

注册登记环节仅进行OBD接口检查、OBD故障指示器目视检查以及连接OBD诊断仪进行通信检查，检查OBD诊断仪中的故障指示器激活状态与仪表板

上的MIL灯状态是否一致，若故障指示器激活应记录上报对应确认故障码。（注意：注册登记OBD检查不对诊断就绪状态进行要求）。检查具体步骤如下：

（1）首先找出OBD诊断仪接口连接OBD诊断仪。若车辆无OBD诊断仪接口则判定OBD检查不合格。

（2）车辆进行上电（不起动发动机）进行车辆仪表板电路自诊断，检查仪表板MIL灯是否点亮或闪烁。如MIL灯可以点亮，并在发动机起动后熄灭，则OBD故障指示器目视检查合格，否则判定OBD检查不合格。

（3）起动发动机，如果MIL灯持续点亮或闪烁，则判定OBD检查不合格。

（4）打开OBD诊断仪开关，进行OBD通信检查，如不能正常通信，判定OBD检查不合格。

（5）检查OBD诊断仪中的故障指示器激活状态与仪表板上的MIL灯状态是否一致，如不一致，则判定OBD检查不合格。若故障指示器激活，应记录上报对应确认故障码。

（6）OBD诊断仪将读取到的车辆信息和控制单元信息自动发送到主控计算机，并进行数据上传，OBD检查结束。

二、在用汽车 OBD 检查要求和步骤

在用汽车应进行OBD接口检查、OBD故障指示器目视检查、连接OBD诊断仪进行通信检查、检查故障指示器是否激活并存在对应确认故障码、OBD诊断仪中的故障指示器激活状态与仪表板上的MIL灯状态是否一致、诊断就绪状态是否超过两项，并记录故障指示器激活后的行驶里程或时间（如有）。最后通过OBD诊断仪读取车辆OBD数据项进行上报。检查具体步骤如下：

（1）首先找出OBD诊断仪接口连接OBD诊断仪。若车辆无OBD诊断仪接口则判定OBD检查不合格。

（2）车辆进行上电（不起动发动机）进行车辆仪表板电路自诊断，检查仪表板MIL灯是否点亮或闪烁。如MIL灯可以点亮（包含闪烁或点亮片刻后熄灭），则OBD故障指示器目视检查合格，否则判定OBD检查不合格。

（3）起动发动机，如果MIL灯持续点亮或闪烁则判定OBD检查不合格。

（4）打开OBD诊断仪开关，进行OBD通信检查，如不能正常通信，应按照"在用汽车OBD检验通信不合格判定程序"进行判定。

（5）检查OBD诊断仪中的故障指示器激活状态与仪表板上的MIL灯状态是否一致，如不一致，则判定OBD检查不合格。若故障指示器激活，应记录上报

对应确认故障码。

（6）通过OBD诊断仪查看诊断就绪状态，如果超过两项有未完成的，让车主充分行驶后进行复检。

（7）OBD诊断仪将读取到的OBD检查数据项自动发送到主控计算机，并进行数据上传，OBD检查结束。

（8）OBD系统检查合格后进行排气污染物检测，排气检验时应保持OBD诊断仪连接，读取发动机工作实时数据流。

三、在用汽车OBD检验通信不合格判定程序

（1）在OBD通信检查若尝试两次都不合格时，首先确认诊断仪是否存在故障。

（2）确认OBD诊断仪无故障后，从后台系统查询检测记录，检查该车辆或者同一车型其他车辆有无OBD通信合格记录。

（3）若查询检查记录中，该车辆或同一车型其他车辆均未发现通信检测合格记录，则对该车辆OBD检查结果按合格处理，但检查记录表中应记录OBD通信不合格，并更新后台数据库。

（4）检查记录中，若该车辆或同一个车型其他车辆有过通信检测合格记录，则判定OBD检查不合格，并记录OBD通信检查不合格，要求车主维修后进行复检。

（5）如果同一型号车型OBD通信检查记录（至少5台）均是不合格，应作为集中超标车型上报。

（6）在用车OBD检查过程中存在以下异常情况的，应记录相关检查情况，按集中超标车型上报主管部门，OBD检查结果按合格处理。例如：

① 需要使用工具拆卸后方可连接OBD接口的车辆。
② OBD诊断仪连接后不稳定或死机的。
③ OBD信息读取不成功或存在OBD保护功能的。
④ 其他。

四、OBD-Ⅱ检查中常见问题

（1）故障码检查仅限于当前激活故障指示器（MIL灯点亮）的确认故障码和永久故障码（永久故障码仅限国六车辆），对于OBD诊断仪读取到的其他故障码，如非排放相关故障码（电气系统、安全系统等）、未决故障码、修复后遗

留的确认故障码均不进行判定。

故障码的检查应通过故障指示器是否激活（MIL灯点亮）进行判定，若故障指示器激活（MIL灯点亮），报告中记录对应当前的确认故障码，若故障指示器未激活（MIL灯未点亮），报告中无须记录和判定。对于国六阶段车辆若存在永久故障码，判定OBD检查不合格（标准附录检测报告中"OBD系统故障指示器报警及故障码"选项填写"有"）。

（2）新车注册登记OBD检查与在用车OBD检查要求不同，新车注册登记OBD检查中，无OBD诊断就绪状态检查要求，OBD诊断就绪状态不应进行判定。

（3）新车注册登记OBD检查中，若OBD通信不合格应判定OBD系统检查不合格，告知车主与车辆销售企业更新最新OBD软件后进行复检。

（4）OBD诊断仪读取的OBD检查数据项和排放检测过程中读取的实时数据流只需按照标准规定要求上报即可，对其数据完整性和内容不进行判定（例如OBD诊断仪无法读取VIN信息等）。

（5）在用车OBD检查中，诊断就绪检查项目仅对标准中规定项目进行，标准中未规定的项目不参与判定。诊断就绪状态未完成超过两项时，要求车主充分行驶后复检。

五、OBD-Ⅱ检测及问题处理

为了控制汽车污染物排放，改善环境空气质量，国家要求从2019年11月1日开始，正式实施《汽油车污染物排放限值及测量方法》（GB 18285—2018）。该法规不仅规定了汽车污染物排放限值及测量方法，同时规定了汽车外观检查，OBD（车载诊断系统）检查，燃油蒸发排放控制系统的检查和判定依据，其中，OBD检查为新增检查项目，受此影响，新车OBD检查必须通过，否则无法通过上牌。

涉及车型为2019年11月1日后准备注册登记上牌的新车。在用车年检OBD检查必须通过，否则无法获得年检合格证。2011年7月1日以后生产的轻型汽车，如果OBD检查不合格，将不能进排放检测。

涉及排放标准为国四、国五市场的在用车型。该法规规定，检测站在验车时，需要先完成OBD检查，然后再进行排放检测，OBD检测主要包括：故障指示灯状态、车辆与模块间的通信情况、OBD相关信息以及传感器就绪状态。

第七章 车载诊断系统（OBD）的维修

（一）OBD 检查及具体处理方法

（1）连接诊断仪至车辆。

（2）将车辆点火开关置于ON位置，发动机处于关闭状态。

（3）检查仪表中发动机故障指示灯是否正常点亮，如果指示灯未能点亮，需检查与故障指示灯相关的线路，并排除仪表内部故障，如图7-21所示。

图 7-21　故障指示灯状况

（4）起动车辆，确认诊断仪与模块通信是否正常。如果诊断仪与ECM或多个模块失去通信，可尝试以下方法：检查诊断接口线路是否存在改装或接触不良现象；参考维修手册修复与OBD通信相关的U类故障；如果诊断仪可以与模块通信但检测站设备无法通信，那么首先要与检测站确认防火墙软件是否为最新版本，其次要求检测站升级设备软件。

（二）可尝试下面的方法

（1）检查诊断接口线路是否存在改装或接触不良现象。

（2）参考维修手册，修复与OBD通信相关的U类故障，如果诊断仪可与模块通信，但检测站设备无法通信；首先与检测站确认防火墙软件是否为最新版本，其次建议检测站升级设备软件。最后，如果仍无法解决，需要通过上报检测站名，申请技术支持。

（3）为了确保车辆送检顺利通过，建议经销商在车辆送检前，使用诊断仪确认以下OBD-Ⅱ数据正常后再进行送检。进入发动机控制模块，选择"检查/维修系统消息"；进入菜单选择"检查/维护系统状态数据"。在菜单中锁定相关数据，当前画面数据显示都正常。如果数据异常或车辆存在故障，请维修故障后再送检。

（4）检查仪表中发动机故障灯是否在自检后熄灭，如果故障灯持续点亮，需要参考维修手册排出相关故障，消码后以较高车速行驶2~3天，用诊断仪确认数据无误后再送检。如果检测站设备不能读出故障码，建议检测站升级设备软件。

（5）检测站在读取OBD数据时，如果催化转化器、氧传感器、氧传感器加热器和废气再循环/可变气门VVT这四项检查中有2个以上显示就绪未完成，可尝试下面的方法解决：由于蓄电池断电、模块刷新、用诊断仪消过故障码操作，都会造成部分就绪状态复位。因此，一旦经过上述操作后，需要至少以80km/h的车速多次循环行驶，经诊断仪确认无误后再进行送检，如图7-22所示。

图7-22　就绪状态循环图

（三）在用车OBD检查时，还需要注意以下事项

（1）维修时，如无模块通信类故障，不要采取清码操作，避免就绪状态复位。
（2）发动机灯亮类故障以及模块诊断存在故障码，必须进行故障修复。
（3）如进行清码或模块刷新，应提醒客户充分行驶后再送检（2~3天内，多开高速）。
（4）对疑似车管所设备兼容问题，发现问题后，需及时上报售后技术支持。

1.OBD连续监测的三个项目是什么？
2.OBD-Ⅱ应当包括哪些功能？
3.故障码有哪些类型？
4.输入监测器主要监测哪些传感器？
5.在用车辆OBD检查要求有哪些？

第八章 柴油发动机排放污染治理维修技术

柴油发动机排放污染治理维修技术

柴油车排放主要取决于柴油和润滑油品质、油路、工况等。一般情况下，柴油车车主很少对车辆进行维护，柴油车辆车况较差，尾气排放超标较多。柴油机的主要污染物是颗粒物（PM）和氮氧化物（NO_x）。颗粒物主要来源是不洁净柴油和机油；氮氧化物（NO_x）产生原因主要是高温、高压和富氧。控制排放污染物的系统分为：机内系统和机外系统（排放后处理系统）。

对柴油机的后处理技术路线进行分析，针对柴油机PM和NO_x排放的后处理技术，如氧化催化器（DOC）、颗粒捕集器（DPF）、NO_x选择催化还原（SCR）的基本原理进行了讲述。

随着排放法规的日益加严，仅仅依靠燃烧系统的优化已经不能满足法规的要求。在排气系统中对尾气进行净化处理成为必需的措施，为后处理技术的应用提供了新的机会，后处理技术当前已在世界上得到普遍应用。

第一节 柴油发动机机内净化装置及维修

一、废气再循环系统组成

大部分柴油发动机只是使用废气再循环系统来控制NO_x的排放量，因为它并不需要尿素来协助；由于EGR在操作上不需要额外配套，所以车主与驾驶员容易接受；相对SCR车辆，还原剂容器和相关元件需要特定位置及空间来安装，这会增加底盘质量和特别用途车体设计的难度。

EGR系统的作用是将部分废气混合在新鲜空气中，再送至发动机内部。这样进入燃烧室的空气，氧气含量会降低。因此，使燃烧温度降低，会减少NO_x的排放量。然而，应用EGR系统虽然可以有效降低NO_x排放量，但如果计算机或控制错误配量，反而会增加CO和HC的排放量。即由侦测进入燃烧室内的总气体量减去来自流量传感器的空气量，控制元件便能计算出EGR的废气含量，如图8-1所示。

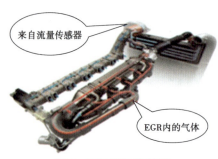

图8-1　EGR内部流量示意图

（一）EGR废气再循环系统元件组成

EGR控制元件包括进气流量传感器、进气压力传感器、冷却液温度传感器、废气压力传感器，如图8-2所示。根据来自各个传感器的信息控制EGR阀，使其符合相关的排放规定，并达到发动机功率及耗油量之最佳燃烧比例。

（1）进气流量传感器：进气流量传感器计算单位：kg/min；负责检控吸入发动机的空气量及温度，如图8-3所示。

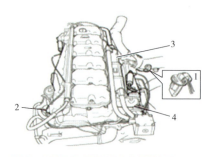

图8-2　监测EGR系统的各个传感器位置

1-进气流量传感器；2-进气压力传感器；3-进气温度传感器；4-废气压力传感器

图8-3　进气流量传感器

（2）废气压力传感器：传感器会测量进入EGR阀之间的废气压力；当废气背压高时EGR阀会关闭，使发动机不会接收到过多的废气；可测量发动机进气绝对压力，如图8-4所示。

（3）组合式进气压力传感器和进气温度传感器：这个集成式传感器把进气压力传感器和发动机进气温度传感器组合在一起了，用作侦测进气歧管的进气压力与温度，当进气压力低于特定值时限制燃油量；以温度信号进行燃油量微调，

第八章　柴油发动机排放污染治理维修技术

可以测量进气歧管的绝对压力，如图8-5所示。

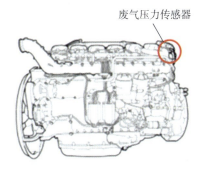
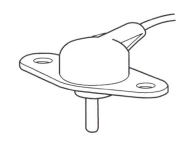

图 8-4　废气压力传感器　　　　　图 8-5　进气压力传感器和进气温度传感器

（4）EGR配量电磁阀：此电磁阀控制元件使用脉冲信号PWM来控制EGR的比例阀，它会以压缩空气来控制EGR阀，同时也控制废气制动，如图8-6所示。

（5）EGR操作阀和水冷却器：EGR阀让特定受控气量通过，气控式作用缸由EGR配量电磁阀控制，如图8-7所示。水冷式EGR冷却器：冷却器会将废气温度降至指定温度，以避免燃烧时产生高温。

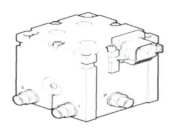
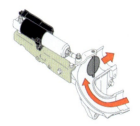

a) EGR 操作阀　　　　b) 水冷却器

图 8-6　EGR 配量电磁阀　　　　图 8-7　EGR 操作阀和水冷却器

（二）进气与废气混合路径

（1）空气先经过空气滤清器进入涡轮增压器，这里流量传感器会侦测吸入发动机的空气流量及温度，图8-8中1所示。

（2）经过涡轮增压器增压后空气进入进气冷却器，增压后空气温度升高密度降低，这时进气冷却器使空气冷却，便可提高空气密度，如图8-8中2所示。

（3）空气经过冷却器后，会被导入进气歧管，而后分配到各个汽缸，如图8-8中的3所示。

209

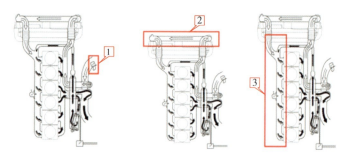

图 8-8 进气与废气混合气路径

（4）废气进入涡轮增压器前部分导入脉冲转换器内，而 EGR 阀让特定受控的气量进入水冷式 EGR 冷却器，如图 8-9 中的 4 所示。

（5）水冷式 EGR 冷却器会将废气温度降低，如图 8-9 中的 5 所示。

（6）冷却后的废气与进气混合，以避免燃烧时产生过高温度，从而降低废气中的氮氧化合物（NO_x）含量，如图 8-9 中的 6 所示。

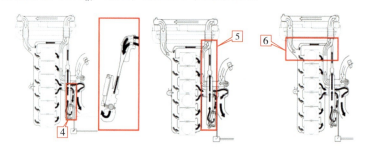

图 8-9 进气与废气混合气路径

（三）废气再循环系统维护

（1）检查故障码。

（2）检查 EGR 系统机械组件故障，如排气喉管泄漏、控制阀门损坏、EGR 冷却器阻塞或泄漏、发动机机件损耗等。

（3）检查电路系统、进气流量传感器、进气压力传感器、温度传感器、废气压力传感器等，在行驶时数值变化是否正常。

电脑检测 EGR 系统：

第一步，将发动机暖机至大约冷却液温度 70℃，然后检查各个发动机温度传感器的功能；

第二步，检查空气流量传感器，并进行适配基本设定。发动机会在 EGR 阀关

第八章 柴油发动机排放污染治理维修技术

闭下运作，发动机转速会从500r/min提高至2200r/min；

第三步，检查EGR系统的运作以第二部分结果来对比。

二、曲轴箱通风（PCV）系统

（一）曲轴箱通风系统结构原理

为符合现行排放标准，自2007年起，柴油发动机安装了PCV系统。这些系统已在汽油发动机上使用了60年，柴油发动机中的PCV系统可称为封闭系统，如图8-10所示。

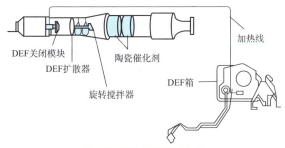

图 8-10　PCV 系统及相关部件

曲轴箱通风（PCV）系统的目的与汽油机相同，即防止曲轴箱气体进入发动机缸体。曲轴箱气体是由发动机汽缸的喷出气体和发动机机油中的沸腾气体组成。后者是发动机机油蒸发时加热的结果。发动机喷出气体是那些逸出的气体。通过活塞环和气门，最后进入发动机的曲轴箱。这两种气体都需要清除或限制，因为它们会影响发动机的运行和耐久性。

（二）曲轴箱通风系统的检查和维修

（1）听到来自前或后曲轴的高音调噪声。检查油气分离器盖上的孔是否堵塞。

（2）外部机油泄漏。检查是否存在以下情况，曲轴箱强制通风管或软管堵塞以及扭结，曲轴箱强制通风管或软管损坏、不正确或安装不当，曲轴箱压力过高。

（3）怠速转速过高。检查曲轴箱强制通风管或软管是否泄漏（损坏）。

（4）机油消耗。检查油气分离器盖上的孔是否堵塞。

（5）怠速不良。检查是否存在以下情况：曲轴箱强制通风管或软管堵塞或扭结，曲轴箱强制通风管或软管泄漏（损坏），真空软管磨损或安装错误。

（6）发动机内出现油泥。检查曲轴箱强制通风管或软管是否阻塞以及扭结、失速或怠速。

（7）转速过低。检查是否存在以下情况：曲轴箱强制通风管或软管堵塞以及扭结，曲轴箱强制通风管或软管泄漏损坏。

柴油机曲轴箱通风系统故障症状及维修方法可参照表8-1。

曲轴箱强制通风系统故障症状及维修方法　　　　表8-1

故障症状	可能原因	维修方法
难以起动	EGR 阀卡在打开位置	检查废气再循环（EGR）阀及其电路。检查 EGR 阀的机械状态。按需矫正
怠速不良、不稳定		
加速动力不足		
发动机停止	EGR 阀卡在打开位置，通气器系统断开、限制、堵塞	检查废气再循环（EGR）阀及其电路。检查 EGR 阀的机械状态。检查发动机通气器系统。检查机油分离器。检查是否存在指示 EGR 阀、节气门或传感器故障的故障码（DTC）。按需矫正
耗油量过大	EGR 阀卡在打开位置；EGR 不工作；通气器系统限制、堵塞	
黑烟过多		
排放过多		
漏气过度	通气器系统限制、堵塞	检查发动机通气器软管。检查机油分离器。按需矫正
发动机机油泄漏	通气器系统限制、堵塞	检查发动机通气器软管。检查机油分离器。按需矫正

三、共轨系统的正确维护和修理

共轨系统可以实现极高喷射压力，目前可以达到250MPa，精确可调喷射提前角，灵活多变的喷油策略，多次预喷和后喷，配合增压中冷技术，使得燃油的雾化、混合和燃烧都能达到最高的效率。和传统机械系统相比，大大减少了颗粒物的排放。同时，燃烧噪声更小。另外，电控系统的使用使得故障诊断和维修更准确和高效。

注意：在共轨柴油发动机运转时，严禁从事共轨回路的相关拆卸，包括：油轨、压力控制阀、压力限制阀、轨压传感器、相关线束和高压油管。

高压泄漏对眼睛和皮肤会有伤害，手要远离高压喷射油雾；在发动机运转的情况下松开高压管路时，油束遇到热的发动机零部件可能着火；第一个拆下的高压部件，应该按照指导文件或手册要求慢慢地松开，以便压力安全地降低；共轨柴油发动机运转时有大电流和强磁场，为保证安全，维修站的员工应处于大于0.2m的距离。

（一）共轨系统维护的清洁度要求

当维修燃料供给和喷射系统时，应严格遵守下面各项清洁度要求：

第八章　柴油发动机排放污染治理维修技术

（1）在从事拆卸工作前，应清洁连接点及其周边区域。

（2）将拆卸下来的零部件放在一个干净的地方，并作外部防尘遮盖。不要使用掉渣的布。

（3）一旦没有立即完成工作，需要仔细地将部件裸露的开口覆盖住。

（4）仅组装清洁过的零部件，新件只有在组装时才能从包装中打开；不要使用没有包装存放的零部件。如，放在工具盒中。

（5）当总成件拆开时，尽可能不使用压缩空气。尽可能不移动车辆。

（6）此外，注意检查柴油不能流入冷却管路里。一旦发生这种情形，应立即重新清洗该冷却管路。破损的管路必须更换。

（二）共轨系统的正确维护

只有授权的站点和专业联网的服务站点才能正确维护核心柴油部件。核心柴油部件通过主机厂授权的柴油系统服务中心或服务站来维修服务，合格的维修才能保证产品性能，才能满足排放法规的要求。

驾驶员在驾驶共轨柴油发动机的车辆时，应时刻关注仪表板上是否有异常。一旦出现故障指示灯点亮，请注意与排放相关的一些传感器、执行器或系统工作是否有异常，应及时排查，如图8-11所示。

图8-11　柴油发动机故障指示灯

四、柴油发动机涡轮增压与中冷器原理及维修

（一）柴油发动机涡轮增压原理及维修

柴油发动机的增压系统一般可分为三类：机械增压系统、废气涡轮增压系统和复合增压系统。机械增压系统由柴油机通过齿轮、皮带、链条等装置驱动，将空气压缩后进入汽缸。废气涡轮增压则是利用内燃机排出废气的能量驱动涡轮机进而拖动压气机，实现提高进气压力，增加进气量。复合增压方式主要用于高增压发动机上。

随着涡轮增压器被广泛使用,能够初步掌握涡轮增压器的原理及作用,对延长其使用寿命、节约成本是十分必要的。

(二)废气涡轮增压的工作原理

废气涡轮增压系统主要由涡轮机和压气机两大部分组成。涡轮增压是利用发动机排出的废气惯性冲力来推动涡轮室内的涡轮,涡轮又带动同轴的叶轮,叶轮压送由空气滤清器管道送来的空气,使之增压进入汽缸。当发动机转速增快,废气排出速度与涡轮转速也同步增快,叶轮就压缩更多的空气进入汽缸,空气的压力和密度增大可以燃烧更多的燃料,相应增加燃料量和调整一下发动机的转速,就可以增加发动机的输出功率了。

经过压气机增压后的空气温度比自然吸气的高,对提高空气密度不利,因此许多废气涡轮增压系统把从压气机排出的空气引入中冷器经过冷却后再进入发动机进气道。

(三)涡轮增压技术的主要优点

(1)提高发动机功率。在发动机排量不变的情况下可以通过增加进气密度,让发动机可以多喷油,从而提高发动机的功率,加装增压器后的发动机的功率及转矩增大20%~30%;反之在同样的功率输出要求下可以降低发动机的缸径,缩小发动机的体积和减轻质量。

(2)改善发动机的排放。涡轮增压器发动机通过改善发动机的燃烧效率,可减少发动机废气中颗粒物和氮氧化物等有害成分的排量。

(3)提供高原补偿的功能。部分高海拔地区,海拔越高,空气越稀薄,带涡轮增压器的发动机就可以克服因高原空气稀薄导致的发动机的功率下降。

(4)提高燃油经济性,降低油耗。带涡轮增压器的发动机燃烧性能更好,可以节省燃油3%~5%。

(四)使用注意事项

有些涡轮增压器在中间体内不设置冷却水套,只靠机油和空气对其冷却。因此,当发动机在大负荷或高速运转工作之后,不要马上关闭发动机,应让发动机怠速运转一小会儿后再关闭。绝不要在发动机正常运转时,对涡轮增压器作业。涡轮增压器的部件可能很烫,碰到它们可能造成严重的伤害。当心不要被涡轮增压器部件尖锐的边缘划伤。增压器分解后,重点检查轴承、叶轮及密封件的状况；装配时，要对转子总成进行动平衡校验；各间隙值要符合相应增压器型号的技术要求。增压器自身常见的故障是有异常响声和漏油，注意以下方面即可解决。

（1）安装和拆卸增压器时，切勿使任何异物进入增压器或发动机的进、排气系统中。

（2）安装增压器时，更换进油口、出油口和进气口、排气口的密封件，以保证良好的密封。

（3）对新装或长期未使用的增压器，应先在进油口处加一定量的润滑油，并用手转动叶轮直到润滑油达到各轴承表面。

（4）安装时应确保空气滤清器到压气机、压气机到发动机进气管、涡轮机与发动机排气管等管路的密封良好，否则会引起呼啸声及漏油。

（5）不要轻易拆卸增压器，如果增压器转子转动灵活、两端叶轮无摩擦，说明增压器本身状况良好。

（五）中冷器原理及作用

1. 中冷器原理

目前应用的中冷器都采用错流外冷间壁式冷却方法，根据冷却介质的不同，有水冷式和风冷式两大类。水冷式冷却根据冷却液系的不同又分两种方式。风冷式冷却根据驱动冷却风扇的动力不同分为两种方式。

2. 用柴油发动机冷却液冷却

这种冷却方式不需另设水路，结构简单。柴油机冷却液的温度较高，在低负荷时可对增压空气进行加热，有利于提高低负荷时的燃烧性能，但在高负荷时对增压空气的冷却效果较差。因此，这种方式只能用于增压度不大的增压中冷柴油机中。

3. 用独立的冷却液系冷却

柴油机有两套独立的冷却液系，高温冷却液系用来冷却发动机，低温冷却液系主要用于机油冷却器和中冷器。这种冷却方式冷却效果最好，在内燃机车用、船用和固定用途柴油机中普遍应用。

4. 用柴油机曲轴驱动风扇

这种方式适用于汽车用柴油机，把中冷器设置在冷却散热器前面，用柴油机曲轴驱动冷却风扇和汽车行驶时的迎风同时冷却中冷器和散热器。车用柴油机普遍采用这种冷却方式，但在低负荷时易出现充气过冷现象。

5. 用压缩空气涡轮驱动风扇

由压气机分出一小股气流驱动一个涡轮,用涡轮带动风扇冷却中冷器,由于驱动涡轮的气流流量有限,涡轮做功较少,风扇提供的冷却风量较少,显然其冷却效果较差。由于增压压力随负荷变化,因此这种冷却方式的冷却风量也随负荷变化,低负荷时风量小,高负荷时风量大,有利于兼顾不同负荷时的燃烧性能。且其尺寸小,在车上安装方便,在军用车辆上也有应用。

6. 中冷器的作用

1) 降低进气温度

涡轮增压发动机需要配备中冷器,这是因为发动机直接排出的废气温度通常高达800~900℃,会造成涡轮本体、进气温度升高,加之压缩空气时做功,增压器压缩进入汽缸的气体就有可能过热而造成汽油预燃而发生爆燃,影响动力输出;同时,高温也是发动机的隐形杀手。所以,增压发动机通常会引入中冷器来降低进气温度。

2) 降低排放

柴油机排放污的染物主要有CO、HC、NO_x和微粒物等。此外,由于温室效应引起全球变暖的问题,CO_2的排放量也应受到限制。采用涡轮增压和增压中冷技术可降低CO_2排放值。

(1) 一氧化碳(CO)。柴油机中CO是燃料不完全燃烧的产物,主要是在局部缺氧或低温下形成的。采用涡轮增压后,可供燃烧的空气增多,并且增压发动机大多数工况负荷较大,发动机的缸内温度能保证燃料更充分燃烧,CO排放可进一步降低。

(2) 碳氢化合物(HC)。柴油机排气中的HC是主要由原始燃料分子、分解的燃料分子以及再化合的中间化合物所组成;小部分HC是由润滑油生成的。增压时,由于进气密度增加,可以改善油束的形成、提高燃油雾化质量,减少沉积于燃烧室壁面上的燃油,HC减少;增压还使柴油机燃烧整个循环的平均介质温度升高,氧化反应速率大,未燃HC排放降低。

(3) 氮氧化物(NO_x)。柴油发动机中,氮氧化物NO_x的主要成分的生成取决于氧的浓度、温度及反应时间等。降低NO的措施以降低火焰温度、氧浓度及高温下停留时间为主。对于现有的自然吸气柴油机,如果只简单采用增压措施,可能会因为过量空气系数增大和燃烧温度的升高而导致NO_x增加。采用进气中冷技术降低进气温度,可降低增压柴油机NO_x排放;如果采用先进的中冷技术后,可进一步降低进气的温度。进气温度降低,燃烧温度可以得到有效控制,有利于

第八章 柴油发动机排放污染治理维修技术

NO_x的减少。实践证明,柴油机增压时采用减小压缩比、推迟喷油定时等措施来减小热负荷、降低最高燃烧温度。压缩比的减小可以降低压缩终了的介质温度从而降低燃烧火焰温度;推迟喷油定时,可以缩短滞燃期,减少油束稀薄火焰区的燃料蒸发和混合,降低最高燃烧温度。为了减少喷油定时导致的后燃期过长的问题,须增大供油速率,缩短喷油时间,以加快燃烧速率,缩短燃烧时间。

(4)微粒物(PM)。影响柴油发动机微粒物生成的原因较复杂,主要因素是过量空气系数、燃油雾化质量、喷油速率、燃烧过程和燃油质量等。另外,柴油机机内净化降低NO_x的措施常常会带来PM增加。增压柴油发动机,特别是采用高增压比和空气中冷技术后,将显著增大进气密度,增加缸内可用的空气量。若同时采用高压燃油喷射、共轨电控喷射、低排放燃烧室和中心喷嘴四气阀技术,并提高燃油雾化质量,改善燃烧过程,则可有效地控制PM排放。

第二节 柴油发动机污染物后处理装置及维修

目前,柴油机的污染物后处理技术不同厂商采取的形式不同,但控制原理基本相同。比较常见的成熟的柴油机后处理技术可分为两大类:一类是氧化型后处理器技术,主要应用于国五以前的柴油车上,主要包括DOC(柴油氧化催化转化器)、POC(微粒氧化催化转化器)、DPF(柴油机微粒捕集器);另一类是还原型后处理器技术,它应用于国六的柴油车上,主要包括SCR(选择性催化还原装置)和LNT(稀燃氮氧捕集器)。

柴油发动机以其良好的燃油经济性、动力性、耐久性等优点,得到了广泛应用。与汽油机相比,柴油车的HC、CO及CO_2排放量低,伴随着柴油车的日益广泛应用和柴油车排气污染标准的日益严格,控制柴油机对环境污染的首要任务是降低NO_x和PM(微粒物)的排放量。

一、氧化催化转化器(DOC)技术及维修

柴油机氧化催化转化器(Diesel Oxidation Converter,DOC)主要通过催化氧化的方法,减少柴油机排气中的CO和HC排放;同时也可以通过氧化颗粒中的可溶性有机类物质(Soluble Organic Fraction,SOF)在一定程度上减少颗粒物的排放。

DOC以铂(Pt)、钯(Pd)等贵金属作为催化剂,以整体蜂窝陶瓷作为催化

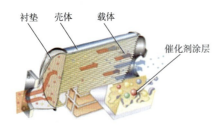

图8-12 DOC结构示意图

剂载体,如图8-12所示。对CO和HC的转化效率分别可达90%和70%,还可减轻柴油机排气的臭味;同时对颗粒物中SOF组分的去除率高达90%,从而使PM的脱除效率可达到15%~30%。最佳工作温度在200~400℃之间。

DOC组成结构主要由壳体、衬垫(减振层)、载体和催化剂涂层四个部分组成。

壳体通常为不锈钢材料,防止高温氧化脱落。衬垫通常为陶瓷材料;隔热性、抗冲击性、密封性和高低温冲击性优于金属网。载体材料主要有蜂窝陶瓷载体和金属载体两种。涂层加主催化剂(铂、钯)把一氧化碳(CO)、碳氢化合物(HC)和颗粒中的可溶性有机物SOF成分氧化成二氧化碳和水。

柴油发动机氧化催化转化器(DOC)一般多为陶瓷载体的通流式催化器,陶瓷载体表面有效成分是贵金属铂(Pt)或钯(Pd)。柴油发动机氧化催化转化器的主要作用是降低颗粒(PM)中的可溶性有机物成分,依据它在颗粒中的含量不同,柴油发动机氧化催化转化器可以降低5%~30%的颗粒排放量。柴油发动机氧化催化转化器能够同时降低HC、CO和颗粒,因此,常用在发动机上与EGR配合使用,用来全面提升柴油发动机的排放水平。柴油发动机氧化催化转化器具有优异的氧化性能,多用在选择催化还原系统SCR中,用来促进尿素的水解反应和防止氨(NH_3)的泄漏。柴油发动机氧化催化转化器可以将部分氮氧(NO)氧化为二氧化氮(NO_2),为接下来的选择催化还原系统(SCR)或柴油机颗粒捕集器(DPF)再生反应做准备。柴油发动机氧化催化转化器存在的问题主要是高温老化和氧化催化转化器中毒的问题:高温老化是由于贵金属在高温高热情况下产生了烧结,导致其催化剂活性点减少、性能下降;氧化催化转化器中毒是因为排气中的硫酸盐、颗粒等的成分覆盖在载体表面活性点才导致了催化性能的下降。氧化催化转化器的高温高热老化是不可逆的,催化剂中毒以后可能部分恢复活性。燃油中的含硫量过高,会导致废气流过DOC时硫酸盐成分的增加,可能会导致微粒排放量的增加,因此,氧化催化转化器(DOC)必须与低硫柴油一起使用。如果单独使用氧化催化转化器(DOC)时,会造成氮氧化物(NO_x)中二氧化氮(NO_2)比例的增加,二氧化氮(NO_2)的毒性是NO毒性的4倍。降低柴油中硫的含量,通常需要改变载体的材料和构成,也能够提高DOC的抗硫老化性能。加多一层无贵金属负载的SO_2阻隔层的方法,在不影响HC和CO转化率的情况下，也能够降低DOC中硫酸盐的生成成分，提高催化剂的抗硫中毒能力。

二、颗粒捕集器（DPF）技术及维修

微粒捕集器（Diesel Particulate Filter，DPF）对颗粒物进行捕集是最可行的一种后处理技术。在排气尾部添加微粒捕集器（DPF）对颗粒物进行捕集是最可行的一种后处理技术，主要通过拦截、碰撞、扩散等机理，过滤体可以将尾气中的颗粒物捕集下来。DPF主要采用过滤法，可将排气中微粒捕捉不使其排出机外。用来捕集微粒的过滤器的材料和结构有许多种，常用的有整体式陶瓷、金属丝网、纺织纤维圈、陶瓷纤维、泡沫陶瓷等。DPF将柴油机排气中有害物微粒减少70%~90%，如图8-13所示。

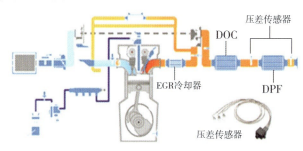

图 8-13　DPF 安装位置示意图

微粒过滤器的滤芯由多孔陶瓷制造，有较高的过滤效率。排气穿过多孔陶瓷滤芯进入排气管，微粒则滞留在滤芯上。过滤器工作一段时间后，需及时清除积存在滤芯上的微粒，以恢复过滤器的工作能力和减小排气阻力。可利用催化剂、氧化器、燃烧器等进行分解、燃烧。

柴油发动机排放的有害物质主要有微粒排放物质、碳氢化合物（HC）、氮的氧化物（NO_x）和硫。其中微粒排放物质是由碳或碳化物的微小颗粒组成。颗粒捕集器能够减少柴油发动机所产生的微粒90%以上。

颗粒捕集器（DPF）安装在排气歧管到消声器之间的排气管路上，在颗粒捕集器的前端和后端安装有排气压差传感器，用于判断颗粒捕集器是否堵塞。同时在DOC和DPF的前端分别安装有高温传感器，用于检测判断DPF再生温度。

在车辆使用过程中炭颗粒排放物会被DPF捕集，当DPF捕集的炭载量达到标定阈值时会启动DPF再生程序，该程序通过提高排温，使炭颗粒物被高温氧化燃烧，等炭载量降到一定阈值后停止。

DPF再生包括自动再生、手动再生和主动再生三种再生方法。自动再生：当

炭载量达到一定阈值后自动进入再生状态；手动再生：当炭载量超出自动再生炭载量阈值后，需要驾驶员操作车辆进行手动再生；主动再生：当炭载量超出自动再生炭载量阈值后，可使用检测仪执行再生程序，进入主动再生状态。

柴油发动机颗粒捕集器利用四种形式：惯性碰撞、截留、扩散和重力沉降机理将颗粒物PM从气流中分离出来。当前最常用的颗粒捕集器（DPF）是壁流式蜂窝陶瓷捕集器，它的原理是通过捕集器孔道前后交替封堵，来使排气从壁面穿过而达到捕集颗粒的目的。壁流式蜂窝陶瓷式捕集器的过滤效果可达60%~90%，是降低柴油发动机颗粒物（PM）排放最有效的方式。一般来说，颗粒物捕集器（DPF）是一种降低废气颗粒物的物理方法，随着行驶里程的增加过滤下来颗粒物的存留增多，过滤孔逐渐会产生堵塞，使得排气阻力逐渐增加，直至导致发动机动力性能和经济性能降低，为此，必须及时除去DPF中的颗粒，这项工作被称为捕集器的"再生"。目前，围绕DPF再生的研究主要方向是：捕集器的再生、过滤载体耐久性的提高和背压的降低、润滑油灰烬的处理。

（一）颗粒捕集器（DPF）的再生

依据DPF再生方式的不同，再生分为主动再生和被动再生两种类型。主动再生是指在高温高热时颗粒物被氧气直接燃烧掉的再生方式；被动再生是指利用二氧化氮（NO_2）和炭烟在过滤陶瓷载体壁面的低温燃烧反应的一种再生方式。与主动再生相比，被动再生需要的温度比主动再生要低，可实现DPF的连续性再生，主动再生需要的温度要高些，所以需要额外的升温措施或利用催化剂来降低炭烟的燃烧温度。主动再生过程中的一个最重要的问题是如何提高DPF装置中的温度。常使用的主动再生升温方式有：电加热、微波加热、缸内增加后燃、排气管绝热和排气节流。还有一种方法是在燃料中加催化剂来降低炭烟燃烧反应的温度。发动机汽缸内燃油后喷和排气管燃油喷射是现在最常见的DPF升温措施。研究表明，相对于排气管喷油，汽缸内燃油后喷具有更高的温度升高效率，汽缸内燃油后喷经常会造成燃油漏到油底壳中稀释润滑油的现象。

（二）颗粒捕集器（DPF）的主动再生

车辆正常使用过程中，如果仪表有文字提示"正在自洁请稍候"，表明车辆正处于再生阶段，若客户能够按照建议的驾驶方式驾驶车辆会非常有助于再生过程，有效避免再生不良的情况出现。

柴油机在实际运行中处于低负荷状态，排气温度很低，被动再生受到一定

第八章 柴油发动机排放污染治理维修技术

的限制。在实际运行中,排气温度经常达不到被动再生条件,当排气温度达到250~400℃时,需要喷射燃油在DOC中发生氧化反应,使排气温度提高到550℃以上,将捕捉到的炭颗粒燃烧成二氧化碳。因此,主动再生成为国六柴油车阶段必备的后处理技术。

主动再生分为行车再生、驻车再生。DPF再生技术路线是以被动再生为主,主动再生为次。主动再生不能够持续发生,只有颗粒数捕集器存储过多时,当按下主动再生开关时,系统开始执行命令,尾气管中喷入一定量的燃油,在氧化催化转化器(DOC)作用下氧化产生高温,再生烧掉DPF陶瓷壁上积聚的炭颗粒。

只要炭载量达到DPF容积60%左右,仪表DPF炭加载状态指示灯将点亮,提醒驾驶员需要进行再生。DPF主动再生的两种形式:行车再生、驻车再生。

(1)行车再生:当炭载量大于限值时,仪表[图8-14 a]DPF炭加载状态灯常亮,驾驶员主动选择高负荷工况连续运行40min以上,整个过程中[图8-14 b]。DPF再生状态指示灯闪烁,DPF再生状态指示灯熄灭后恢复正常行驶状态。

(2)驻车再生:当炭载量大于厂家规定限值时[图8-14 c]及[图8-14 d]两个DPF炭加载状态灯常亮时,说明这种情况需要尽快进行再生。

 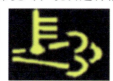 

a)主动再生指示灯　　b)排气高温指示灯　　c)主动再生指示灯　　d)发动机故障指示灯
　(DPF再生开关)　　　　　　　　　　　　(DPF再生开关)

图8-14　仪表板上的警告指示灯

车辆停止运行后,应立即采用手动驻车再生,将车辆置于空挡怠速,并拉紧驻车制动器操纵杆,冷却液温度满足45℃以上条件后,按下[图8-15 a]主动再生开关按钮5s后放开,进入驻车再生模式。大约40min左右。整个过程中[图8-15 b]DPF再生状态指示灯闪烁,DPF再生状态指示灯熄灭后,再生过程结束。当[图8-15 c]DPF炭加载状态指示灯点亮;炭加载量过大,无法再生,需要将车辆开到服务站处理,执行清灰操作流程。

(三)颗粒捕集器(DPF)被动再生

按动DPF开关进入手动再生的方法。

(1)选择平坦安全的地点停车,挂入空挡,关闭发动机并施加驻车制动。

a) 高排温指示灯　　　　b) 高排温指示灯　　　　c) 发动机一般故障指示灯

图 8-15　仪表板上的警告指示灯

（2）关闭发动机10min后，检查机油液面高度；若液面高度高于上限位置，请停止使用车辆并检查确定原因，排除此故障后再进行再生；若液面高度正常，起动发动机，使发动机冷却液温度达到30~40℃。

（3）一些车辆保持车辆怠速，开启空调（A/C处于ON），长按手动再生开关5s以上后松开，DPF即可进入再生过程，发动机转速会自动上升到2500r/min，同时组合仪表出现文字提示"正在自洁请稍后"。

一些测量将点火开关切换至LOCK模式并保持不少于20s；将点火开关切换至ON模式，长按手动再生按钮约5s，直至仪表提示"请起动车辆并怠速"后松开；起动发动机，起动后立即松开离合踏板，打开空调A/C开关，DPF即可进入再生过程，此时发动机转速将自动上升到2000r/min左右，同时仪表提示"正在自洁请稍候"。

（4）等待10~20min，再生过程结束后，组合仪表出现文字提示"自清洁完成感谢等待"。此时，发动机转速会自动降低到怠速状态。

有的车型再生结束除文字提示外，同时发动机维修警告灯熄灭，发动机故障警告灯在三个驾驶循环后熄灭。

三、还原型后处理（SCR）技术及维修

（一）还原型后处理技术

SCR是Selective（选择性）、Catalytic（催化）、Reduction（还原）的英文缩写。其工作原理是将浓度为32.5%的车用尿素溶液还原剂喷入排气管，尿素NH_2、CO加H_2O后在高温下分解成成NH_3和CO_2。排气中的氮氧化合物在催化器的作用下与NH_3反应被还原成氮气和水。

SCR采用一种后处理装置实现这四种污染物（CO、HC、NO_x和PM）的同时脱除。这种装置也常被称作"四效催化剂"，目前的研究主要集中在催化转化器的优化组合和四效催化剂的开发。以PM催化氧化技术和NO_x催化还原技术相结合的复合技术为主。

第八章　柴油发动机排放污染治理维修技术

SCR主要有两类催化剂贵金属（Pt）四效催化剂和非贵金属（钙钛矿型）四效催化剂。硫含量大于350×10^{-6}的柴油，可使CO和HC量减少95%以上，PM减少90%，NO_x减少44%。

柴油机用氨水作为还原剂并不合适，因为氨的气味会使人感到难受。以尿素作为还原剂比直接用氨水方便。尿素的水溶液在>200℃时下产生NH_3。柴油机专用尿素还原剂添蓝的颜色跟它的名字一样，是一种淡蓝色的液体，是一种无味无毒的溶液，存储在货车上特别的储存容器内。当废气从发动机排出后，它会与废气一起到达货车催化转化器，然后将NO_x转化为无害的氮和水，从而大大减低废气排放量。

按照还原剂的不同，可以将SCR分为氨（NH_3）还原SCR和碳氢（HC）还原SCR两种。氨NH_3作为还原剂的SCR已经广泛应用在电厂或固定源柴油发动机上了。因为这项技术比较成熟，所以到目前为止被认为是最好的NO_x控制技术。在欧洲，重型汽车协会宣布将这一项用氨NH_3还原SCR技术作为达到欧Ⅳ以上排放法规的技术路线，同时，日本和美国的重型柴油发动机的NO_x控制也有用SCR的趋势。可是，氨NH_3的泄漏、储运和供应问题，却是氨NH_3还原SCR技术实际应用必须面对的问题。因此，近些年来对HC选择性还原NO_x技术的研究逐渐升温，以期待利用燃料来作为还原剂。

1. 氧化物 NH_3-SCR 催化剂

为了使储运更加方便，常见通用尿素的饱和溶液代替氨水作为还原剂。其工作原理是将尿素溶液喷到排气管以后，让作为溶剂的水先蒸发出来，再把尿素分子分解为氨气和异氰酸，最终异氰酸分子发生水解反应生成氨气（NH_3）和二氧化碳（CO_2）。在下列反应式（8-1）中尿素的分解是在气相反应中完成的，而异氰酸的水解是在SCR催化剂表面或专门的水解催化剂表面完成。

$$H_2N\text{-}CO\text{-}NH_2 \rightarrow NH_3 + HCNO \quad (8\text{-}1)$$

$$HCNO + H_2O \rightarrow NH_3 + CO_2 \quad (8\text{-}2)$$

下面的反应方程式（8-3）~式（8-5）给出了NH_3-SCR的三个主要反应式。在发动机燃烧过程中，主要生成的是一氧化氮（NO），排气中的NO_2很少，一般柴油机中低于15%，因此，反应方程式（8-4）为主要的SCR反应式。三个反应式中，反应式（8-3）的速度最快，反应式（8-5）的速度最慢。依照这一规律，通常增加NO_x中的NO_2比例的方式可以提高SCR催化器的低温性能。通过DOC把部分一氧化氮（NO）氧化为二氧化氮（NO_2），如果NO_2和NO的比例大于1，那么多余的NO_2将通过反应式（8-5）完成而造成了转化率的下降。故NO_2和NO比例应该控制在小于1的范围内。

$$4NH_3+2NO+2NO_2 \rightarrow 4N_2+6H_2O \qquad (8-3)$$

$$4NH_3+4NO+O_2 \rightarrow 4N_2+6H_2O \qquad (8-4)$$

$$8NH_3+6NO_2 \rightarrow 7N_2+12H_2O \qquad (8-5)$$

常见的NH_3-SCR催化剂有$V_2O_5/W_2O_3/TiO_2$和金属氧化物/沸石。钒基催化剂具有对NO_x很高的选择性和宽范围的温度适应条件，且同时具有高的抗硫化能力。不足的一点是容易因为润滑油中的磷组分中毒，以及高温失效出现问题；沸石型催化剂对氨（NH_3）有极强的吸附能力，它在低温时沸石对HC的吸附能力也很强，而HC的吸附能力会影响催化转化器的低温性能，沸石的抗硫化性能较差，需要使用含硫量低的燃料。

随着NO_x传感器的成功问世，尿素的喷射控制技术已经从开环控制发展到了闭环控制模式。在闭环控制时，可以精确地控制尿素的喷射量，来减少NH_3的泄漏。欧洲科学家研究发现开环控制可以达到欧Ⅳ排放法规，闭环控制可以达欧Ⅴ排放法规，闭环控制加氧化催化转化器加主动升温措施可以达到欧Ⅴ以上排放法规。

2. 还原 HC-SCR 催化剂

从1990年证明了催化剂上烷烃和烯烃可以高选择性的还原NO_x以来，对各种不同HC化合物作为还原剂时，在银基催化剂上选择催化还原NO_x。大量的实验研究表明，乙醇作为还原剂时，氧气O_2的存在可以提高NO_x的转化率，同时，水蒸气的存在也可以促进低温时的反应速率。

一辆排放达欧Ⅱ水平的直喷式柴油机，用乙醇还原NO_x的研究表明，在空速3000r/min时，发动机排气温度为350~450℃时，NO_x的转化效率可以达到90%以上。但存在的问题是CO的生成量急剧增加。通过SCR催化器加上氧化催化转化器的配合使用，可以使发动机达到欧Ⅲ排放标准。美国橡树岭国家实验室在发动机上的研究也证明了乙醇在银基催化剂上可以达到90%以上的转化效率，还同时发现，随着催化剂的老化，NO_x的转化效率不但没有下降，反而还有微弱的提高，原因是催化剂表面的硫酸盐抑制了HC和氧气O_2的反应，增加了还原剂的选择性。当前，对乙醇在银基催化剂上选择性催化还原NO_x的机理还不是很明确，对还原剂供给技术的研究也处于初级阶段。这都是今后HC-SCR的研究方向，同时，如何研究降低CO生成量的问题也是今后研究的重点。

（二）SCR 后处理系统的故障维修

（1）所有影响后处理系统工作的故障，都会报出故障码，但也有些区别：有些故障很明确（比如，尿素泵加热电阻丝开路），有些故障范围较广（比如，尿素泵建压错误，可能包括尿素管路、尿素泵等故障）。在深入了解后处理结构的基础上，通过读取故障码，都可以找到排查故障的方向。

（2）有些故障并不立刻报出，要经过一定的驾驶循环或电脑监测到后才开始报故障。比如，主机厂生产安装过程中，避免不了插、拔、安装尿素喷嘴，为防止主机厂出厂前留下故障码，车辆使用早期是不报尿素喷嘴相关故障的。

（3）有些故障修复后，OBD灯会立刻熄灭，但需要经历一定驾驶循环或行程，才可以清除历史故障码。

（4）有些故障，只在后处理系统工作过程中才能够检测出来，当熄火后就成为历史故障，后处理再次工作时又会报出。比如尿素管路堵塞的故障，刚起动车辆时，后处理系统没有工作，所以不做管路检测；当开始建立尿素压力时，就开始检查管路是否堵塞，才会报出故障，一旦熄火后此故障消失。

SCR后处理系统的故障都属于部件故障，只要对后处理的工作原理及各个结构了解透彻，就很容易解决后处理最常见的故障。

四、柴油车后处理（DOC+DPF+SCR）技术路线

（一）DOC+DPF+SCR 后处理技术路线

根据在用柴油车市场改造治理的要求，双降技术既要满足降低尾气中颗粒物（PM），又要满足降低氮氧化合物（NO_x），因此，柴油车双降后处理产品（DOC+DPF+SCR），更好地满足了市场需求，如图8-16所示。柴油车双降后处理产品（DOC+DPF+SCR）包括空气辅助式双降尾气后处理系统和非空气辅助式双降尾气后处理系统，并根据原车车身的不同布局设计了不同结构的产品。

（二）双降后处理技术工作原理

氧化催化转化器（DOC）、颗粒捕集器（DPF）、NO_x选择催化还原剂（Selective Catalytic Reduction，SCR）进行集成，成功开发的DOC+CDPF+SCR双降后处理产品（在DPF载体上涂覆一层带贵金属催化剂的催化器，即CDPF）。一方面，该产品中的DOC在适当温度区间将NO氧化为NO_2，为下游CDPF顺利实现被动再生提供足量的NO_2，同时也为SCR的快速还原反应提供NO_2；另一方

面，利用DOC优良的燃油起燃性，顺利实现CDPF的主动再生，提升CDPF的主动再生效率，减少燃油消耗，提高燃油经济性。

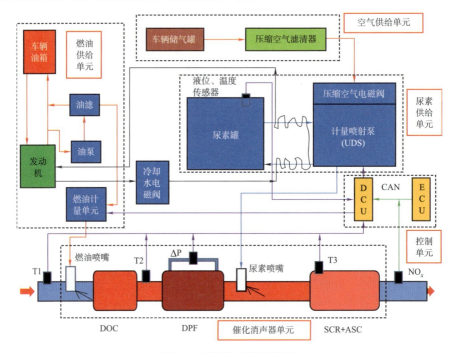

图8-16 双降后处理系统结构示意

该款DOC+CDPF+SCR系统集成了柴油车用贵金属催化剂、选择性催化还原技术、高分子陶瓷材料、高精度传感器技术、SCR喷射控制技术和在线监控报警技术等众多现代高精尖科技，是中国道路柴油机尾气排放控制技术的行业领先产品。

产品通过温度和压力传感器对系统内部工作情况进行实时监控，并上传到改装车监控平台，同时又通过多个温度、氮氧传感器以及气体流量传感器或转速传感器精确控制NO_x的处理。

通过优化DOC+CDPF+SCR集成系统，改造后的柴油发动机尾气中的CO、HC、NO_x和PM的明显降低，并达到法规排放要求。本产品加装后油耗增加不超过2%，尿素消耗量不超过油耗的5%。如图8-17所示。

1. DOC 工作原理

DOC催化剂安装在整个系统的最前端，用来净化尾气中的CO、HC并为后面DPF中进行的颗粒物再生提供所需的NO_2（将尾气中的部分NO氧化成NO_2，除

第八章 柴油发动机排放污染治理维修技术

去废气中的CO和HC,同时将PM中的SOF进行氧化,实现净化尾气的目的)。DOC针对NO_2/NO_x转化率主要体现在低温段(<250℃)较好,这将有利于低温下CDPF的被动再生和SCR的低温NO_x转化,如图8-18所示。

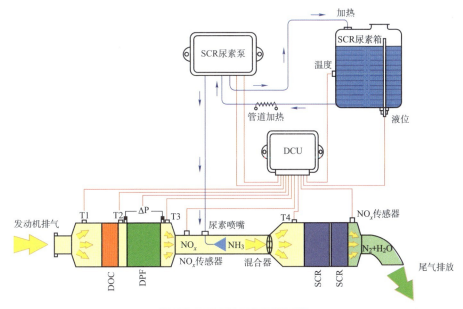

图8-17 DOC+DPF+SCR 技术路线图

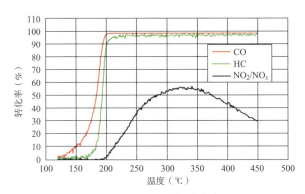

图8-18 DOC性能活性曲线

2. DPF 工作原理

DPF可以优化柴油机PM的初始排放效果,DPF的催化器涂层大大降低了DPF内的炭层厚度。CDPF的炭层厚度只有70μm,而DPF的炭层厚度却达到了170μm。DPF产生更多的NO_2,大大帮助PM的再生,同时捕集Soot,当较低温范围内，在上游DOC产生的NO_2作用下被动再生；当较高温度范围内，在DOC协助下主动喷油再生，最终达到降低PM的目的，如图8-19所示。

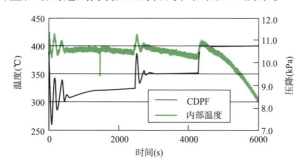

图8-19 自CDPF被动再生性能曲线

3. SCR工作原理

SCR系统中的DCU通过CAN总线与发动机ECU通信，获得发动机的运行参数，同时采集SCR催化转化器温度，计算出尿素溶液的喷射量，并控制计量喷嘴喷射，尿素溶液在排气管混合区遇高温分解成氨气（NH_3）和水，与排气充分混合后进入SCR催化转化器。尿素分解生成的NH_3（还原剂）与废气中NO_x在催化剂表面反应，生成无污染的N_2和H_2O，降低NO_x排放。

根据用柴油车排放的实际情况，并考虑到不同地区的经纬度和冬季的环境温度，开发了两种不同催化剂材料的改造方案，以满足各种不同车辆的改造要求。

（三）柴油车双降主要零部件功能原理

柴油车双降主要零部件功能和原理，见表8-2。

表8-2 双降主要零部件介绍

序号	名称	外形图	工作原理
1	消声器		通过壁面的小孔使得尾气在经过时截面发生突变，可消除部分排气噪声
2	DOC		利用铂、钯、铑等贵金属活性物质与稀土、氧化铝等材料配合产生催化作用，完成以下几种主要功能： （1）将尾气中的HC和CO氧化，生成CO_2和H_2O； （2）氧化PM中的可溶性有机物（SOF）； （3）将部分NO氧化为NO_2，提供被动再生所需的NO_2； （4）氧化喷射的HC（燃油），迅速提升DOC后的排气温度，实现主动再生

第八章 柴油发动机排放污染治理维修技术

续上表

序号	名 称	外 形 图	工 作 原 理
3	CDPF		（1）在尾气通过的过程中，由于壁面孔隙的小于PM的直径，在尾气通过载体后其中的PM被截留下来，完成颗粒物的捕集； （2）通过涂覆的贵金属涂层，在CDPF温度达到要求的情况下，将捕集到的部分颗粒物氧化，完成被动再生； （3）在主动再生过程中，部分未氧化的HC，在CDPF中的继续氧化，加速完成主动再生
4	SCR		钒基或者分子筛的催化剂，主要有以下功能： （1）将热解未完全的尿素进行水解，并将一部分氨存储到催化剂中； （2）储存的氨与尾气中的氮氧化合物进行还原反应，生成氮气和水排出
5	压差传感器		采集颗粒捕集器前后的压差，用于监测系统的工作状态，并为控制单元计算CDPF的炭载量，控制主动再生过程提供必要的信号
6	温度传感器		采集催化消声器入口或出口的温度，用于监测系统的工作状态，并为控制单元控制主动再生过程提供信号
7	转速传感器		采集发动机转速信号（选项）
8	氮氧传感器		NO_x 传感器用于测量催化转化器反应后 NO_x 的浓度，其信号用于OBD功能。 NO_x 传感器ECU工作环境温度：-40~115℃，存储温度：-40~95℃；工作时的温度：-40~1000℃，CAN通信波特率：50K，CAN发送周期：50ms

229

续上表

序号	名称	外形图	工作原理
9	控制单元		控制器是整个系统的一个重要的核心单元。它采集发动机和各种传感器的信息,监测并控制整个系统的状态。在达到控制策略中的边界条件,控制器发送命令给尿素供给装置进行定时定量地提供尿素。控制器还控制报警系统,并将必要的系统参数通过CAN总线传送给在线监控系统
10	尿素箱		尿素箱用于存储尿素溶液,整体材料为塑料,同时能够将罐内的液位及温度信号准确的传递给DCU,通过发动机冷却液对尿素溶液加热,保证尿素溶液的正常供给。尿素箱顶部装有呼吸器和尿素加注口封盖,底部装有残渣放泄口螺塞
11	尿素喷嘴		安装在SCR前的排气管路上,尿素喷嘴将尿素泵供给的尿素进行雾化并喷射入排气管中,使尿素与排气管中的发动机尾气充分混合,提高其尿素分解性能。为后面的SCR反应提供条件
12	尿素泵		定时定量提供尿素给SCR系统,并保持一定的压力使尿素充分雾化
13	OBD功能面板		OBD功能面板是双降系统必不可少的部件,放在驾驶室易操作的位置,实现系统的报警功能。此控制面板功能全,操作简单,可靠性高
14	监控装置		每套产品都配有远程在线监控装置,采集和传输的数据至少包括车辆地理位置、车速、产品进排气口的温度和压力(或压差),数据采集和传输频率为1Hz。且质保期内免费提供流量卡。安装后的车辆,在线监控平台可对设备制造企业、安装企业、车辆所有人、车辆行驶过程等相关数据信息(安装视频信息存储、处理与交换)全方位的监管

第八章　柴油发动机排放污染治理维修技术

第三节　柴油机污染后处理系统的维修

一、商用柴油车辆状况与维修

商用柴油车辆数量少，但占NO_x排放总量比例高，柴油车NO_x排放问题严峻，是I/M站可望针对的问题。少量高排放的车辆是主要空气污染源，测试NO_x不能用简单的怠速废气检测，需要较昂贵的功况机精准测试。I/M站设备可检测特定车型的平均排放表现，获得大量真实数据后筛选某一类型车辆的排放数据，当这类型车辆样本数目越大（>1000辆），所有样本的累计平均排放值会越趋近真正的总平均排放值，原理是数学上的大数据定律。以I/M站功率机测试在商用柴油车排放，公平可靠，成效显著。柴油车年验车怠速测试与功率机测试功能不同：怠速测试简单快速，测试成本低，适合作为最基本的快速废气测试，与类型审批排放测试关联性低，不适合用于测试NO_x，如检测删选出的超标车辆以怠速测试作为排放评核，可能引致错误执法，亦无助解决NO_x问题。

二、新型柴油发动机废气标准及维护

我国柴油发动机废气标准已提升至国六标准，柴油发动机设计已有大量的改良，精密度、新科技、新材料、新装置，理解系统运作和检测方法，可以掌握维护及修理重点，合理了解驾驶员操作，研究更先进测试，利用I/M站的设备有助测试气体、测试废气内的氮氧化物，测试加上检测，更容易分辨不同系统的问题，对症修理及实行防护措施。

新型柴油发动机废气标准及维护：柴油发动机的改革，在后处理之前，发动机设置已经逐渐改进，发动机容量比功率不断升高可以提高发动机排气温度，有利SCR操作。整体耗油量亦有改善，小型柴油发动机放弃间接喷射，多气门，发动机顶置凸轮，重新设计汽缸盖及冷却系统，活塞油环、汽缸套新设计，减少节油消耗，更高润滑系统标准及使用合成节油，共轨式燃料喷注，更高喷注压力，压电晶体喷嘴芯，多阶段式燃料喷注。可变几何角度涡轮增压器加冷却器，真空或电控跟随发动机负载改变叶片角度，加大匹配范围。粒子过滤器（DPF），附前置氧化催化转化器（DOC），DOC降低烧炭所需温度，加强持续烧炭能力，

DPF主动还原，已经不需要附设加热装置，指利用喷嘴补喷及DOC产生热能，整个系统简单可靠。选择性催化还原器（SCR），选择—只选择NO_x分子，有不同种类催化剂（沸石，卑金属，贵金属），使用氨气作还原剂（由氨溶液（尿素）汽化产生），选择性催化还原器使用仍在起步阶段，尿素喷注系统仍在改善。废气再循环（EGR）＋冷却器用来减低燃烧室温度和NO_x，减低耗油量，及过多EGR会产生生大量PM，所以不同发动机有不同减排策略，对维修业界的挑战。

维修柴油车辆排放超标应尽快掌握应对的技术：

第一，以烟度测试以外的方法评估发动机状况；

第二，发动机维护项目层面，维护周期都改变了；

第三，燃料节油及尿素的使用方法；

第四，DPF再生的实际使用情况。

改革后的柴油发动机对日常维护有不同的要求，更高的燃烧室温度，要使用正确的机油，要小心检查活塞环及汽缸套的损蚀及积炭情况，高压喷嘴过热或积炭情况，检查各冷却液有无被堵塞，检查涡轮增压器的维护及EGR的维护，PM装置是否发生机械性阻塞。DOC维护：正确运用发动机转速，如果长期使用低怠速会造成后处理器积炭不能排出，加快后处理器的损耗及排气温度对耗油量的影响。EGR、DOC、DPF等系统是否正常，需要直接测试NO_x。使用瞬态功能机，测试发动机全面运作情况及应用柴油发动机废气分析仪器，更新发动机检查项目，定期测试发动机的NO_x监测各部件及系统的运作记录表，按里程数记录数据。检查表记录发动机警告和机油油量；记录废气温度感应器和背压差感应器资料；记录燃油温度感应器的资料；记录共轨压力感应器和限制阀的资料；记录每个喷油嘴压力；记录废气循环阀的资料；记录各种感应器的资料；用电脑检测工具记录数据。

三、柴油车测试方法

1. 柴油车测试方法

自由或空挡加速烟雾测试，是简易的黑烟测试，数据对维修分析有帮助。功率机测烟法，定速全负荷测试，反映路面驾驶排烟状况，有效改善黑烟维修水平。排放测试车辆设计的排放量的基准测试，反映车辆的技术含量及指标。便携式废气测量系统，收集行车状况及相应排放，测试费用贵时间长，但反映了真实路面排放情况。柴油瞬态功率测试：简易版的排放测试，容易操作，高维修效益，可以测试NO_x。废气遥感测试：监察车辆日常运作的排放，高效率的NO_x

第八章 柴油发动机排放污染治理维修技术

筛选。

2. 废气温度、背压管理

共轨多种喷射，前置DOC，可变EGR/冷却器，加大及强化废气阀门、座，DPF背压监察及再生管理。柴油车NO_x问题严峻，整合数以万计测试的遥感监测数据，在2018年香港车辆尾气监测中柴油车实际路况超标远比汽油车严重，柴油车货车其中NO_x排放超过标准两倍占87%，柴油车NO_x排放没有随着欧盟标准收紧而有所减少，2014年4月至2017年4月期间，香港遥感测量的有效柴油车数据，显示某品牌同型号客货车，欧盟4号NO_x排放比欧盟2号及3号同类型要高。其他品牌柴油车NO_x排放跟外地测试结果相当，柴油车数量少，行车里程数多，发动机负载阻力高，发动机输出高转矩，高温度高压缩气体导致NO_x排量多。

3. 回顾柴油发动机排放

要有多余的空气，才能完全燃烧，空气及燃料混合汽化及燃料持续出现，直至喷油停止，压缩行程只为加热空气。CO_2：随负荷而介于2%~12%；O_2：8%~20%。有粒子（PM）HC同CO恒常的低。NO_x：随负荷而变化。汽化燃料可燃上/下浓度限值，柴油燃料可燃下限0.6（%in air），燃料可燃上限7.5（%in air），自燃温度210℃。燃烧柴油需良好雾化，液态雾化柴油微粒核心部分，未能燃烧的变成为粒子（PM），部分在空燃比浓的情况下燃烧时会产生HC及CO，表层已汽化的柴油，高压柴油喷射令雾化良好，极细没可见黑烟，加快表层汽化及与氧气混合，减少燃烧延迟及NO_x生成。测试方式采用五气分析仪：浓度单位为10^{-6}，描述NO_x废气中容体比例。底盘功率机功况测试，单位为g/km，每千米排放NO_x质量，发动机功率机功放测试单位为g/kW·h，每单位发动机能量排放NO_x质量。遥感测试与CO_2浓度比例，单位为10^{-6}/%，NO_x与之容积比例，遥感测试与耗用燃料比例单位为g/kg，每千克燃料所排放NO_x质量。

四、排放维修治理技术

排放维修治理技术对整个维修行业技术提升的意义，以前柴油车只看黑烟，今天是看PM2.5及NO_x，全都是燃烧学的变化，柴油发动机是惰性燃烧，我们要克服一连串周期性通病，所有汽车生产厂，致力研究燃烧学的设计油品的设计及改良发动机的设计及改良，要治理好排放，看燃料性能是否过关。我们是从它的动力耗油及排放来分析，是否需要维修。当发动机动力下降25%、耗油增加25%、尾气排放增加25%这些都是我们要修理发动机的主要原因。要克服一连串因周期性通病，燃油利用率下降，新型发动机在革命性的技术改革，突破了传统的燃烧极限，是一个很大的贡献。治理尾气，要使PM及三种有害气体同步下降，要令发动机保持充分燃烧，就是要提升燃烧的技术，创新科技的成果。我们从实践得出经验，防患于未然，以养代修，找到污染的根源。由末端治理转向源头治理，提高燃烧效率，改善燃烧效果，减少及消除积炭现象。燃烧优化技术能补充技术空白、增加环保效益、经济效益，利国利民又利己。为保卫蓝天的节能减排工程服务，可以控制一氧化碳、碳氢化物、氮氧化物及颗粒物。

清除发动机内积炭，清除后处理器阻塞，治标治本，源头治理，防止机动车尾气超标污染。有人问发动机的设计包含化学原理、物理原理、电子原理。这些不是我们经常抓紧做的工作吗？维护是对的。但因环境因素及科技提升，我们所做的维护跟以前又不一样了。新型的发动机在用材料及检测都比较严格，柴油车更甚，本身柴油发动机设计是十分精密，它在压缩燃烧产生的动力，在工业方面的利用率最好。所以我们也要做好我们的工作，确保每台发动机在三方面的性能保持良好：动力、能耗、排放。正常的发动机是进气排气成正比例的，但如果发动机维护得不好就会造成后处理器堵塞，造成背压，反使发动机受损。所以，我们要做好我们的本分工作，看护好每台发动机做到最佳效果，使我们的技术提升，来维修新型发动机的种种问题。

用I/M站的设备来分析不同零件损坏的情况会导致废气升高的原因，通过测试程序，发现并解决有问题的零件：

第一，柴油氧化催化剂或颗粒氧化催化剂的系统组件，模拟性能目标，安装双重催化剂，允许在良好状况和恶劣环境之间切换。

第二，EGR组件在手动覆盖，阀门控制模组正常，开闭不工作或阻塞，开放、卡住泄漏气体。

第三，SCR系统打开和关闭泵，清空氨罐和氮氧化物传感器，如果已安装，运行或出现故障/断开连接。

第四，柴油颗粒过滤器（DPF）或捕集器：覆盖机械阀以模拟阻塞，泄漏和再生不运作周期。

第五，DPF背压传感器读数太高或太低。

第六，NO_x传感器读数太高或太低。

第七，燃油滤清器组件双燃料过滤器，用于切换良好状态和堵塞/不良状态。

第八，共轨注射压力安装故障泵并机械改变泵，调节导轨的高压和低压。

第九，喷油嘴性能更换硬件以模拟好/差/需要维修/阀座磨损。

第十，喷油器阻力，数字太高或太低。

第八章 柴油发动机排放污染治理维修技术

第十一，共轨燃油压力传感器电阻数字太高或太低。

第十二，共轨柴油机喷射，更换硬件以模拟良好和不良/错误的注射器或喷雾状况。

第十三，中冷却系统显示、模拟良好的操作和故障条件。

第十四，TPS传感器故障模拟。

第十五，恒温器将硬件更改为故障模拟功能，发动机温度不受管制下的数据。

第十六，空气器更改为显示良好和受阻挡/性能受影响的情况下的数据。

第十七，高压油泵故障，部分故障不能继续运行发动机机油压力泵数值不正常。

第十八，尿素喷油器、管道阻塞或受损，提供专门的不同道具，模拟上面系列的每个故障。

五、新型柴油发动机废气标准及维护结果分析

第一，柴油氧化催化剂或颗粒氧化催化剂（如果安装了POC）废气中的CO正常值0.040km改变为1.146g/km。

第二，EGR阀门卡塞打开和关闭，CO正常值为0.040~6.57g/km；CO_2正常值为989.6~921.22g/km。

第三，SCR系统打开和关闭泵，清空氨罐和氮氧化物传感器（如果已安装，运行或出现故障/断开连接）的数据。CO正常值为0.040~1.17g/km；NO_x正常值为0.827~0.42g/km。

第四，柴油颗粒过滤器（DPF）覆盖机械阀以模拟阻塞，泄漏和再生未运行的循环的数据。CO正常值为0.040~0.157g/km；NO_x正常值为0.827~1.434g/km。

第五，DPF背压传感器，模拟压力过高和过低的数据，CO正常值为0.040~0.48g/km。NO_x正常值为0.827~3.03g/km。

第六，NO_x传感器模拟，拔下NO_x传感器，CO正常值：0.040~0.22g/km。NO_x正常值：0.827~0.17g/km。

第七，燃油滤清器，模拟油滤中的阻塞，CO正常值为0.040~0.11；燃料经济性（油耗）为37.58~31.07（1/100km）。

第八，共轨喷射压力，拔下压力传感器CO_2正常值为989.06~1210.58；NO_x正常值为0.827~2.83；fuel ecom正常值为37.58~50.97（1/100km）

第九，喷油泵性能，拔下螺线管NO_x正常值为0.827~3.91g/km。

第十，喷油器阻力，模拟喷油气阻力过高或过低CO正常值为0.040~0.35g/km。

NO_x正常值为0.827~2.77g/km。

第十一，共轨柴油喷射，更换硬件以模拟注射良好和不良/错误的注射器或喷雾状态，NO_x正常值为0.827~0.42g/km。

第十二，中冷器，模拟良好的操作和故障条件，NO_x正常值为0.827~1.43-0.89g/km。

fuel ecom：37.58~60.15（1/100km）。

第十三，恒温器，将硬件更改为故障模拟功能，发动机温度不受管制，CO正常值为0.40~0.38g/km。

第十四，空气过滤器，模拟良好和受阻/性能受影响的情况，fuel econ为37.58~41.13（1/100km）。

第十五，高压油泵出现故障，无法继续运行，CO正常值为0.040~0.34g/km。

第十六，尿素泵堵塞，CO正常值为0.040~0.27g/km。NO_x正常值为0.827~4.59g/km。

第十七，尿素进样器/管道堵塞或损坏，CO正常值为0.040~0.40g/km。NO_x正常值为0.827~5.60g/km。

六、尿素通常故障排除

针对后处理的维修，其实我们最常见到的故障都是集中在尿素喷嘴和尿素泵上面，也有很多人在我们后台留言故障问题，但是很多时候大家的描述并不清楚，这也让我们没有办法说细回复大家的问题，这里我们就把后处理尿素泵及尿素喷嘴故障特征整理，见表8-3。

尿素泵及尿素喷嘴故障排出　　　　　　表8-3

故障现象	故障排出
不烧尿素	在正常使用整车过程中，发现尿素始终没有变化
整车动力不足	辆行驶中，发动机动力不足，给驾驶员带来整车无力的感觉
尿素泵不工作	车辆运行时，尿素泵无法正常工作
尿素灯常亮	车辆运行时，仪表上的尿素故障指示灯常亮
尿素消耗大	尿素消耗大于100L柴油消耗10L尿素的值
漏液结晶	尿素泵上有漏液和结晶的地方
内部故障	尿素泵系统内部部分元件失效，导致系统中存在故障
无法建压	当尿素泵工作异常时，检测软件显示故障信息为建压失败
回吸不畅	在停车后尿素泵回抽管路余液过程不畅通

第八章 柴油发动机排放污染治理维修技术

续上表

故障现象	故障排出
喷嘴不工作	后处理系统工作时,喷嘴不喷尿素
喷嘴堵塞结晶	喷嘴处尿素长时间堵塞,导致结晶
喷嘴漏液	喷嘴工作时,有少量尿素从边缘流出

注意：BOSCH后处理主动测试是依靠监控的信号数据实现对尿素泵和尿素喷嘴的诊断。首先将尿素喷嘴从排气管上拆下，放置于易于观察的地方，但喷嘴方向不允许对准相关电器或人。

表8-2中常见故障分析检查方法如下。

（1）压力测试。在尿素泵开度中写入30，单击"尿素泵测试"，尿素泵即按照工作负荷30%开始运转，测试默认30s后自动退出，此时尿素压力值在左下角显示。正常情况下，如果输入尿素泵开度30%，尿素压力在20s左右达到9000Pa，之后稳定在11000Pa左右。

（2）压力测试时，采用尿素泵开度30%是比较合适的，不建议采用其他开度。具体建立压力的时间和压力大小会和整车布置有一定的关系，一般情况下，尿素箱到尿素泵之间的尿素管路越短，越直（阻力越小），则尿素建压时间越短，对应的稳定压力也会偏高点。但压力不会低于9000Pa，如果第一次压力无法到达9000Pa，可以多尝试几次测试。

（3）测试时除了正常情况外，可能遇到以下几种情况

①尿素泵没有反应，无动作，听不到泵转的声音。确认发动机ECU程序是最新的主动测试程序（不同型号的发动机程序不同），检查线束、接头、电源等电器件。

②尿素泵已工作，能听到泵的声音，但建压困难，尝试多次30s后还没有到9000Pa。首先检测尿素管路安装是否正确、进流管回流管有无装反、是否有弯折、泄漏、堵塞、管接头是否损坏堵塞。如出现回流管装反的问题，尿素泵不建压；如出现进回流管和尿素喷嘴的液管接反，尿素泵建压低于5000Pa。检查尿素箱内尿素位（尿素液位过低会造成建压达不到9000Pa）。检查管户对尿素箱的维护情况（如通气孔是否被堵塞，是否有被泥石流冲过的痕迹等）。检查尿素滤芯是否干净。必要时通过尿素箱底下放液孔检查尿素溶液是否干净。一般情况下，建压困难都是由于以上原因引起的。如果以上的排查均未发现问题，建议更换一个好的尿素泵再进行压力测试。更换无故障尿素泵后如问题解决，则说明尿素泵损坏，如还无法正常建压，则还需要继续排查尿素管路系统。

③尿素压力非常容易就到9000Pa，而且会超过9000Pa。检查尿素回流管是否堵塞，拔掉尿素回流管尿素箱端，观察压力测试时是否有尿素回流，也可尝试把尿素泵依次降为25%、20%再做测试。

七、尿素泵及尿素喷嘴故障模式及相应表现

1. 尿素不消耗

用户反馈尿素不消耗，若没有报其他潍柴后处理部件故障码（氢氧传感器、温度传感器等），停止发动机后，用智多星执行器中尿素喷射测试，喷嘴不喷射，确定其管路边接无问题后，可判定为尿素泵或尿素喷嘴故障。

2. 尿素消耗高

用户反馈尿素消耗高，用户口述尿素燃油消耗比高于10%，也可调用智多星数据流监控，监控尿素历史消耗量及燃油历史消耗量，查看比值是否高于10%。高于10%的情况用智多星执行器中尿素喷嘴喷射柱状量大，或喷射测试结束后阀体闭合不严，喷嘴喷头处有尿素持续滴落，可判定为尿素喷嘴故障。

3. 电器类指向性故障码

有些电气类故障不会影响尿素泵的建压功能和SCR后处理系统正常工作，尿素消耗正常，但后处理故障灯仍亮，如报"尿素泵温度测量模块失效、尿素泵加热电阻丝信号不可信"等只会导致局部功能失效的故障，在排除接插件、线束等外部原因引起故障的情况下，可判定为尿素泵故障。

（1）怎样确定故障模式为尿素泵、尿素喷嘴结晶堵塞故障？

通过上述故障表现，我们销定了故障点在尿素泵及尿素喷嘴，那么怎样确定其故障模式为尿素泵、尿素喷嘴为结晶堵塞？故障判定流程如图8-20所示。

（2）确定为尿素泵或喷嘴结晶堵塞的解决措施。

喷嘴结晶堵塞，除去喷嘴头部的尿素结晶块，用热水或温水，温度高处理会快一些，油光或直接冲洗（直接冲洗效果差）喷嘴头部，喷嘴结晶处理后，如果存在密封问题，应按要求更换喷嘴密封垫片。

（3）结晶类故障判定及处理技巧。

尿素泵完好情况下，智多星喷射测试时，没有堵塞的喷嘴会有短暂一下的试喷放气过程，大约1s；拔下尿素泵出液压力管，观察是否有尿素冒出，这个操作要放在点击智多星测试喷射之前，防止建压执行后，尿素示高压作用下，拔下出液管尿素高压喷出飞溅；无明显外观损坏、管路问题和电气故障码的情况下，若智多星喷射测试时，泵有"嗡嗡"的工作声音，此类情况大多数可判定为结晶或

第八章 柴油发动机排放污染治理维修技术

杂质堵塞故障；有些车辆尿素泵喷嘴同时发生了结晶堵塞现象，这时处理顺序为先尿素泵后尿素喷嘴。

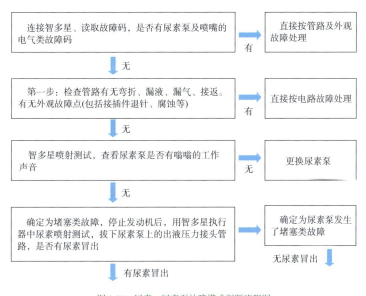

图 8-20 尿素、尿素泵故障模式判断流程图

1.柴油发动机的主要污染物是什么？

2.柴油机排放后处理设备包括哪些？

3.柴油发动机颗粒捕集器利用哪四种形式将颗粒物（PM）从废气流中分离出来？

4.颗粒捕集器（DPF）再生哪几种形式？

5.柴油发动机机内净化系统有哪些？

第九章

维修治理案例分析

本章主要讲述排放污染物控制系统或装置的故障排除，以及排放污染物超标的维修治理方法。通过对故障现象的分析诊断、检测过程到最后排出故障的讲述，能够对维修技术人员在解决排放污染物超标维修治理过程中起到抛砖引玉的作用。随着科技飞速发展和排放污染物控制不断加严，排放污染治理越来越难。

柴油机后处理排放污染物装置或系统的故障案例，主要对传感器和部件节选了一些典型的案例，希望能够帮助广大维修技术人员在遇到排放故障时，能够得到借鉴。

第一节　PCV 排放系统故障维修

维修PCV系统时，不能对系统做任何篡改。维修系统需要仔细检查，功能测试，更换有故障的零件。有些发动机使用固定的用孔管代替阀门。这些东西应该清洗干净。定期使用化清剂清洁。更换PCV阀时，应匹配零件编号。更换汽车制造商规定的正确的阀门。如果阀门无法识别，请参阅制造商服务中列出的零件编号信息。新的PCV阀有锁定装置防止它们松动或脱落。安装时要确保阀门锁已完全开启。

故障维修实例 1

故障现象：一辆雪佛兰科鲁兹轿车，自动挡，行驶在高速公路上，听到发动机舱异响后，发动机熄火。再次起动无着火迹象，打起动机发动机不转动，好像蓄电池没电似的。

第九章 维修治理案例分析

检测过程： 此车拖入维修站，打起动机时，起动机无法带动发动机转动。测量起动电压为10V以上，说明蓄电池电压正常。拆卸右前轮胎和饰板，摇转曲轴顺时针和逆时针两个方向都不能成圈转动，说明曲轴连杆和配气机构有卡滞现象，拆卸火花塞，发现火花塞的中心电极旁边有很多液体，黏黏的，好像机油。为进一步确认，拆卸空气滤清器的皱纹管，看到节气门附近有许多机油，说明机油通过气门室罩盖膜片控制阀和曲轴箱通风管被吸到燃烧室，由于液体不能被压缩，导致连杆被顶弯（图9-1），发生活塞被顶裂现象，造成打车或摇转发动机不能转动现象，如图9-2所示；这种情况的原因都是由于气门室罩盖膜片控制阀的膜片开裂所造成，如图9-3所示。

图9-1 顶弯的发动机连杆

解决方法： 更换发动机总成。

图9-2 被顶裂的发动机活塞

图9-3 破裂的气门室罩盖膜片

故障维修实例2

故障现象： 一辆1.6L排量雪佛兰轿车，发动机故障灯亮。

确认故障： 着车后故障灯点亮，用诊断仪GDS2+MDI检查，有故障码P0172：燃料供给系统调整浓，当前故障码。

维修过程： 检查燃油控制相关部件及插头外观没有损坏及虚接的地方，执行车辆诊断系统检查，查看没有相关的维修通信，电脑检测有故障码，遵循症状诊断与客户交流故障何时何地发生的，客户描述去外地回来后故障灯就亮了，首先考虑到了油品，然后清洗了油路，更换了汽油还是不行，更换了喷油头，节气门总成故障依旧。对燃油修正重新学习后，着车怠速长期调整很快达到−25%，接

241

着对进气系统检查，没有堵塞和漏气现象，排气系统检查，更换三元催化总成没有效果。更换了火花塞，点火线圈没有任何效果；进排气系统、油路和点火系统都没有问题。接着对MAF、MAP、ECM、氧传感器，汽油泵与正常车对调没有任何好转。

思路陷入僵局，交流发现其他站也有两辆同样故障的车一直没有解决，而且两车有个共同点都是右前事故以后发生的，再仔细检查此车也是右前事故，对右前事故更换的零部件再做一次检查发现空气滤清器帽不是原厂件，与正常车对比发现副厂空气滤清器帽内少一个格栅导流板，如图9-4所示。

a) 副厂件

b) 原厂件

图9-4　原厂件与副厂件的对比

解决方法： 更换原厂空气滤清器总成后，故障排除。

维修总结： 空气流量计的格栅主要作用是要求空气进入流量计通道内能够均匀，没有安装或者过脏都有可能空气流动时产生扰流，不能被准确计量。

第二节　EGR排放系统故障维修

故障维修实例1

故障现象： 一款通用汽车，发动机故障灯亮，车主报修发动机故障灯亮，用Tech2提取故障码为P0401：废气再循环（EGR）流量不足。

故障分析： 在监视进气歧管绝对压力（MAP）传感器信号的同时，动力系统控制模块（PCM）通过瞬时指令排气再循环（EGR）阀打开，对排气再循环系统进行测试。当排气再循环阀打开时，动力系统控制模块应感应到进气歧管绝对压力按比例增加。如果未检测到进气歧管绝对压力按预计增加，动力系统控制模块记录差量并向故障限度水平调整内部故障计数器。当故障计数器超过故障限度时,动力系统控制模块设置故障码P0401。完成本测试所需的测试样本数取决于检测到的流量差量。动力系统控制模块通常仅允许在一个点火周期中采集一个排气再循环流量样本。为帮助确定修理,动力系统控制模块允许在故障诊断仪信息清除或蓄电池断开之后第一个点火循环中取12个测试样本。9~12个样本足以使动力系统控制模块确定充足的排气再循环流量并通过排气再循环测试,如图9-5所示。

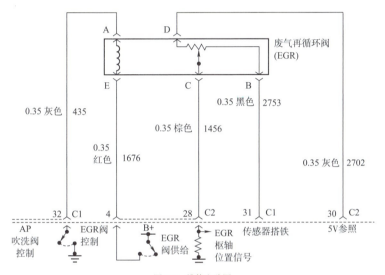

图9-5 维修电路图

故障检查:线束接触不良或损坏——检查线束是否损坏。若线束正常,移动与排气再循环阀相关的线束和接头的同时观察故障诊断仪上显示的实际排气再循环位置显示。如果显示变化,表明该部位有故障,如图9-6所示。

EGR开启位置(%)	MAP值(kPa)
10	57
20	63
30	70
40	76
50	81
60	85
70	90
80	90
90	90

图9-6 维修数据值

正常车辆EGR开度与MAP的对应关系如图9-6所述。而故障车的MAP值变化很小。拆下节气门检查发现EGR阀与进气歧管的通道被积炭堵塞。

解决方法：清除EGR阀与进气歧管的通道的积炭，故障解决。

故障维修实例2

故障现象：一款通用车辆，装有4.3L排量、V-6发动机，车主报修，发动机经常出现工作不稳，忽高忽低（游车）。

故障分析：经维修工检查没有发现故障码，查看数据流，除了在怠速时作用在再循环阀的真空度较小以外，其他部件工作都正常。这款车使用的是通用公司的电子真空调节阀的EGR控制电磁阀。发动机ECU向电磁阀发出脉冲信号，电磁阀控制EGR阀的真空度。维修工仔细查阅维修通信和维修手册，了解了系统的工作原理后，确定故障点为EGR电磁阀处的真空有泄漏，用化清剂在怠速时喷入，发动机明显变化，说明EGR电磁阀明显泄漏，需要更换EGR电磁阀。

解决方法：更换EGR电磁阀后试车，发动机恢复正常。

第三节 与氧传感器相关的故障维修

故障维修实例1

故障现象：发动机故障灯常亮。OBD-Ⅱ汽车，3.2L排量，氧传感器所导致。

诊断过程：接到此车维修工单后，维修技师首先确认工单描述的故障灯常亮现象，经确认发动机故障灯属实点亮。用Tech2+CANdi查看故障记录，有故障码P0140：加热型氧传感器电路活动性不足——缸组1传感器2；P2270：加热型氧传感器信号持续过稀——缸组1传感器2。查看此车维修记录，不久前在我站更换过缸组1的传感器2，当时的故障码与这次完全相同。用诊断仪Tech2+CANdi的示波器功能，查看氧传感器信号的传输轨迹，如图9-7所示。明显看出实线部分HO_2S组1传感器2的图形与正常的虚线的HO_2S组2的传感器2不同步，出现故障。于是用万用表，根据氧传感器的电路图进行测量，如图9-8所示。

于是用万用表，根据氧传感器的电路图进行测量。

首先用万用表电压挡测量加热型氧传感器HO_2S缸组1传感器2的1号脚在点火开关ON时，有12V电压，说明主继电器到氧传感器熔断丝的这段是好的。关闭点火开关，万用表电阻挡测量3~4号之间的阻值为5Ω，正常。万用表蜂鸣挡

第九章 维修治理案例分析

测量HO₂S的2号—ECM的7号；HO₂S的3号—ECM的23号；HO₂S的4号—ECM的38号通断，均正常。这说明加热型氧传感器插头处到发动机ECM插头处的线束是好的。当断开蓄电池的搭铁线桩头，测量加热型氧传感器3号到发动机ECM对地电阻时此值为∞Ω，对比测量正常的加热氧传感器缸组2传感器2的3号到发动机ECM的对地阻值为5Ω，这说明加热氧传感器缸组1传感器2的搭铁线在发动机ECM内断路，需更换发动机ECM。

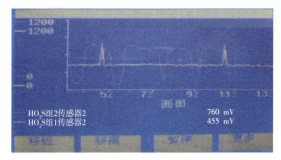

图9-7　故障的氧传感器波形图

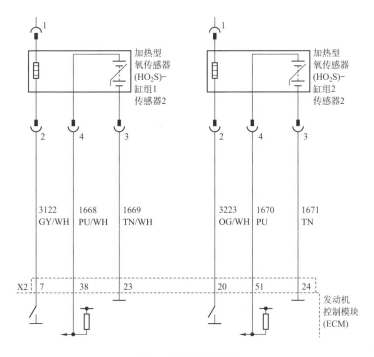

图9-8　氧传感器电路图

为了进一步确认加热型氧传感器（HO$_2$S）缸组1传感器2的搭铁线在发动机ECM内断路，用跨接线将加热型氧传感器（HO$_2$S）缸组1传感器2和HO$_2$S缸组2传感器2的搭铁线跨接，着车，用Tech2+CANdi的示波器功能查看HO$_2$S缸组1传感器2和缸组2传感器2的波形如图9-9所示，实线图像和虚线图像完全同步，正常。

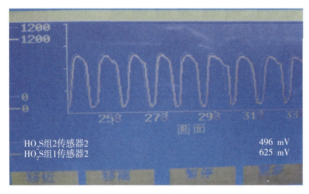

图9-9　正常氧传感器波形图

排除方法：更换发动机ECM后，故障排除。

故障维修实例2

故障现象：一款德系汽车，发动机型号为W12，变速器型号为09E，行驶里程为94000km。车里感觉有轻微的抖动。

故障分析：

（1）验证故障着车后做在驾驶员位置确实有轻微的抖动。

（2）读取故障码显示报氧传感器故障。

（3）读取发动机控制单元2 第33组氧传感器数据显现异常。

（4）经与驾驶员沟通了解之前换过氧传感器。

（5）检查发动机舱氧传感器插头并对照数据流分析有可能插头插错了。

（6）互倒两传感器插头后读取数据流显示正常。

（7）反复验证试车故障排除。

解决措施：插对发动机舱处的氧传感器插头，如图9-10所示。

总结分析：对于W12更换氧传感器时插头容易插错，注意标记好。同样的对于Q7 4.2的车发动机舱处的氧传感器插头也容易插错。

第九章 维修治理案例分析

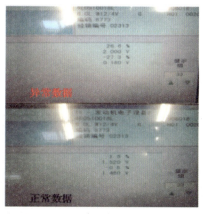

图 9-10 氧传感器位置图与数据流

第四节　EVAP 排放系统故障维修

故障维修实例 1

故障描述：一款通用昂科雷轿车，3.6L排量、缸内直喷SIDI发动机故障灯亮，电脑提取故障码为P0496：蒸发排放（EVAP）系统非吹洗时流动。

电路说明：本故障诊断码测试是否有持续的进气歧管真空流向蒸发排放（EVAP）系统。通过指令蒸发排放炭罐吹洗电磁阀关闭和蒸发排放炭罐通风电磁阀关闭，控制模块密封蒸发排放系统。控制模块监测燃油箱压力（FTP）传感器，以确定蒸发排放系统是否正在被抽真空，见表9-1。如果蒸发排放系统的真空度在预定时间内超过预定值，则设置此故障码。

247

燃油箱压力传感器与燃油箱压力的相对关系表　　　　表9-1

燃油箱压力传感器信号电压	燃油箱压力
高，约1.5V 或更高	负压/真空
低，约1.5V 或更低	正压

诊断过程：

（1）断开蒸发排放吹洗电磁阀电气连接器。

（2）起动发动机。

（3）使用故障诊断仪指令蒸发排放通风阀关闭。

（4）将发动机转速提高到1200~1500r/min。

（5）观察故障诊断仪"燃油箱压力（FTP）传感器"参数。确认故障诊断仪"燃油箱压力传感器"参数为-0.9~+0.9mmHg（-0.5~+0.5inHg）。

根据诊断仪上测试的数据流可以判断EVAP炭罐电磁阀损坏，如图9-11所示。

将EVAP碳罐电磁阀插头断掉

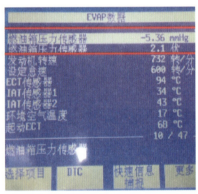

图9-11　EVAP位置图和数据流

解决方法：更换EVAP电磁阀。

故障维修实例2

故障现象：一辆通用汽车，发动机3.0L排量，发动机故障灯亮。

故障分析：用Tech2提取故障码为P0171：燃油调节系统过稀——缸组1；P0174：燃油调节系统过稀——缸组2，如图9-12所示。

设置故障码的条件：

（1）平均长期燃油调节质量平均值大于或小于标定值。

第九章　维修治理案例分析

（2）在满足"运行故障诊断码的条件"后，上述情况存在约3 min。

a）拆下EVAP检查EVAP已经常通

b）将EVAP堵死时的数据

图9-12　EVAP 数据流和实物图

查看GDS2数据，缸组1和缸组2长期燃油调整值均为32%，缸组1的前氧传感器信号为0.07V；缸组2的前氧传感器信号为0.09V，见表9-2。由此看出混合气过稀ECM正在加浓调整。

故障数据信息1燃油修正　　　　　　　　　　　　　表9-2

参数名称	控制模块	数值	单位
短期燃油修正汽缸组1	发动机控制模块	32	%
长期燃油修正汽缸组1	发动机控制模块	40	%
短期燃油修正汽缸组2	发动机控制模块	32	%
长期燃油修正汽缸组2	发动机控制模块	40	%
HO$_2$S 汽缸组1传感器1	发动机控制模块	0.07	V
HO$_2$S 汽缸组2传感器1	发动机控制模块	0.09	V

进入GDS2中的感应数据发现"空气质量流量传感器"为2.02g/s；"计算的气流量"为3.44g/s。实际与计算的进气量相差了1.42g/s。正常情况实际与计算的进气量应基本保持一致。将EVAP的进气管断开后数据恢复正常。

维修结果：更换EVAP电磁阀如图9-13

图9-13　EVAP 检查发现直通

249

所示。

分析总结：空气质量流量传感器的信号是ECM控制喷油量的重要参考信号。此车由于EVAP卡滞造成有额外的空气进入汽缸。使汽缸的充气容积变小，造成流经空气流量传感器空气减少。空气流量传感器检测到较少的空气后将信号传递给ECM，ECM指令喷油嘴减少喷油量。但实际是汽缸内的空气比实际检测的空气多造成混合气过稀。

第五节　AIR 控制系统故障维修

故障维修实例

故障现象：AIR空气喷射系统失效。

故障描述：二次空气喷射系统（AIR）经常发生故障，比较常见的故障是：传动带或泵的轴承及轴套磨损，发出噪声。

维修过程：如果发现二次空气喷射系统出现故障，按照下列程序对系统进行检测维修：

（1）检测二次空气喷射系统的空气泵传动带的张力是否符合规定标准，发现问题及时维修或更换。

（2）二次空气喷射系统的密封零部件不允许有泄漏情况发生，检查软管接头连接处是否泄漏，如果泄漏，维修或更换。

（3）检查空气泵的传动带是否出现过松现象，空气泵轮与传动带轮是否保持一条直线。

（4）检查二次空气泵的带轮是否卡滞，如果出现卡滞现象，立即维修或将其更换。

（5）检查二次空气泵连接的软管是否松动，视情况紧固或更换。

（6）检查压力释放阀是否失效，视情况维修或更换。

（7）检查止回阀是否一个方向流动空气，如果不是，需要进行更换。

（8）对二次空气喷射系统检测，确保在开环情况下空气被送到排气歧管中。

（9）检测在闭环情况下，空气被送往三元催化转化器；在减速时，空气被送到大气。

（10）用尾气分析仪检测，确认排气管的废气中有氧气存在，从而证明二次空气喷射系统流畅，空气泵输出空气足够。

第九章 维修治理案例分析

第六节 TWC 三元催化转化器故障维修

故障维修实例 1

故障现象：一款德系汽车，发动机3.0T，废气灯报警，加速无力车抖。

故障分析：

（1）用5052进行检测，故障内容为：汽缸列2凸轮轴正时调节功能失效。

（2）读取数据块93组，汽缸列1：1.1；汽缸列2：1.3。数值正常。

（3）用基本设定功能，进行功能94组凸轮轴调节测试，发现汽缸列2的数值没有变化。

（4）由此判断有以下几种可能：

①调节阀故障，但进行执行元件测试后发现阀动作正常。

②油路堵塞，但在拆卸调节阀时未发现有明显异常。

③调节器无法调节或卡死，只有拆下来检查；在拆卸时将链条位置盘正拆下后端盖后发现：调节器位置没有对准标记位置（图9-14）。

故障原因：调节器位置错开过大堵住了油道，从而不能实现调节。

解决措施：将调节器位置按照ELSAWIN要求重新安装到位后，试车故障排除。

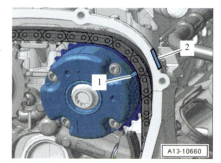

图9-14 凸轮轴与链条的正时记号

故障维修实例 2

故障现象：一款大众汽车，2.0T发动机，废气灯报警。

故障分析：

用VAS6150B读取故障存储器记录有故障码P042000：尾气催化转化器系统汽缸列1作用过低，故障清除后行驶200km以上故障可再现。按故障导航要求对节气门油路进行清洗，前后氧传感器进行了更换，行驶200km左右故障再次出现。对客户进行询问得知之前有过发动机怠速抖动大，在上海大众换过废气阀。拆下废气阀发现废气阀外观一样，而内部通气孔孔径不同，导致过量的废气进入汽缸，从而影响了三元催化的效率。

解决措施：更换废气阀，故障排除，如图9-15所示。

a) 废气阀　　　　　　　　　　　　b) 数据流

图 9-15　废气阀与其数据流

第七节　尾气排放故障维修

故障维修实例 1

故障现象：一款通用汽车，V-6发动机，缸内直接喷射3.0L排量，6速手自一体变速器；年检验车不过，排气严重超标。

故障描述：一辆3.0L排量的别克豪华公务舱，自动挡。行驶无力，发动机怠速抖动，有故障码显示1/3/5缸不工作。拔出机油尺查看，往外冒黑烟比较严重。

维修过程：根据以往经验，曲轴箱往外冒烟，说明活塞环或活塞与缸壁间隙过大。维修方法是拆卸汽缸盖和油底壳，抽出活塞连杆，进行检查。但是，由于这辆车故障现象较多，维修时不好下手，修理人员要简单便捷入手。接下来用排气背压表测量排气背压，当接上背压表怠速着车时，背压表立即爆表。说明排气背压太大，正常的标准怠速时的背压值为8.6kPa，这肯定是排气系统堵塞了。当拆下排气管时，发现三元催化转化器的陶瓷芯已经没了，都堵在消声器前部了，如图9-16所示。经处理后，更换三元催化转化器，再次着车，一切症状都没了。

故障维修实例 2

故障现象：奔驰S500轿车尾气（HC）超标。

车辆信息：一辆奔驰S500轿车，自动挡，V形8缸，四轮驱动，行驶里程8000多km。进行I站年检时，尾气超标不合格。HC超标。

维修过程：进行过发动机积炭清洗、三元催化转化器清洗、节气门清洗，更换（对换）过MAP、冷却液温度传感器、火花塞（图9-17）、点火线圈等。故障依旧，此时花费3万多元了。

图9-16　破碎的三元催化转化器陶瓷芯和空壳的三元催化转化器壳

图9-17　维修过程的数据图片

解决方法：由图9-17可知，气门油封严重漏机油。更换气门油封后，烧机油问题解决。但这时再次双怠速测试尾气，基本没有什么变化。更换三元催化转化器，问题解决，三元催化转化器3万多元。

故障维修实例3

故障现象：氮氧化物（NO_x）严重超标。

车辆信息：如图9-18所示。一辆奔驰E260检测场验车不合格，尾气超标，发动机274，行驶里程20多万km。前氧传感器为宽带氧传感器，后氧传感器为普通加热型传感器。

维修过程：首先外观检查，确认排气管不冒黑烟和蓝烟，检查发动机故障灯，经检查故障灯没有点亮。

图9-18 奔驰E260尾气检测

由于此车行驶里程20多万km，考虑是否三元催化转化器失效造成NO_x超标。于是，更换三元催化转化器总成。经再次检测，现象依旧，还是氮氧化物超标（图9-19），其他两项HC和CO合格。经维修站尾气分析仪测试发现，氧气高，应该是混合气偏稀造成的，可能原因：真空泄漏、汽缸积炭等。经检查未发现有真空泄漏；于是，对汽缸积炭进行免拆清洗，考虑到此车行驶里程数较多，积炭可能非常多，用两瓶快乐跑清洗，清洗后着车一段时间再测试，氮氧化物降到600×10^{-6}以下，再次上线检验顺利通过。

	稳态工况法					
	ASM5025			ASM2540		
	$HC/10^{-6}$	CO/%	$NO/10^{-6}$	$HC/10^{-6}$	CO/%	$NO/10^{-6}$
实测值	11	0.02	2404	7	0.03	2104
限值	90	0.5	700	80	0.4	650
结果判定	□合格		☑不合格			
检验员	北方杨朝阳阳					
加油口测试	□合格		□不合格	油箱盖测试	□合格	□不合格
结果判定	□合格		□不合格			
			检验员：—			
□合格 ☑不合格						

图9-19 不合格的尾气检验单

第九章 维修治理案例分析

第八节 发动机各系统引起排放超标故障维修

一、发动机机械故障引起排放超标维修治理

案例：一辆大众捷达轿车气门漏气导致尾气超标。

车辆信息：大众捷达轿车，1.6L排量，行驶里程为12万km。

故障现象：车辆使用过程中油耗偏高，车辆环保检查不合格，CO、NO_x两项尾气超标。

故障检查：车辆进站初步检查，该车发动机工况较为恶劣，气门室罩盖等多处有渗油情况。通过与车主沟通，该车维护周期一般在1万~2万km，而且不系统。

起动发动机并热车后，发动机运行比较平稳，但是排出的尾气有非常浓烈的刺激性味道。该车刚进行了尾气环保检验，测试报告如图9-20所示。

简易瞬态工况法			
	HC（g/km）	CO（g/km）	NO_x（g/km）
实测值	0.77	26.43	1.87
限值	1.6	8.0	1.3
稳态工况法							
	ASM5025			ASM2540			
	HC（10^{-6}）	CO（%）	HC（10^{-6}）	HC（10^{-6}）	CO（%）	NO（10^{-6}）	
实测值							
限值							
结果判定	☐ 合格	☑ 不合格					
加油测试	☐ 合格	☐ 不合格	油箱盖测试		☐ 合格	☐ 不合格	

图9-20 初检诊断报告

从尾气检测报告来看，该车CO为26.43g/km；NO_x为1.87g/km超标，且HC含量也将近限值的50%。

故障诊断：根据汽油车尾气后处理装置的工作原理：在三元催化转化器的催化反应中，尾气HC/CO属于氧化物，NO_x属于还原物，在正常工作温度下（>350℃），它们之间能产生一系列的化学反应，最终生成水、二氧化碳和氮气，且在反应过程中会产生一定的热量。

报告中显示CO和NO_x超标，且HC也较高。初步判断，该车三元催化转化器

失效或效率过低。且结合该车行驶里程（12万km）和出厂日期（2008年），该车的尾气后处理装置三元催化转化器已超过了设计使用寿命，所以维修方案首先考虑更换三元催化转化器。

图9-21 尾气分析仪测试值

对该车原车三元催化转化器进行拆卸，安装新件后进行热车5min，此时发动机冷却液温度为90℃。使用尾气分析仪对尾气做了进一步测试，显示结果如图9-21所示。

以上测试结果显示，该车尾气HC和CO偏高，且CO超标严重。结合CO_2和O_2数据分析，发动机因混合气过浓而燃烧不充分，且此时由于发动机空燃比不正确（混合气偏浓），过量排放的CO已不能被三元催化转化器完全转化，导致超标。

此时，将故障诊断的重点转移到发动机上。首先检查发动机空燃比控制状态为闭环控制，且长期燃油修正数值为-31.3%，说明前氧传感器能正确监控到混合气过浓状态，且发动机ECU进行了减少喷油的响应调整。

通过以上分析，发动机混合气过浓的故障方向为进气信号或喷油实际控制出现了问题，如图9-22所示。

图9-22 诊断仪显示的数据流

通过进一步诊断，读取发动机数据流，进气压力在怠速时为38kPa，高怠速时为40kPa，数据显示该车进气压力偏大，反之在怠速和高怠速情况下进气歧管真空度偏小。为了验证进气压力传感器数据是否正确，连接真空表到进气歧管位置进行真空测试，测试结果如图9-23所示。

测试结果显示，发动机进气歧管真空度在怠速状态为63kPa，对比正常车57~71kPa偏低，正好印证了发动机数据流显示的进气压力数据偏大的情况。由此

第九章 维修治理案例分析

说明进气压力传感器正常。

那么，是什么原因导致进气真空度变小的。首先分析进气歧管真空产生的过程：发动机在正常运转时，活塞在进气行程由上止点向下运动，此时排气门关闭，进气门打开。活塞下行产生的"吸力"将进气歧管内的空气或混合气吸入汽缸，由于节气门关闭或部分关闭，此时在进气歧管内部就产生了一定的真空度。

一般通过对进气歧管真空度的检查，可以得知发动机的机械气密性、排气系统、进气系统情况。那么，造成真空度偏低的原因可能为燃烧室或汽缸的机械气密性过低、排气系统堵塞、进气系统漏气等。

图 9-23 真空表

由于该车已更换三元催化转化器，结合该车日常维护不良，首先检查汽缸压力。经过检查发现，1~4缸汽缸压力分别为720kPa/720kPa/780kPa/690kPa,检查结果说明汽缸压力过低。汽缸压力低的原因有多种，比如活塞环磨损、汽缸壁磨损、气门座圈磨损、配气正时不正确等，这些原因均需要对发动机拆卸检查，对发动机拆卸发现，气门座圈磨损严重。

对发动机进行了维修，更换了气门座圈、气门、活塞环及其他密封件。装车测试，尾气合格。且进气压力为28kPa，正常。

故障总结：此类混合气过浓的故障，应该首先读取发动机数据流，判断发动机混合气控制状态。在做检测维修时充分利用各种检测设备、仪器。比如对真空表的使用在本案例中非常关键。最后，通过分析尾气数据、检测过程数据，结合车辆使用维护状况综合判断问题点。

二、发动机进气系统故障引起排放超标维修治理

案例：一辆华晨金杯轿车进气压力传感器故障至尾气超标。

车辆信息：华晨金杯轿车，1.0L排量，行驶里程为8km。

故障现象：客户反映车辆尾气很臭，有煤气味道。且近期车辆行驶综合油耗明显较高。

故障检查：打开点火开关，起动发动机，热车之后排气管出口附近有明显的煤气味道，验证了客户的说法。根据尾气治理经验判断，很大可能该车尾气排放污染物CO超标。此时就从尾气检查入手，使用尾气分析仪，将尾气取样管插入

排气管，检查尾气排放情况，如图9-24所示。

图9-24 尾气分析仪测试值

以上数据显示：HC为171×10^{-6}超标、CO为2.97%超标、NO为1×10^{-6}未超标、λ为0.91过小（混合气过浓）。

连接车辆故障功能诊断仪检查发动机无任何故障码。检查发动机运行平稳，无抖动现象，试车加速性能良好。

故障诊断： 通过以上检查数据可以确定，车辆起动后排气管的尾气有煤气味道就是尾气中超标的CO导致的。

那么尾气CO和HC超标是什么原因导致的呢？再看以上尾气检查数据，CO和HC超标，而NO含量很低几乎可以忽略不计，再加上$\lambda=0.91$可以说明CO和HC超标是由于发动机混合气过浓导致。

按照以上混合气过浓的方向，需做进一步检查。在电控发动机中，有一个专门检测混合气稀/浓的传感器就是氧传感器。氧传感器又分前氧传感器和后氧传感器，它们的作用不一样。

前氧传感器用于检测发动机排出的尾气中氧含量的多少，间接地测量发动机混合气的稀/浓状态，如果是宽带型氧传感器还可以准确地测量出混合气的具体空燃比，但它们都是作为反馈信号给发动机控制单元用于喷油脉宽的调节。

后氧传感器安装于三元催化转化器后部，主要用于监控三元催化转化器后部尾气中氧气含量的变化，将信号输入给发动机控制单元，经过与前氧传感器的信号对比监控三元催化转化器是否失效。

接下来，连接车辆诊断仪，读取发动机数据流中的前、后氧传感器的电压值及其波形，如图9-25所示。

通过以上数据，特别是波形图表明，前氧传感器工作良好，通过后氧传感器表明三元催化转化器工作效率正常，且其电压一直处于0.6~0.8V，说明发动机混合气确实过浓。

后部混合气稀/浓状态信号是准确的，且给了发动机。那么是什么原因导致的故障功能原因呢？

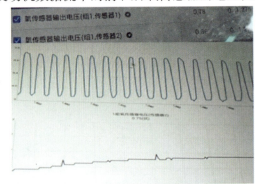

图9-25 氧传感器故障码和波形显示图

第九章　维修治理案例分析

分析发动机电控喷油原理，如图9-26所示。

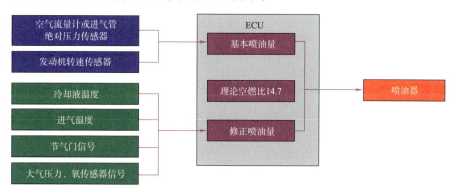

图 9-26　电控燃油喷射原理框图

根据以上原理得知，喷油量的控制由基本信号和修正信号确定，首先读取发动机数据流进气信号——进气压力传感器显示怠速状态40kPa。这个数据比正常车30kPa左右明显较高。为验证这一数据的正确性，使用真空表测试进气歧管真空度显示71kPa。这就说明进气压力传感器信号错误，且将这一错误信号给了发动机控制单元，发动机控制单元按照此数据计算发动机负荷，增加了喷油量，最终导致发动机混合气过浓，CO超标。

通过以上分析，问题点基本确定为进气压力传感器，逐更换了进气压力传感器后进气数据为30kPa，正常，此时再次使用尾气分析仪测试尾气数据也正常了。

故障总结：此类故障的维修，应该首先确定故障现象，将尾气数据与故障现象相结合。从本案例的排查过程不难看出，想要治理好尾气，就必须深入理解发动机电控燃油喷射的原理和控制逻辑。

三、发动机点火系统故障引起排放超标维修治理

案例：一辆雪铁龙爱丽舍轿车点火线圈漏电导致尾气超标。

车辆信息：雪铁龙爱丽舍轿车，1.6L排量，行驶里程为35万km。

故障现象：客户反映车辆冷起动后，尾气有明显汽油味，且大负荷急加速有轻微抖动。车辆环保年检显示CO超标，HC实测值接近限值，如图9-27所示。

故障检查：打开点火钥匙起动车辆，发动机出现轻微抖动现象。插上诊断仪，读取发动机故障码，显示故障码P0302："汽缸2：检测到失火"，结合发动机抖动状态，初步判断为发动机有失火现象。读取发动机数据流，显示发动机2缸有不连续的失火记录，如图9-28所示。

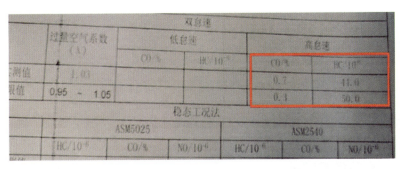

图 9-27　检测报告单

图 9-28　诊断仪显的示诊断故障码

故障诊断：根据发动机失火故障指示，首先对故障码进行处理。采用怀疑故障件对调法，对调了2缸和3缸的点火线圈，读取发动机数据流，依然显示为2缸不连续失火。再对调2缸和3缸的火花塞，读取发动机数据流，还是显示为2缸不连续失火。由于该车是单缸独立点火系统，点火线圈和火花塞都排出了，判断2缸失火不是因为点火系统导致的。

此时对调拆下燃油油轨配合喷油嘴测试各缸喷油情况，4个缸均能正常喷油，且雾化效果良好，无堵塞和滴漏现象，很显然2缸失火并不是由燃料供给系统导致的。

难道是因为2缸缸压不足导致的失火。使用缸压表对4个缸进行汽缸压力测试，压力分别为1.01MPa/1.02MPa/0.98MPa/1MPa,汽缸压力均在正常范围，且各缸之间无明显差异。

此时思路陷入僵局，可能引起发动机失火的供油、点火、缸压系统检查均正常。还有一种可能性是该发动机混合气过浓也会导致发动机失火，但是一般情况下混合气过稀或过浓导致的燃烧不良失火，不会只发生在某一个缸，而会是各缸无规律失火，所以这个原因也基本排出。

第九章 维修治理案例分析

会不会是哪个环节没有考虑到或在做以上检查时忽略了什么细节。点火？是的，点火测试时只是做了点火线圈和火花塞的对调，但是2缸到底是否点火正常却不得而知，所以接下来对2缸进行跳火试验：拔掉2缸喷油嘴（为了防止跳火试验时未燃烧的燃油进入排气管导致后处理装置温度过高），拆下2缸点火线圈和火花塞测试结果如图9-29所示。

做测试时火花很弱，且有时不会跳火，此时故障点确定为导致2缸失火的原因就是2缸点火失败或点火不良。由于点火线圈和火花塞均已排出，进一步检查发现，点火线圈插头的供电针脚开口过大，与点火线圈针脚接触不良，最终引起2缸失火。

通过重新处理插头针脚，插上插头，恢复安装其他部件后，起动发动机，此时发动机运行平稳。删除并刷新发动机故障码，显示无故障，且此时发动机数据流显示各缸均无失火现象。

由于该车还有尾气排放超标故障，进一步采用尾气分析仪测试尾气，显示如图9-30所示。

图9-29 故障的火花塞

图9-30 尾气测试值

奇怪的是，此时车辆尾气排放数据非常好，不管是高怠速还是低怠速，均无超标迹象。但是经过仔细分析也不难理解，该车发动机由于失火故障，2缸的混合气燃烧不良，排放到排气管后，造成尾气中氧气含量升高，由于前氧传感器通过检测到尾气中氧含量的升高，将信号传输给发动机ECU，而ECU误以为混合气过稀（实际上空燃比并不稀），由于闭环调节机制触发了电控系统对燃油的加浓调节，最终导致其他汽缸的混合气过浓，对外表现为尾气CO超标，而HC的含量也比较高。

通过对点火系统的维修，故障排出，尾气超标故障也相应排出。

故障总结：首先在进行一个简单的失火故障排出时，务必要遵循由易到难的顺序，且在检测过程中不能忽略任何一个细节，做到检测手段的有效性，比如是本案例中，检查点火系统采用对调法进行测试，虽然故障没有发生转移，但并不一定2缸点火正常，最终采用跳火试验才能真正说明2缸是否正常点火。

另外，理解点火发动机燃油调节控制原理对分析尾气故障非常重要，本案例的点火系统故障导致CO超标的推理即说明了这一重要性。

四、发动机燃料供给系统故障引起排放超标维修治理

案例：一辆新帕萨特轿车燃料供给系统油压过高尾气超标。

车辆信息：大众帕萨特轿车，2.0T排量，行驶里程为47397km。

故障现象：发动机怠速工况CO超标严重，发动机上部进气歧管附近有明显规律性刺耳异响，仪表发动机故障灯和EPC灯亮。发动机其他工况下正常，开空调怠速提升时正常，如图9-31所示。

HC: 63×10^{-6}	CO: 1.38%
NO: 6×10^{-6}	CO_2: 10.79%
	O_2: 0.12%

图9-31　尾气分析仪测试值

故障检查：起动发动机验证故障现象确实存在。连接车辆诊断仪，读取发动机故障码，显示P0088：燃油油轨/系统压力过高静态；读取数据流，显示"油轨压力实际值——18.713MPa"

故障码及数据流显示如图9-32所示。

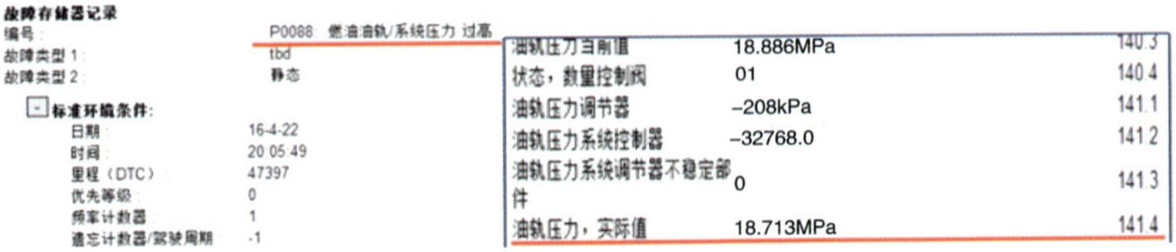

图9-32　诊断仪显示的故障码和数据流

故障诊断：在排除高压油泵产生高压之前需验证是否真正产生了高压？是否是ECU接受的错误信号？

连接6150A专用诊断仪，进入ODIS读取怠速时01发动机控制单元的数据流140-4显示18.73MPa，且随时波动，关闭发动机打开点火开关压力逐渐降至680kPa，能正常显示。这时依然不能完全说明压力传感器完全可靠，此时找来一辆2.0TSI途观轿车，拔掉油压调节器N276的插头（N276断电产生高压）连接诊断仪进入ODIS读取怠速时01发动机控制单元的数据流140-4显示接近19MPa左右（此处发现该发动机同样出现与故障车相同的故障，也印证了之前"排除故障

从排除油压过高入手"的诊断思路），熄火打开点火开关，依然下降到700kPa左右。

以上通过对比正常车燃油压力的变化规律相同，由此证明故障车确实产生了高压，燃油压力传感器信号可靠。

确实产生了高压，就先从产生高压的高压油泵入手。首先进入ODIS-01发动机控制单元—自诊断—对N276进行执行元件控制，可以听到N276有力而清脆的"嗒、嗒、嗒"声音，由此判断油压调节阀的线圈无短路现象，控制及电源线路基本正常。为进一步排除高压油泵因素，将正常车的高压油泵与故障车的高压油泵对调试车故障依旧。

从以上工作排除了燃油压力传感器、高压油泵、油压调节器及其相关线路，接下来认识到了此次故障排除的困难程度。及时调整思路，连接VAS6356示波器，首先从最基本的做起：检查发动机凸轮轴相对曲轴的正时是否正确，检查对比如图9-33所示。

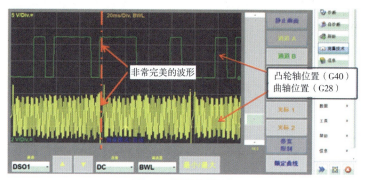

图9-33　诊断仪波形显示

从正时波形来看，曲轴和凸轮轴没有相对位置的错位。但是凸轮轴位置传感器G40检测的是进气凸轮轴的位置，而驱动高压油泵的是排气凸轮轴。由于排气凸轮轴无传感器检测，故只能通过目测的方法检查进排气凸轮轴相对位置，如图9-34所示。

将故障车和正常车发动机分别手动转至一缸上止点并拆下真空泵，观察对比二者驱动高压油泵柱塞的方形凸轮相对进气凸轮轴的位置基本没有差别。由于肉眼观察存在误差可能影响故障判断，通过仔细观察并对比多个参照物，基本排除了方形凸轮错位的可能性。那么会不会是J623发出的N276控制波形相对凸轮轴位置出现了错位？接下来又连接示波器，通道1连接G40信号线，通道2连接N276控制端，对比如图9-35所示。

a) 故障车   b) 正常车

图 9-34　传感器位置图

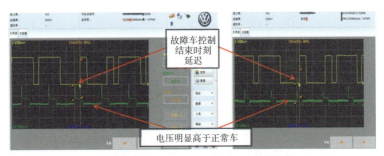

a) 正常车   b) 故障车

图 9-35　传感器波形对比

通过仔细对比故障车与正常车波形有了重要的发现：

（1）N276控制信号起始时间基本相同，但结束时间故障车相对较晚（这也印证了前面说的这时J623接收到高压信号主动延长调节时间的措施）。

（2）故障车J623控制信号拉低阶段电压明显高于正常车拉低电压。

结合图9-35由第二点可以推理得出：EA888 2.0TSI CGM发动机采用第三代高压油泵，燃油压力调节阀断电关闭产生高压，通电打开泄除高压；通过对比调节阀控制线对地波形。正常车波形在通电打开波段电压在6V左右，经计算加载在调节阀线圈上的电压为13.5-6=7.5（V）左右；故障车波形在通电打开波段电压在8~10V（甚至可达到11V），经计算加载在调节阀线圈上的电压为13.5-8~10=3.5~5.5（V）。

由此推断，故障车调节阀线圈在通电打开波段加载的电压只有3.5~5.5V，导致调节阀不能正常打开泄压，或打开开度不够泄压不良，最终导致高压压力过高。检查发动机控制单元线路及搭铁线正常，对搭铁线飞线故障现象未消失，排除因线路内阻过高或插接不良的因素。更换发动机控制单元后，燃油压力恢复正常，

第九章 维修治理案例分析

怠速4MPa左右，再次测试尾气数据良好。

故障总结：

（1）将故障现象与数据流相结合以找出问题所在。

（2）理清故障相关部件的控制原理，不能混淆。特别是本案例的高压燃油泵分大众第二代和第三代，它们的控制原理基本相反，分析问题的切入点也将截然不同。

（3）充分利用各种维修设备和检测方法，最终突出重围找到故障原因。

（4）此车表面是由于燃料供给系统故障导致尾气超标，更深层次的原因在于燃料供给系统控制失调导致尾气超标，按照此思路，先排除燃油压力过高故障，尾气超标故障就得到了解决。

五、排放控制系统故障引起排放超标维修治理

案例： 一辆金杯微卡汽车排放控制装置失效导致尾气超标。

车辆信息： 金杯微卡汽车，1.2L排量，行驶里程为11km。

故障现象： 客户反映车辆年检时环保排放性能检验不合格。环保检验不合格报告如图9-36所示。

简易瞬态工况法					
	HC/（g/km）		CO/（g/km）		NO_x/（g/km）
实测值	3.31		33.91		3.74
限值	<1.6		<8.0		<1.3
稳态工况法					
	ASM5025			ASM2540	
	HC/10^{-6}	CO/%	NO/10^{-6}	HC/10^{-6}	CO/%	NO/10^{-6}
实测值						
限值						
结果判定	□合格	☑不合格				

图9-36 检测报告

以上报告显示HC：3.31g/km；CO：33.91g/km；NO_x：3.74g/km，三项排放污染物均超标。

故障检查： 为了分析以上故障现象，分析是什么原因导致尾气数据超标的。使用尾气分析仪测试了尾气数据，如图9-37所示。

检测数据表明,HC、CO、NO_x三项污染物均

图9-37 尾气分析仪测试值

超标，CO_2：14.0%，正常；λ：1.03，正常。

故障诊断： 结合以上环保检验排放报告和尾气分析仪数据：HC、CO、NO_x三项污染物均超标，且CO_2为14.0%，正常；λ为1.03，正常。根据排放控制装置三元催化转化器工作原理：工作温度正常（一般为350~800℃）、发动机空燃比正常的情况下，其应当将尾气中的HC、CO、NO_x转化为H_2O、CO_2、N_2，不难看出，该车三元催化转化器效率降低的特征比较明显。

为了进一步验证以上结论，根据正常工作的三元催化转化器由于内部产生氧化反应会产生大量的热，使自身温度后端比前端高这一原理，采用红外测温仪，测试了热车情况下三元催化转化器前后端温度分别为：前端为362℃，后端为320℃。通过温度测量可以说明，三元催化转化器的工作温度条件满足，三元催化转化器内部工作效率较低甚至没有正常工作。

至此基本判定该车三元催化转化器工作效率过低。接下来对三元催化转化器进行拆卸进一步检查，发现该车三元催化转化器内部烧蚀严重，如图9-38所示。

图9-38 损坏的三元催化转化器

从以上三元催化转化器烧蚀现象可以推断，由于发动机曾经出现过失火现象，未燃烧的混合气通过排气管到三元催化转化器，由于三元催化转化器表面有用于氧化催化作用的贵金属，可燃混合气在三元催化转化器内部燃烧，产生大量的热量使其温度超过三元催化转化器载体的最高承受温度1350℃，在短时间内将三元催化转化器载体烧蚀。

更换新的三元催化转化器（图9-39）后测试数据三项排放污染物均正常。

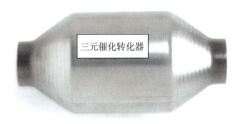

图9-39 正常的三元催化转化器（图片由中自环保提供）

故障总结： 在尾气治理故障诊断过程中，尾气排放检测数据报告非常重要，其显示数据基本接近真实的车辆行驶状态的尾气数据。在做此类故障检查时，要

第九章 维修治理案例分析

充分认识尾气排放控制装置的工作原理、工作条件和失效原因。在实际诊断是要做到前后检测数据印证，故障分析因果关系明确。

第九节 柴油车后处理维修案例分析

案例1：车辆再生次数过多。

故障现象：DPF再生频率超上限。

故障原因：发动机或车辆异常，导致颗粒物原排高，或压差传感器信号异常、节气门故障、排温传感器故障、进气系统故障、喷油系统故障、DOC效率低等。特殊驾驶工况客户，短里程行驶，频繁停机，再生无法成功完成；或车辆多在拥堵区域行驶，很少匀速行驶，多怠速、加速和滑行，这种工况再生温度无法保证，再生时间长且再生效果差。

排除方法：

（1）读取当前故障码，确保无其他故障。

（2）检查机油，若机油液位超上限更换机油。

（3）使用诊断仪读取DPF相关所有数据流信息，并保存。

（4）检查确认压差传感器管路无堵塞、脱落、反装异常。

（5）检查确认进气系统无漏气问题（重点检查增压器压气机端出口、中冷器进/出口、进气歧管进口处连接牢靠、不漏气；增压器与中冷器间胶管、中冷器本身、中冷器与进气歧管间胶管无破损；检查确认增压器前管路无破损）。

（6）进行诊断仪程序中"DPF值复位"功能进行故障条件清零操作后，清除故障码，发动机维修灯熄灭。

案例2：压差传感器信号检测DPF压差值过低。

故障现象：DPF被移除或失效故障。

故障原因：

（1）传感器管路异常或传感器异常。

（2）DPF损坏，破裂。

排除方法：

（1）检查压差传感器管路是否存在管路堵塞或脱落或反装现象。

（2）管路问题处理完成后需进行传感器自学习，然后确认故障是否消除。

（3）若无法消除，更换压差传感器重新进行传感器自学习2次，驾驶车辆确认故障是否消除。

（4）故障依然无法消除，DPF确实损坏，更换DPF。（注意：更换DPF后需要使用诊断仪"DPF值复位"功能将ECU内部DPF相关信息重置）。

案例3：压差传感器估计DPF炭载量过多。

故障现象：DPF过载初级故障，DPF吸附颗粒过载故障。

故障原因：

（1）发动机进气系统或发动机本身故障，短时间内产生大量炭烟。

（2）压差传感器管路或T4/T5传感器异常。

（3）极端驾驶工况客户，无法触发再生（车辆使用冷却液温度低于50℃；单驾驶循环时间短；发动机转速、转矩低；气温低于-40℃），或再生效果差，暂未报出再生频繁故障；车辆存在如下故障的情况下持续使用，无法激活再生：进气系统故障（空气流量计、增压器、增压压力传感器、节气门、进气或增压压力控制偏差等故障）、喷油系统故障。

排除方法：

（1）读取当前故障码，确保无其他故障。

（2）检查压差传感器管路是否存在管路堵塞或脱落现象。

（3）检查确认进气系统无漏气问题（重点检查增压器压气机端出口、中冷器进/出口、进气歧管进口处连接牢靠、不漏气；增压器与中冷器间胶管、中冷器本身、中冷器与进气歧管间胶管无破损；检查确认增压器前管路无破损）。

（4）读取DPF相关的数据流，如果炭载量大于60g，请直接更换DPF总成；若小于60g，使用诊断仪进行原地主动再生，清空DPF成功，同时会清除故障（主动再生过程一定要开启空调，以利于再生）。

案例4：颗粒捕集器再生频繁。

故障现象：最近3次再生平均时间超过550s，且平均再生间隔低于100km，同时，模型炭载量大于16g或基于模型的相对炭载量大于50%。

故障原因：发动机或车辆异常，导致颗粒物原排高，或压差传感器信号异常、节气门故障、排温传感器故障、进气系统故障、喷油系统故障、DOC效率低等。这种情况下即使进行主动再生操作处理后短里程内可能还会触发报出故障。特殊驾驶工况客户，车辆使用过程中多在拥堵市区行驶，车辆很少匀速行驶，多怠速、加速和滑行。这种工况再生温度无法保证，再生时间长且再生效果差。

排除方法：

（1）读取当前故障码，确保无其他故障。

（2）检查机油，若机油液位超上限更换机油。

（3）使用诊断仪读取DPF相关所有数据流信息，并保存。

（4）检查确认压差传感器管路无堵塞、脱落、反装异常。

（5）检查确认进气系统无漏气问题（重点检查增压器压气机端出口、中冷器进/出口、进气歧管进口处连接牢靠、不漏气；增压器与中冷器间胶管、中冷器本身、中冷器与进气歧管间胶管无破损；检查确认增压器前管路无破损）。

（6）进行原地手动再生，清空DPF成功，同时会清除故障（主动再生过程一定要开启空调，以利于再生，详细操作流程及注意事项可参考用户手册）；或者使用诊断仪程序中DPF再生功能进行再生操作。若三次手动再生或诊断仪再生结束仍无法成功清除故障，更换后处理总成（注意：更换后处理总成后需要使用诊断仪将ECU内部DPF相关信息重置）。

（7）原地再生成功后，建议使用内窥镜观察DOC前端面周边是否存在大量积灰现象，若积灰严重建议更换后处理；不严重或更换后处理后确认炭估计增长速度情况，基于模型的相对炭载量增长速度稳定后20km增长5%以下为正常。

案例5： 颗粒捕集器再生次数频繁。

故障现象： 再生里程低于100km或再生时间低于300s，且炭颗粒无达到再生结束条件，计数加1，累积超过8次触发。

故障原因： 特殊驾驶工况客户，短里程行驶，频繁停机，再生无法成功完成。

排除方法： 可以通过了解客户驾驶习惯，读取并保存DPF相关所有数据流信息（ECU内部保存的DPF相关数据流信息也有助于了解相关信息）。针对特殊驾驶工况客户，这种故障可能无法避免（如若不进行故障提示，使用主动再生进行有效再生，客户这种驾驶会导致油耗增加），需要售后与客户沟通说明，引导客户在车辆故障情况下按照用户手册自行进行手动再生操作，避免用户大的抱怨。

案例6： 颗粒捕集器泄漏。

故障现象： 压差传感器信号检测DPF压差值过低。

故障原因： 传感器管路异常或传感器异常；DPF损坏，破裂。

排除方法：

（1）检查压差传感器管路是否存在管路堵塞或脱落或反装现象。

（2）管路问题处理完成后需进行传感器自学习（一个驾驶循环冷却液温度超过20℃10min，再下电完成学习），然后确认故障是否消除。

（3）若无法消除，更换压差传感器并使用诊断仪将传感器状态重置，驾驶车辆确认故障是否消除。

（4）故障依然无法消除，DPF确实损坏，更换后处理。

案例7： 颗粒捕集器堵塞。

故障现象： 压差传感器估计DPF炭载量过多。

故障原因：

（1）发动机进气系统或发动机本身故障，短时间内产生大量炭烟。

（2）压差传感器管路或传感器异常。

（3）车辆存在如下故障的情况下持续使用，无法激活再生：曲轴缺齿信号丢失、正时参考电压高分辨率信号/脉冲过少、轨压故障、喷油器故障、DPF移除故障、DPF入口温度合理性故障、增压压力波动故障、增压压力信号电压故障。

（4）极端驾驶工况客户，无法触发再生（车辆使用冷却液温度低于30℃；单驾驶循环时间短；发动机转速、转矩低，排温低于150℃；气温低于-40℃），或再生效果差，未报出再生频繁故障。

排除方法：

（1）读取当前故障码，确保无其他故障。

（2）检查压差传感器管路是否存在管路堵塞或脱落现象。

（3）检查确认进气系统无漏气问题（重点检查增压器压气机端出口、中冷器进/出口、进气歧管进口处连接牢靠、不漏气；增压器与中冷器间胶管、中冷器本身、中冷器与进气歧管间胶管无破损；检查确认增压器前管路无破损）。

（4）读取DPF相关的数据流，如果炭载量大于40g，请直接更换后处理总成；若小于40g，进行原地主动再生，清空DPF成功，同时会清除故障（主动再生过程一定要开启空调，以利于再生，详细操作流程及注意事项可参考用户手册）。若三次主动再生结束仍无法成功清除故障，更换后处理总成。

案例8： NO_x传感器硬件故障、传感器加热部件故障、传感器被移除。

传感器信息： 传感器插头和功能如图9-40所示，NO_x传感器故障码见表9-3。

第九章 维修治理案例分析

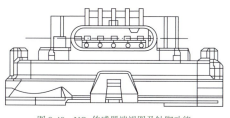

图9-40 NO$_x$传感器端视图及针脚功能

NO$_x$传感器故障码 表9-3

故障名称	故障码
NO$_x$传感器硬件故障	P2201
NO$_x$传感器加热部件故障	P2208
NO$_x$传感器被移除	P1D21

排除方法：

（1）线束检查：钥匙门至于OFF挡；拔掉DCU的A接插件和NO$_x$传感器插头；测量NO$_x$传感器引脚到ECU相应引脚之间的电阻。具体的对应关系见表9-4。

NO$_x$传感器各脚电阻值 表9-4

NO$_x$传感器引脚	ECU引脚	正常值（Ω）
1 供电	X1-05	0
2 地	整车地	0
3 CAN_高	X1-42	0
4 CAN_低	X1-43	0
5 空		

若不是正常值，则说明线束存在断路故障。

（2）短路检查：钥匙门置于OFF挡；拔掉DCU的A接插件和NO$_x$传感器插头；测量NO$_x$传感器接头1、3、4引脚到整车地之间的电阻，正常值大于1MΩ。若不是正常值，说明线束存在对地短路的故障。

（3）性能检查：关闭钥匙门，拔下NO$_x$传感器插头；用万用表测量NO$_x$传感器插头端的3、4之间的电阻，应为60Ω。若不是60Ω，说明CAN网络故障。

（4）线束检查：钥匙门至于OFF挡；拔掉ECU发动机端X1黑色接插件和NO$_x$传感器插头；测量传感器引脚到ECU相应引脚之间的电阻。具体的对应关系见表9-4，若不是正常值，则说明线束存在断路故障。

（5）供电检查：钥匙门至于OFF挡，拔掉NO$_x$传感器插头，钥匙门至于ON挡，无须起动发动机；用万用表测量传感器线束端插头与地之间的电压。线束端插头：引脚1与整车地之间应为24V。

案例9： SCR尿素液位、温度显示异常，传感器参数与要求产品不匹配。

故障现象： 尿素液位显示不准确（比如，尿素很少时，仪表显示尿素

100%），尿素温度与当前环境温度差别很大，且没有报出相关传感器故障。

故障原因：这种故障一般是由于尿素箱传感器与潍柴指定的不匹配，或者整车最近更换过尿素箱，但尿素箱内部的传感器与原车出厂前的型号不同。传感器的电器参数不同，导致数据标定不匹配，液位温度显示错误。客户更换了尿素箱，与原车尿素箱不同；整车厂配套时，自主采购尿素箱，但没有通知潍柴技术人员重新标定数据；传感器或相关线束被损坏，导致电器参数变化（这种可能性较小），但没有报出传感器相关故障；

排除方法与步骤：

（1）检查尿素箱及传感器，核实与原车尿素箱是否相同。

（2）发现尿素箱属于不同厂家。

（3）更换尿素箱：安装与原车相同尿素箱后，液位、温度示数正常。

（4）故障解决。

客户更换的尿素箱与原车尿素箱不同，造成电器参数不匹配，安装与原车相同尿素箱后，故障排除。也可以不更换尿素箱，只需重新标定ECU即可。

案例10：SCR尿素压力建立错误，尿素泵内部机械故障。

故障现象：每次跑车几分钟到几十分钟后，故障灯、OBD灯常亮，就会报出441（SCR尿素压力建立错误）的故障，尿素不消耗。

故障原因：尿素喷射前，尿素泵将尿素建立到900kPa的压力，通过尿素泵内的压力传感器进行检测。当发动机起动之后，尿素泵多次尝试对尿素建压，如尿素压力仍达不到900kPa，就会报出此故障。此故障的导致原因一般为：尿素量过少、尿素管路接反、吸液管堵塞或漏气、压力管泄漏等，极少数是因为尿素泵故障。尿素量过少；吸液管接错、堵塞或漏气；压力管泄漏；尿素泵堵塞或者尿素泵机械故障。

排除方法与步骤：

（1）检查尿素液位是否足量。

（2）检查尿素管路是否接错、接反。

（3）检查吸液管是否弯折、堵塞。

（4）检查吸液管、压力管是否存在泄漏的痕迹。

（5）以上没有问题后，检查尿素泵接口是否有明显堵塞现象。

（6）更换尿素泵后，故障排除，尿素正常建压。

一般情况下，尿素管路接错、堵塞、泄漏容易引起此故障，但这次的故障是

第九章 维修治理案例分析

因为尿素泵内部的机械故障,无法正常吸尿素。

1.进行双怠速尾气测试用哪种设备?简要说出测试条件是什么?
2.四气体尾气分析仪能够测量哪几种危害气体?
3.柴油车污染物主要是指哪几种?
4.进行尾气超标治理维修时需要用到哪些常见的诊断设备或工具?
5.写出柴油车排放后处理装置中哪个是氧化装置?哪个是还原装置?

本书涉及英文缩略语

缩 略 语	中文含义	缩 略 语	中文含义
AIR	二次空气喷射系统	MIN	分钟
APP	加速踏板位置传感器	MAF	空气流量传感器
CO	一氧化碳	MAP	进气歧管绝对压力传感器
CSI	分组点火系统	MIL	故障指示灯
COP/CNP	独立点火系统	NO_x	氮氧化合物
CKP	曲轴位置传感器	OBD	车载诊断系统
CMP	凸轮轴位置传感器	OBD-Ⅱ	第二代车载诊断系统
CODE	故障码（仪表显示）	pH	酸碱度值
CAN	局域网	PWM	脉宽调制信号
CARB	准备就绪指示器	PM	颗粒物
DTC	故障码	PCV	曲轴箱强制通风系统
DOC	柴油催化氧化器	PCM	动力系统模块（ECM+TCM）
DPF	柴油机微粒捕集器	Pt	铂
DLC	OBD 诊断仪连接器	Pd	钯
EGR	废气再循环系统	POC	微粒催化氧化器
EVAP	燃油蒸发排放系统	RPM	发动机转速
ECM	发动机控制模块	Rh	铑
ETC/ATC	电控节气门	SIDI	缸内燃油喷射系统
EPA	联邦环保署	SAE	美国汽车工程师学会
EWMA	指数加权滑动平衡	SCW	相似状态窗口
GPF	颗粒物捕集器（汽油）	SCR	柴油车选择催化还原装置
HC	碳氢化合物	SOF	可溶性有机物
HO_2S	加热氧传感器	TPS	节气门位置传感器
IAT	进气温度传感器	TWC	三元催化转化器
KS	爆燃传感器	VVT	可变气门正时系统
LNT	稀燃氮氧捕集器	VIN	汽车 17 位编码